生态产品应用基础研究

SHENGTAI CHANPIN

YINGYONGJICHU YANJIU

傅光华 唐景全 彭华福 李勇斌 孙 丽 著

中国林业出版社
China Forestry Publishing House

图书在版编目(CIP)数据

生态产品应用基础研究 / 傅光华等著. —北京：中国林业出版社, 2024.6. —ISBN 978-7-5219-2764-1

Ⅰ. F124.5

中国国家版本馆 CIP 数据核字第 2024PU1456 号

策划、责任编辑：许 玮
封面设计：刘临川

出版发行：中国林业出版社
　　　　　（100009，北京市西城区刘海胡同 7 号，电话 010-83143576）
网址：https://www.cfph.net
印刷：河北京平诚乾印刷有限公司
版次：2024 年 6 月第 1 版
印次：2024 年 6 月第 1 次
开本：787mm×1092mm　1/16
印张：15.25
字数：381 千字
定价：80.00 元

自 序

著写《生态产品应用基础研究》一书起因于参与国家林业和草原局生态司"生态产品价值实现机制试点研究"课题及生态产品底数调查指南起草和调研等工作。在参与这些工作之初，总感觉毫无头绪，无从下手，相关研究成果虽多，但却总感觉多而杂，难以构建起一个整体性的体系框架。如生态产品底数调查内容的设定，如果考虑其服务生态产品目录编制、质量安全追溯等目标需求，在没有明晰目录结构、生产过程控制要求等情况下，就会很盲目，摸底调查出的成果很可能难以满足后续工作的需要。而目前现实是上位需求不清楚，呈现一种典型的目多而无纲的局面，自然难以呈现纲举目张的情形。而要化解这种局面，需要系统性研究，在总体框架下再重点突破。

生态产品及其价值实现是新生事物，是基于实践案例总结凝聚的方略，尽管有了顶层目标，但是其发展依托的理论体系和方法学尚不明确，其产业体系尚不清晰，在这种背景下开展的实践个体自然呈现百花齐放、百家争鸣的局面。基于这一逻辑解析，将课题的突破口设定在产业体系适配性方面，产业体系是一个新业态发展的基础，是融合整个国民经济体系的"户口"，而生态产品恰恰在这方面的研究尚处于空白。通过产业体系匹配性研究，站在产业宏观发展角度，从构建生态产品产业、产品体系着手，再结合生态产品的目标和特点，全面系统地梳理、解构生态产品产业的生产经营技术体系、产品质量安全诚信保障体系、政策法规监管体系三大体系的需求和解决思路，也许这才是破解生态产品及其价值实现制约的"牛鼻子"。

所以，从研究我国重大生态工程建设中蕴含的智慧获得的灵感，构建起生态产品及其价值实现的行为方法学模型，围绕目标将过程解构为三大体系，围绕三大体系寻求理论支撑，如以国民经济统筹学为驱动研究生态产品产业体系构建行为、以财税理论为基础阐释生态资产行为特征、以成本费用置换为内涵提出生态补偿行为学、以价值理论为核心构建生态产品对价交易行为、以过程监督为核心打造生态产品信用行为、以现代信息技术为底座建设生态产品使用价值交换行为。

进一步放开眼界，我们会发现当今全球市场的竞争已不仅仅是技术的竞争，更是标准的竞争，"得标准者得天下"。在以国际贸易为主的国际交往中，国际标准就是"通行证"。对主导标准的人来说，国际标准就是"护城河"。标准背后，是技术的领先，是实力的较量，更是规则主导权的争夺。世界正处于百年大变局中，也是信息经济与数字经济的更迭期，新的经济模式和产业格局尚未定型，这也意味着在现有体系、规则、框架、标准的颠覆和再造过程中尚有机会，是抢占新一轮标准话语权，实现从跟随者成为引领者的难得机会。这一话题似乎与生态产品没有关联，但有关标准的逻辑是一致的。

　　生态产品价值实现是中国首创，是我国基于工业文明迈向生态文明的背景下提出的独创性概念，是生态文明建设的中国方案，理论源于习近平在浙江开展的实践探索。从实践到理论，随着实践成功案例不断涌现，生态产品价值实现的路径越来越明晰，理论也越来越丰富。但是，生态产品"难度量、难交易、难变现、难抵押"的"四难"问题依然没有彻底解决，究其根本，是理论和应用研究广度、深度和系统性不够，难以支撑产业的快速发展。一方面，有关产业体系方面的研究和理论不足，没有系统性阐释生态产品的行业属性、产业分工、产品分类等体系问题。而这些问题直接关系到一个新的产业发展方向和融入整个国民经济体系的根本问题，也必然影响相关应用及方法学研究方向。另一方面，生态产品价值实现产生于实践，是典型的实践牵引型新业态，先在实践探索中积累了成功经验和案例，而理论研究却似乎处于解释实践现象的被动状态，是典型的行为经济学，行为后的理论逻辑方面的研究没有跟上发展的变化，研究的滞后已经制约了行业的快速发展，表现在对生态产品的产业体系定位和边界尚不清晰，整个产业逻辑尚不透彻，有关生态产品价值实现的方法学研究尚未取得突破性进展，尤其是有关生态产品目录编制、数据采集和监测、产品认证与追溯、价值核算方法等方法学研究亟待取得突破。因为这些方法学不仅是开展生态产品价值实现的方法，启动相关标准研究制订的基础，也是整个生态产品及其价值实现的"纲"。

2024 年 2 月 19 日

前言

生态产品价值实现是践行"绿水青山就是金山银山"理念的重要举措,是实现经济高质量发展的重要新动能,是讲好生态文明建设"中国故事"的重要素材。

生态产品是生态系统为经济活动和其他人类活动提供且被使用的货物与服务贡献,包括物质供给、调节服务和文化服务三类。生态产品价值实现的过程就是将被保护的、潜在的生态产品转化成现实的经济价值,为人类社会经济增加生态福祉的过程,其实质是在生态产品保值增值的前提下通过调节生态产品的生产、分配、交换和消费,实现生态保护效益外部化和生态保护成本内部化,从而有效协调生态保护与经济发展的关系,是习近平总书记生态文明思想的重要内涵。党的十八大以来,党中央对生态产品价值实现机制做出一系列重要部署,2021年4月,中共中央办公厅、国务院办公厅印发了《关于建立健全生态产品价值实现机制的意见》(以下简称《意见》),从国家层面对生态产品价值实现机制进行了系统性、制度化阐述。相关部委根据职责分工,积极推动生态产品价值实现机制落地实施,各地积极开展生态产品价值实现机制探索实践。但目前,生态产品价值实现仍面临生态产品的概念、范围和价值的认识尚未统一、生态产品价值实现的通道还未打开、生态产品价值转化不充分等若干亟待解决的问题。

纵观生态产品价值实现的推动历程,生态产品总值——出自《生态产品总值核算规范》核算体系的建立与完善在促进生态产品市场化发展过程中发挥着重要作用。GEP的发展建立已获得许多实践成果,国家出台了GEP核算技术标准,并将GEP核算体系作为约束指标纳入生态文明建设长期规划,引入决策和政府领导绩效考核。但对标国家关于建立生态产品价值实现机制的目标和要求,仍存在生态产品权属界定尚不清晰、生态产品价值核算体系尚不健全、生态产品价值转化市场交易机制尚不成熟等瓶颈,制约着生态产品价值实现机制的建立。聚焦生态产品价值核算、市场交易、生态产业、生态补偿、绿色金融、生态治理六大重点领域,创新探索生态产品价值实现路径,在生态产品价值总值(Gross Ecosystem Product,GEP)核算已取得突破性进展的基础上,急需尽快破解特定区域生态产品价值(VEP)核算面临的瓶颈问题:被市场或参与各方认可的生态产品价值核算方法学,支撑其核算的体系化、标准化的生态产品调查监测机制,以及生态产品质量安全保障体系。

生态产品价值实现提出以来,国内学术界进行了大量研究并取得了诸多进展,已有研究成果极大丰富了相关理论体系,同时对于我国生态产品价值实现实践工作也具有积极的指导意义。但总体来看,当前不管是在理论上还是在实践中,我国生态产品价值实现均处于探索阶段，其研究的范围与深度，仍然有较为广阔的空间。一是当前对生态产品概念与分类尚存争议。在对其概念进行界定时，与自然资源、农产品、水产品等相混淆，将这些内容混为一谈往往使得后续的研究难以开展或产生较大区别，因此，开展相关研究应首先明晰其外延范围和识别边界，避免将过去和现在凡是与"生态"相关的内容都纳入其中开展研究，从而失去了生态产品价值实现研究的重点和意义。二是生态产品价值核算指标体系、方法、标准等仍未统一，直接应用至价值实现实践中存在一定困难。已有核算体系（GEP核算为主）以生态系统服务功能的潜在效用为价值进行核算，主要为国家、政府制定宏观政策服务，忽略了市场主体等微观经济因素；学者多从马克思主义价值论出发探讨生态产品价值问题，但较少从该角度入手量化生态产品价值，探讨价值核算方法，从而研建生态产品价值核算体系；当前生态产品价值核算与价值实现之间是割裂的，需要探索价值核算与不同价值实现路径之间的逻辑关系和相应的对接机制，使核算结果真正服务于生态补偿、市场交易等活动。

《生态产品应用基础研究》本着以问题为导向的工作方法，在充分领会《意见》的基础上，从生态产品的学术本源出发，紧盯生态产品价值实现消费端需求，充分梳理、借鉴农产品认证体系实践案例，较为系统地提出了特定区域生态产品价值核算的技术体系，系统集成了生态产品目录构成及结构、生态产品调查监测体系构建、物质供给类生态产品质量安全认定认证体系、生态产品价值核算方法及信息云平台体系能力建设5个方面的技术思路与要求。相信该研究成果是学术领域积极破解特定区域生态产品价值核算方法学瓶颈问题，实现核算框架体系一化、核算方法标准化、生态监测网络化、核算参数本地化、生态产品价值交易数字化的有益探索。

本专著聚焦6个方面的研究，每一方面的内容形成一章的内容。其主要内容及研究成果如下。

（一）从行为方法学寻找生态产品应用基础研究的钥匙。行为方法学工作路径是对某项特定目标采取"分解—攻关—集成"的闭环，充分体现了"实践—理论—理论指导实践—理论再提高"的辩证唯物主义哲学思想，是破解问题解决路径的有效方法。研究新中国成立以来的重大生态建设实践，发现基本上都是行为引导模式，遵循的是问题导向的从实践到理论工作路径，如生存问题促使新中国成立初开启生态修复运动，粗放式发展方式导致严重生态问题而导引出林业系列重点工程，传统发展方式积累的全球性问题驱动新文明方式的变革导引出生态文明。这一行为方法学模式，对有序推进生态产品价值实现具有重要的指导意义。生态产品及其价值实现机制是一项开创性工作，其产生的过程依然延续着中国特色政治行为学特点，其内涵展现出鲜明的目标性、传承性、逻辑性。《意见》已经确定了行为目标，解构目标及实现目标过程中的关键要素，将应用基础研究聚焦于生态产品内涵、构建技术体系和建立保障体系3个方面，是问题和目标导向研究的具体体现。

（二）以财税理论为基础的研究是解构生态产品特征的密码。以公共产品定价、生态补偿和付费、自然资源管理和考核等基本理论为基础，研究生态资产、生态产品的关系,对生态产品的内涵和边界、生态资产和生态产品关系、生态产品分类与价值目标的协同性进行了进一步研究和论证,发现了生态产品功能融合性和价值额外性两大特征,为生态产品产业体系构建、特定地域生态产品价值核算奠定了理论基础。生态产品来自生态系统,而自然生态系统及其依附的国土空间大多具有公益或公共属性。遵循公共产品的零价格、损益平衡、受益、供需均衡等定价原则,破解了生态产品价值核算中的资产处置、生态效益补偿计价依据、使用者付费以及季节性调价的理论依据问题。研究发现的生态产品的产品功能融合性和价值额外性两大重要特征,是生态产品参与国民经济分工、核算生态产品价值及研究探索生态产品价值实现路径的理论基石。

(三)以资产行为研究切入是破解生态产品分类难题、从行业宏观视域构建生态产品目录的捷径。从生态资产视域研究生态资产与生态产品的关系、生态产品价值核算与生态产品总值核算的区别,进而开展生态产品价值核算的目标导向研究,展现了生态系统资产性质及原真性与生态产品等级的内在关系,解决了物质供给类生态产品等级划分的理论支撑问题。在此基础上,再以生态系统为视域,分别以7大生态系统主要功能为底座,解构生态产品的构成,从资产端科学地解决了如何构建生态产品目录的问题,明晰了生态产品内涵的狭义性属性,构建出生态产品等级划分机制:纯天然级(一级)、近天然级(二级)、近自然级(三级),提出了生态产品在国民经济行业分类中的具体建议及与此相关联的3个层级的目录结构体系。第一层级相当于国民经济分类的中类,设置物质供给、调节服务、文化服务3类;第二层级相当于国民经济分类的小类,其中物质供给类分为2个小类,调节服务类分为10个小类,文化服务类分为3个小类;第三层级为具体产品系列和产品名称,既衔接了国民经济行业分工体系,又兼顾了新业态的动态性和多变性需求。

(四)融入国民经济分工体系的研究是保障生态产品产业发展持续有序的抓手。通过产业体系匹配性分析,从整个产业的发展逻辑和供给侧视域,研究生态产品产业纳入国民经济分工体系的路径,提出生态产品及其价值实现的行业划分及构建产业和产品体系的具体建议:以是否脱离生态系统现地为分界,其之前的生产、维护等活动划分为第一产业,其之后的过程或活动纳入第三产业;在行业分类中,生态产品应属于A门类,即与农业、林业、畜牧业、渔业属于同一门类;在A门类的一产和三产中分别增加"生态产品"类。

(五)质量安全体系是生态产品价值实现的保障基础。以品质和全过程为核心,系统地提出了生态产品质量安全认定认证体系、质量安全追溯体系及信息支撑平台构建方法学。提出通过构建法律、自律及监督机制,"少而精高""防大资金""定位一产""独成销售""供侧组织"等经营策略,"天-空-地-网"一体化的调查监测技术体系,"一库、一图、一箱"+"天眼+地眼+人眼"三位一体的监测模式,"行政+考核"两个维度动态、"流通码+校验码"编码技术路径,以及与其协同的产品信息采集、算法、标识技术方案及"162"结构信息云平台,谋划出基于编码设计、产品信息标识与查验系统、云数据平台与数据采集系统、信息化管理系统四个系统构建生态产品大数据保障体系总体方案。

（六）以市场为目标构建的生态产品价值核算方法学是生态产品价值实现的基础。充分认知到溢出生态产品的生态资产具有一定公共属性的特点，遵循等价交换的经济学原理，聚焦以经营单位或特定地域为单元、以交易为手段实现生态产品价值变现的会计核算体系，针对物质供给、调节服务和文化服务三类生态产品的价值核算开展相关计量方法研究，系统地提出了构建以"价值"为基础的生态产品价值计量方法学。该方法比 GEP 的评估方法更有针对性、精准性以及过程可追溯性。

本研究在国家发展改革委《〈关于建立健全生态产品价值实现机制的意见〉辅导读本》和国家林业和草原局生态司、科技司的指导下完成，同时吸收了相关研究成果，并得到业内多方人士的支持和帮助，在此表示诚挚的感谢！

由于著者水平有限，有些方法和结论不一定准确，错误或不当之处在所难免，敬请批评指正。

著　者
2024 年 2 月 20 日

目 录

自 序
前 言

第1章 从行为学视角解析生态产品体系构建 1
1.1 生态产品行为方法学内涵 1
1.1.1 行为 1
1.1.2 行为学及行为方法学 1
1.1.3 生态产品及其价值实现的行为学研究法 2
1.2 新中国生态建设实践传承从实践到理论的行为方法学模式 3
1.2.1 生存问题促使新中国成立初开启生态修复运动 3
1.2.2 粗放式发展方式导致严重生态问题而导引出林业系列重点工程 7
1.2.3 传统发展方式积累的全球性问题驱动新文明方式的变革导引出生态文明 20
1.3 生态产品及其价值实现的行为学特征 22
1.3.1 生态产品及其价值实现具有鲜明的目标性 23
1.3.2 生态产品及其价值实现传承了中华文化传统和唯物哲学的基因 26
1.3.3 生态产品价值实现过程遵循经济学价值规律 32

第2章 以财税理论为基础的生态产品内涵与边界 37
2.1 解决认识问题的理论依据 37
2.1.1 公共产品的定价理论 37
2.1.2 生态补偿和付费理论 39
2.1.3 生态系统生产总值(GEP)核算理论 41
2.1.4 与生态资产和生态产品相关的制度 43
2.2 生态产品价值实现探索中的几个关键问题的分析 49
2.2.1 生态产品内涵和边界不清晰 49
2.2.2 生态资产和生态产品边界不明晰 50
2.2.3 产品分类与价值评估目标协同性不强 51
2.3 生态产品内涵与边界研究 52
2.3.1 生态产品定义 52

  2.3.2 生态产品内涵研究 ·· 53
  2.3.3 生态产品的边界研究 ·· 54
  2.3.4 生态产品的特征研究 ·· 57

第3章 以资产行为解构生态产品分级分类关系 ··· 60

 3.1 生态系统原真性与生态产品等级关系研究 ·· 60
  3.1.1 自然生态系统 ·· 60
  3.1.2 半自然生态系统 ··· 60
  3.1.3 人工生态系统 ·· 61
  3.1.4 生态产品等级 ·· 62
 3.2 以生态系统为视域的生态产品分类研究 ·· 63
  3.2.1 生物圈和生态系统的关系 ·· 64
  3.2.2 生态系统及主要功能 ·· 66
  3.2.3 以生态系统为视域的生态产品分类 ·· 91
 3.3 从资产端视域构建生态产品目录 ··· 126
  3.3.1 物质供给类生态产品目录 ·· 127
  3.3.2 调节服务类生态产品目录 ·· 127
  3.3.3 文化服务类生态产品目录 ·· 128

第4章 以国民经济统计学为驱动构建生态产品产业体系 ··· 130

 4.1 三次产业划分 ·· 130
  4.1.1 三次产业划分理论及重要性 ·· 130
  4.1.2 中国三次产业划分 ··· 131
 4.2 产业（行业）分类 ·· 132
  4.2.1 国际标准产业分类 ··· 132
  4.2.2 中国产业分类 ··· 133
 4.3 产品分类 ·· 135
  4.3.1 国际上产品分类 ·· 135
  4.3.2 中国产品分类 ··· 137
 4.4 生态产品纳入国民经济行业分类的建议 ·· 140

第5章 以品质为核心的质量安全保障体系研究 ·· 142

 5.1 农产品认证及可借鉴性分析 ·· 142
  5.1.1 农产品认证体系概况 ·· 142
  5.1.2 农产品质量安全体系国际国内比较 ·· 143
  5.1.3 生态产品与绿色、有机等环保型农产品的差异性分析 ··································· 146

5.1.4　绿色和有机农产品认证的可借鉴措施 ························ 147
5.2　生态产品调查监测体系构建研究 ····································· 148
　　5.2.1　生态产品底数调查 ·· 148
　　5.2.2　生态资源动态调查监测机制研究 ······························ 154
5.3　物质供给类生态产品质量安全认定认证体系研究 ···················· 156
　　5.3.1　完善上位法律 ·· 156
　　5.3.2　建设行业自律组织 ··· 157
　　5.3.3　生态产品质量安全技术体系建设 ······························ 157
5.4　生态产品质量安全追溯体系研究 ······································ 161
　　5.4.1　追溯概念及体系建设概况 ······································ 161
　　5.4.2　逐步推进生态产品追溯系统建设 ······························ 162
5.5　物质供给类生态产品追溯体系方案研究 ······························· 165
　　5.5.1　物质供给类生态产品编码方案 ·································· 165
　　5.5.2　生态产品的产品信息标识方案 ·································· 171
5.6　生态产品信息云平台建设研究 ·· 175
　　5.6.1　信息云平台建设目标 ·· 175
　　5.6.2　构建基于网格化和区块链的信息采集机制 ····················· 177
　　5.6.3　智慧感知 ··· 178
　　5.6.4　信息云平台建设 ·· 179

第6章　以市场为目标的生态产品价值核算方法学　181

6.1　基于生态资产的生态产品价值核算分类研究 ·························· 181
　　6.1.1　生态资产与生态产品关系分析 ·································· 181
　　6.1.2　生态产品价值核算及与生态产品总值核算的区别 ·············· 182
　　6.1.3　生态产品价值核算的目标导向研究 ···························· 183
6.2　特定地域生态产品价值核算理论适用研究 ···························· 185
　　6.2.1　特定地域生态产品价值核算程序 ······························· 185
　　6.2.2　生态产品价值核算计算模型 ···································· 187
6.3　物质供给类生态产品价值核算方法 ··································· 190
6.4　调节类生态产品价值核算方法 ·· 192
　　6.4.1　调节服务类生态产品构成 ······································ 192
　　6.4.2　价值核算因子筛选 ··· 193
　　6.4.3　调节服务类生态产品价值核算模型 ···························· 195
6.5　文化服务类生态产品价值核算方法 ··································· 227

参考文献 ··· 229

第1章 从行为学视角解析生态产品体系构建

1.1 生态产品行为方法学内涵

1.1.1 行为

行为的本义包括"行"与"为",其中,"行"体现的是"动"状态,是过程,而"为"则体现为目标或"动"的目的。尽管一般动物"动"的意识性不强,但潜意识里存在明确的指向目标,如为了应付饥饿或保护领地等。因此,行为的本义是为了某一目的展示的不同姿态、动作以及行动表现出的状态和过程。引申到人类行为,就是反映出为了某项特定目标展开的人物以及事态变化、发展的规律以及特征、欲望和诉求。

从特征性看,行为是生物在生活中表现出来的生活态度及具体的生活方式,它是在一定的条件下,不同的个人、动物或群体,表现出来的各种机制性、规则性、规律性等行为的基本特征,或对内外环境因素刺激所做出的能动反应。因此,行为主体在受到主观、客观以及主客观因素影响下而产生的身体肢体、器官等活动,是行为主体的整体或者局部的形态变化状态和过程。所有这些不同结构、系统以及体系等机制性、规则性、规律性的行为都具有传递行为主体内心世界活动的特征。可见,行为是受到行为主体思想支配而表现出来的外表活动。在自身生理、心理活动以及外界的关联因素影响作用下而进行的身体器官的变化、波动以及反应,决定了行为的产生具有自发性、偶发性以及诱发性特征,所有的行为都具有与之对应的功能、效应及其意义,如做出动作、发出声音、作出反应,起到趋利避害、繁衍后代、学习交流、传播信息、娱乐享受等作用。

根据前述分析,可以归纳出行为的概念:以耦合、兼容以及互补为指导思想,在受到主观、客观以及主客观等因素刺激下通过自发、偶发以及诱发的形式将行为反映出来。所有的行为反应都秉持趋利性、协同性以及趋势性三项原则,体现出本能性、需求性以及选择性三种不同维度的价值性目标,从而在各种影响因素作用的时刻体现出表情、动作以及能力等的应对策略。

1.1.2 行为学及行为方法学

研究人类行为规律的科学称为行为学,归属于管理科学。按研究的范围来划分,可分为"宏观"和"微观"两大部类。宏观行为学研究的内容分为研究人类行为的基本规律的基础行为学和研究社会群体行为的规律和后果的社会行为学两大类。微观行为学的研究范围则十分广泛，研究社会单位和组织行为规律的可称为组织行为学，研究消费者行为规律的可称为营销行为学，等等。

行为方法学是指按照行为学原理解构特定目标以及实现目标行为过程中的关键要素，再从要素着手反向研究其为达成某项目标而应具备的能力或应创造的条件的方法学。其工作路径是对某项特定目标采取"分解—攻关—集成"的闭环，把大难题变为小难题，再各个击破。该方法学的优点是通过目标解构和过程推演，将某种特定行为拆分成多需求而变为多任务的组合，再对分解后的任务或子课题开展攻关与突击，最后又将成果集成完成总攻关的研究方法。这种方法适用于目标明确但过程复杂、影响因素多的大型攻关研究。这一方法学充分体现了"实践—理论—理论指导实践—理论再提高"的辩证唯物主义哲学思想，是破解问题解决路径的有效方法。

1.1.3　生态产品及其价值实现的行为学研究法

生态产品及其价值实现行为学研究法是指遵循行为学研究法的方法学原理，以生态产品价值实现为目标，解构目标以及为实现目标的整个过程中的关键要素，并从要素着手研究其应具备条件和能力的方法学。

第一步，解构目标。目标是构建一种生态产品价值实现新机制、新业态。目标包含几重含义，一是生态产品，从传统产品看，可以知道这是一个新产品类别；二是价值实现，应像一般产品一样，让这种新产品具有成熟的价值变换机制，如进入市场实现等价交换；三是新业态，是一个新的行业，具有一个独立行业基本要素和管理机制。同时，也说明这种产品和产品的交易机制尚在探索过程中，需要继续研究和推动。

第二步，过程分解。一个产业涉及的环节和影响因素很多，是一个复杂的系统。但支撑起一个产业骨架的基本体系是生产经营及交易技术体系、政策标准等管理体系及安全质量诚信等保障体系。从第一步对生态产品及其价值实现目标的解构可以发现，要将生态产品价值实现打造成一种成熟的新业态这一目标，需要具备3个条件：①生态产品需要一个明晰而简洁的内涵。一个内涵清晰、简单易懂的像农产品、水产品一样界限明确，不仅市场上谁都能懂，而且在国民经济产业分工中是有独立"户口"的，具有独立完整体系的——生态产品概念是一个前提条件。而目前现状却不容乐观，学者研究百花齐放、观点众多，尚未有一个权威定义。社会上的实践与探索，也是生态产品与林产品、农产品、水产品、牧产品不作区分，看似什么产品都用生态概念化，实际上淹没了生态产品发展的独立空间，也就难以发展为一个新业态。②构建一整套价值实现的机制，包括生态产品生产经营、价值核算、交易市场、信息化服务等技术机制。③构建行业监管和安全质量诚信两大保障机制。如安全质量诚信等保障机制、政策标准等管理机制。

基于这一解构和分解，有关如何构建生态产品及其价值实现机制方面的研究应围绕解决生态产品内涵、建设什么样的技术体系和保障体系3个方面开展。按照行为学研究法的思路，遵循问题导向、理论联系实际、目标联系过程、结果支撑目标的工作原则，提出一套相对完整的解决思路。

1.2　新中国生态建设实践传承从实践到理论的行为方法学模式

回顾新中国成立以来的重大生态建设实践，基本上都是行为引导模式，遵循的是问题导向从实践到理论的工作路径，"发现问题—确定目标—试点摸索—总结经验—制定政策—推广"是基本程式，是典型的为"为"而"行"的行为方法学模式。一方面，"为"是因问题而提出的目标和方略，"行"则是解决问题、实现目标的过程。另一方面，"为"是总结探索实践的经验，并进一步提升为指导实践的理论成果，是完成"实践—理论"的升华；"行"是边试点、边探索、边总结的曲折式实践过程，是"实践—理论—再实践"的循环往复、螺旋式提升的发展过程。这种从历史成功案例中总结出的行为方法学模式，对有序推进生态产品价值实现具有重要的指导意义。《意见》已经确定了行为目标，是"为"的内涵，试点、研究都是"行"的范畴。怎么"行"？本着问题导向、系统性诊断、对症下药的要求，从成功案例中去寻找思路，吸收经验，借鉴做法。

1.2.1　生存问题促使新中国成立初开启生态修复运动

新中国成立时面临的国土空间状况是一穷二白、满目疮痍。历史留给新中国的是一个生态环境遭受严重破坏、自然灾害频发、粮食供给严重不足、经济局面破坏殆尽的局面。针对这种全局性生存问题，采取的治国行为方略是：举全国之力重整山河，恢复河湖生态，成功实现治水而生的目标。可以说，这是新中国成立后生态建设的开山之作，也是可歌可泣的全民脱困战役。从行为学来说，"为"的目标是改天换地——改变严峻的生存环境，"行"的过程是举国之力与自然环境的抗争几十年史，遵循的是规划先行、集中优势资源重点突破、流域系统治理的科学方法，结果是实现旧貌换新颜的伟大目标。这种集中资源办大事、为民解困的模式充分体现了制度优势和以民为本的发展观。

水利建设是治理灾害、整治国土、修复湿地生境、解决粮食自给、恢复和发展国民经济的重要基础。新中国成立之初，水利基础十分薄弱，水旱灾害频繁。治理江河，建设渠道、水库，"有计划、有步骤地恢复并发展防洪、灌溉、排水、放淤、水力、疏浚河流、兴修运河等水利事业"，成为十分重大而紧迫的任务。国家投入了大量的人力、物力和财力，在治河、治海、治水方面取得了重大突破，成效十分显著。根据农业和水利部门的统计：1950—1976 年，全国建设大型水库 308 座，中型水库 2127 座，小型水库 83200 座，总计 85635 座。此外，还有长江、黄河、淮河、海河、珠江等国内大江大河的河堤修缮工作，基本把全国自然的江河、湿地都修整了一遍。最著名的典型案例有治淮、治黄及根治海河三大战役性工程。

背景1-1　新中国成立初期治淮、治黄及根治海河三大工程概况

①治淮工程。淮河流域由淮河与沂沭泗河两大水系组成，地处中国东部长江、黄河之间，流域面积为27万平方千米，其中淮河水系为19万平方千米，沂沭泗河水系为8万平方千米，跨越豫、皖、苏、鲁4省，且平原约占流域面积的2/3。1950年夏天，淮河流域发生特大洪涝灾害，导致河南、安徽1300多万人受灾，数百万公顷土地被淹，人民群众遭受了生命财产的巨大损失。是年，中国政府决定治理淮河，建立治淮机构，开始有计划、有步骤地系统推进治理工作。按照实践中摸索出的"上中下游兼顾、上游以蓄为主、中游蓄泄兼筹、下游以排为主"方针，至1985年，国家为治淮投资77亿元，加上地方投资和大量的民工投入，累计不下200亿元。完成土方76亿立方米，混凝土1000万立方米。经30多年治理，初步控制水旱灾害，生产面貌明显改变。

②治理黄河。1952年10—11月，毛泽东同志考察黄河时发出了"要把黄河的事情办好"的号召。1954年10月，黄河规划委员会完成《黄河综合利用规划技术经济报告》。1955年7月，一届全国人大二次会议正式通过《关于根治黄河水害和开发黄河水利的综合规划的报告》。在我国大江大河的第一综合治理规划——黄河综合利用规划的推动下，经过沿黄广大军民多年坚持不懈的努力，除害和兴利都取得了令世人瞩目的伟大成就。一是黄河下游防洪工程体系基本形成，防洪取得了巨大的经济效益和社会效益。黄河下游三次加高培厚堤防，进行了放淤固堤，开展了河道整治，在干流上修建了三门峡水利枢纽，在支流上修建了伊河陆浑水库和洛河故县水库，开辟了北金堤滞洪区，修建了东平湖滞洪水库，基本形成了"上拦下排，两岸分滞"的防洪工程体系，并加强了防洪非工程措施和人防体系的建设。依靠这些工程措施和广大军民的严密防守，取得了连续50年伏秋大汛不决口的伟大胜利，扭转了历史上频繁决口改道的险恶局面，保障了黄淮海平原12万平方千米防洪保护区的安全和稳定发展。二是黄土高原部分水土流失地区得到初步治理，促进了生产发展，减少了入黄泥沙。据统计，截至1995年，黄河上中游水土流失地区已兴修梯田、条田、沟坝地和其他造地等基本农田7755万亩*，造林11802万亩，种草3517万亩，兴建治沟骨干工程854座，淤地坝10万余座，各类沟道防护及小型蓄水保土工程400多万处。三是黄河水资源的开发利用，为流域和沿黄地区工农业生产及城市生活提供了宝贵的水源。流域内已建成大、中、小型水库3147座，总库容574亿立方米，引水工程4500处，提水工程2.9万处；在黄河下游，还兴建了向两岸海河、淮河平原地区供水的引黄涵闸94座，虹吸29处。黄河流域及下游沿黄地区灌溉面积由1950年的1200万亩，发展到1.07亿亩。黄河还为两岸重点工业基地、大中城市提供了宝贵的水源，引黄济青为青岛市的经济发展创造了条件，引黄济津缓解了天津市缺水的燃眉之急。在黄河干流上建成了龙羊峡、刘家峡、盐锅峡、八盘峡、青铜峡、三盛公、天桥、三门峡等8座水利枢纽和李家峡、

---

* 1亩=1/15公顷。以下同。

大峡水电站和小浪底、万家寨水电水利枢纽。黄河治理开发的规模和取得的巨大成就，在中华民族的历史上是任何一个朝代都无法比拟的，在世界水利史上也是罕见的。

③根治海河。海河自天津市区的三岔河口贯穿市区，至大沽口处入海。海河水系支流众多，一到汛期同时涨水，而入海口处却肚大嘴小，宣泄不畅，水流速度越来越慢，泥沙沉积日益严重，排洪能力越来越差，常常形成海河流域的洪涝灾害，给广大人民群众的生活和海河地区社会经济发展造成很大危害。据记载，从1368年到1948年的580年间，海河流域共发生过387次严重水灾，天津市被淹泡过70多次。1963年8月，河北省中南部连降特大暴雨，洪水泛滥，101个县、市的353余万公顷土地被淹，造成了新中国成立以来最严重的灾害。1963年11月，毛泽东同志为抗洪救灾展题词："一定要根治海河"。中央政府成立了由周恩来同志、李先念同志牵头的根治海河领导小组，组织京津冀鲁人民开展了群众性的根治海河运动。按照统一规划、综合治理的方针，从上游到下游，从支流到干流，对海河水系进行了全面根治。上百万治河大军包括中小学生、家庭妇女，人们纷纷挥锹上阵，完成了大大小小一系列整修工程，从根本上对海河进行了治理，终于使海河旧貌换新颜。截至1981年，海河流域初步形成了完整的防洪、排涝体系，根治了海河洪涝灾害。

背景1-2 新中国成立初期面对的国土空间状况

一般而言，一国一地环境形成的主要因素有三：一是自然条件，二是人口载负量，三是生产配置和产业结构(生产力水平)。我国的自然条件并不理想，人均资源也比较贫乏，人口分布又极不均衡。我国陆地面积约960万平方千米，居世界第3位，约等于欧洲整体面积。虽然疆土辽阔，但在960万平千米陆域上，西北干旱半干旱区和青藏高寒区占了全国陆地总面积的55%，这些地区气候寒冷，雨量稀少，土壤或多沙化，或多冻土，人烟稀少，全部人口只占全国总人口的5%左右；另外95%的人口居住在占全国陆地总面积45%的东部季风区，这里又以秦岭、淮河一线为界分为南北两大部分，北部除黄土高原外大部为平原，然受季风影响，雨量分布极不均匀，全年降水多以暴雨形式集中在夏秋季节，诸多河流发源于黄土高原，暴雨来临时，洪水泥沙俱下，故多泛溢成灾；南部降雨丰沛，气候温湿，植被良好，却又是高山、丘陵多，平原少，且同样因降水不均，引起水旱不时。

有史以来，我国人口数量虽然不断在增加，但分布的基本格局没有明显的变化。从公元前后相当于汉朝时期的0.5亿人，到19世纪下半叶我国人口增至4.5亿，95%始终分布在400毫米降水线以东的东部季风区。1994年我国人口已达12亿，20世纪末人口普查为13亿多，2020年1月17日国家统计局发布数据显示，2019年末中国大陆总人口为14亿，但分布格局基本未变。

2000多年来，人口成倍地增长，而可耕地却因城市建设、工业发展、交通开辟等原因在不断地缩小。东部季风区的自然条件虽然远胜于西北干旱区和青藏高原区，但由于降水年际季节变化大，旱涝灾害时有发生，可以说历史上是无年不灾，再加上山地、丘陵多,平原少,人口密集等因素,我国人民为求温饱,需要比自然条件好的国家付出更多的努力。进入21世纪时,我国耕地面积为1亿公顷(折合15亿亩),只占全部国土面积的11%,草地、草山、草坡约占国土面积的34%,森林约占国土面积的13%,而沙漠、荒漠、寒漠、戈壁、石骨裸露山地、永久积雪和冰川等完全不能农牧的土地却有2亿公顷(折合30亿亩),占国土面积的22%。

历史留给新中国的是一个满目疮痍的大地。我国自古以农立国,这个发展历程其实质是自然环境条件决定的,是人类与环境博弈的结果。大致从战国中期至西汉中期,黄河中下游地区从农主牧副兼营林渔的经济格局,转变为单一农耕经济格局。这种局面奠定后,农耕成为社会稳定的唯一产业的观念在人们思想里深深扎根。汉武盛世时期,北逐匈奴,将今天内蒙古河套地区和鄂尔多斯高原以及陕北高原、河西走廊等数十万平方千米土地,从匈奴控制下解脱出来,范围北拓至阴山,西扩至玉门关。但是为了保卫这一胜利果实,不得不移民百万,设置50余县,在阴山、河套以南包括鄂尔多斯高原进行屯垦戍边,将数十万平方千米原先畜牧游猎的干旱区开辟成农耕区,砍伐森林,铲除草被,使原来茫茫广漠的森林草原变为了农耕区,被誉为"新秦中",意即新的关中地区。鄂尔多斯的环境本来就十分脆弱,气候干旱,土壤沙质,植被稀少,多风暴,当地表一经开垦,无植被保护,随即水土流失,遇风起沙。从近年来在内蒙古乌兰布和沙漠考古发现的西汉古城和屯垦遗址,说明西汉以后,这里即被遗弃,未曾再次开垦,证明环境恶化已不可逆转。

东汉以后,库布齐沙漠和毛乌素沙地已经出现。隋唐时代,继秦汉以后又一次在鄂尔多斯高原上兴起农垦高潮,原先沙地均被扩大。汉唐是封建文明鼎盛时期,但其经济背景是黄河流域大规模农业开发,天然植被全为人工植被所替代。在当时生产力条件下,可开发的水土资源开发殆尽。因此到了公元10世纪的宋代,黄河流域环境恶化趋势已不可逆转,留给子孙的是黄土高原上沟壑纵横,水土流失,黄河含沙量与日俱增,下游泛滥决口连年不断,土壤沙碱化,农田被淹,城镇被毁,东部平原河流、湖泊淤浅湮废,农业生产力低下,人民贫困的萧条局面。中唐以后,黄河流域长期处在战乱状态,人口逃亡,水利失修,加上中游黄土高原的长期过度开发,引起水土流失加剧,下游河湖被淤被垦,最终引起环境恶化,河患日益严重的趋势已不可逆转,灌溉系统破坏难以修复,土壤沙碱,水旱不时渐趋严重,整个生态环境不断恶化,造成经济逐渐衰落,以致近代成为我国灾害频发、经济贫困的地区。

从历史上看,毁林造田、围湖垦田,至少有一两千年的历史。之所以这个宿疾始终不能治愈,就是因为像我国这样一个地域广大、人口众多、自然环境复杂的国家,我们的祖先为求生存走过一条与自然不断冲突和平衡的曲折、艰难之路。试想如果当年汉武帝据有黄土高原后不推行农耕,而仍然发展畜牧业,恐怕难以守住这条国防线,最终华夏地区难逃匈奴铁骑的踩躏。宋代以后随着南方人口的增加,如果不围湖造田,而是在湖荡发展水产业,能不能维持不断增加的人口恐怕另说。如此说来,今天看来非常不合理牺牲环境的行为,在当时实为无可奈何的事。究其原因,现在从人地关系这一层面考察，三四千年来问题的症结，还是我们今天同样最关心的：人口、资源和环境问题。

1.2.2 粗放式发展方式导致严重生态问题而导引出林业系列重点工程

从20世纪70年代末到90年代后期，即从改革开放之初到20世纪末期，是我国林业发展的重要阶段。这一时期是改革开放的前20年，"一个中心、两个基本点"是这一时期的政策基点，发展经济是全国上下压倒一切的头等大事。专注于经济建设、忽视生态环境的发展行为，导致了生态严重恶化的局面，以1998年洪灾为契机，开始转变发展方式，中央政府出台措施实施了一系列重大生态建设工程。这一案例的行为学模式是发展（粗放式）—积累副作用（问题）—转变方式（过程纠偏）—总结提高。整个过程分两个阶段，第一个阶段是改革开放后前20年，"为"是快速推动经济发展，"行"是过程和手段，不管"白猫黑猫"，只要有利于经济快速发展的都行。但是，粗放式发展的后果也逐步显现，发展方式逐步转变为另一阶段，"为"变成了可持续发展目标和化解前一阶段暴露发展中的问题，相应"行"的方式转变为在确保经济转型过程中，加大生态环境的保护力度。在这一过程中，发展思路和政策根据实践中暴露的问题在不断地总结和调整，新的发展方式及相应的理论创新不断涌现。但总体上均是围绕一个阶段的总目标"为"开展"行"的方式，呈螺旋式上升趋势。

这一时期是典型的以消耗资源和环境容量为代价的粗放式发展方式。改革开放后，乡镇企业异军突起，成为我国经济发展的生力军，极大地增强了我国经济实力，但由于乡镇企业技术含量低、能耗高、污染重，给生态环境特别是水环境造成了严重影响。从林业发展方面看，木材年产量居高不下，长期超量采伐、计划外采伐，对森林资源消耗巨大，远远超出了森林资源的承载能力。以东北重点国有林区为例，各林业局不顾资源供给能力，不断加大采伐量，森林资源日渐枯竭，林区陷入了"越穷越采、越采越穷、越砍越细"的怪圈。至20世纪90年代，这种现象日趋严重，达到无木可伐的地步，森工企业陷入"两危境况"，东北地区大批制浆造纸企业、森工和木材加工企业倒闭或转产，林区职工下岗潮、买断工龄自谋生路成为一大社会问题，东北林区陷入前所未有的困境。在经济利益的驱动下，一些集体林区也出现了对森林资源的乱砍滥伐、偷盗等现象，集体林区蓄积量在300万立方米的林业重点市，由20世纪50年代的158个减少到不足100个，能提供商品材的县由297个减少到172个。第三次森林资源清查（1984—1988年）数据显示，较第二次清查，南方集体林区活立木总蓄积量减少了18558.68万立方米，森林蓄积量减少15942.46万立方米。生态环境的恶化从黄河也得到了明显反映。20世纪70年代以来，黄河多次断流，在1972—1996年的25年内有19年发生断流，断流时间长达100余天，1996年断流河段从河口向上延伸至封丘县，长达622千米。黄河流域大中城市普遍缺水，造成生产、生活困难。1998年，我国"三江"（长江、嫩江、松花江）流域发生了特大洪灾。此次灾害持续时间长、影响范围广、灾情特别严重，可谓百年不遇。据国家权威部门统计，全国共有29个省（直辖市、自治区）受到不同程度的洪涝灾害，农田受灾面积达2229万公顷，死亡4150人，倒塌房屋685万间，直接经济损失达2551亿元。

因生态危机反思发展方式（行为），引发了中央对生态环境保护及林业在生态发展中主战场作用的深入思考，推出了一系列举措，出台了多项政策，如《国务院办公厅关于进一步加强自然保护区管理工作的通知》（1998年）、《中共中央关于农业和农村工作若干重大问题的决定》（1998年）等。在这些政策中，党和政府反复强调保护和发展森林资源的重要性、迫切性。在继续推进三北防护林建设工程、太行山绿化工程的同时，相继启动了退耕还林还草、天然林保护、长江中下游地区重点防护林体系建设、京津风沙源治理、野生动植物保护及自然保护区建设、重点地区速生丰产用材林建设等建设工程。大型林业重点生态工程的实施，标志着我国林业以生产为主向以生态建设为主转变，也是我国转变发展方式、构建全新生态观的示范工程。这些工程都是史无前例的重大生态工程，国家和地方财政先后投入约20万亿元，带动社会投入约23万亿元，促成了几千年来全国性生态退化趋势线的反转，充分诠释了制度的优越性，为生态文明观的形成和发展奠定了实践基础。

背景1-3　改变中国国土面貌的林业重大建设工程

(1)"三北"防护林体系建设工程

1978年，中国决定在西北、华北北部、东北西部风沙危害、水土流失严重的地区，建设"三北"防护林工程。整个工程从东到西，从南到北，途经13个省（直辖市、自治区）的559个县（旗、区、市），总面积约406.92万平方千米，占中国陆地总面积的42.4%。1979年开始实施，历时71年，分3个阶段、8期工程进行，规划造林3567万公顷（折合5.35亿亩）。到2050年结束时，三北地区的森林覆盖率将由原先的5.05%提升至14.95%。

在三北工程上马以前，发展林业的主要目的是保持木材的持续供给，至于森林的生态作用，只是满足木材生产前提下的协同需求。1978年"三北"工程的启动，标志着对森林的多种功能和效益的理性认识已经成为政府决策的理论依据，生态建设已经成为林业建设的主要任务之一，林业建设走向商品林业与生态林业并举的时代。后来，中央进一步提出，保护生态环境就是保护生产力，改善生态环境就是发展生产力。"治水之本在治山、治山之道在兴林"，林业的生态作用得到充分肯定。

"三北"防护林体系工程建设为我国北方风沙地区筑起一道绿色长城，产生了巨大的综合效益。一是防沙治沙实现历史性突破，重点治理地区沙化土地面积和沙化程度呈"双降"趋势。营造防风固沙林806.7万公顷，治理沙化土地33.62万平方千米。"三北"地区沙化土地和荒漠化土地连续10年呈现"双缩减"趋势。二是防治水土流失成效显著，局部地区水土流失面积和侵蚀强度呈"双减"趋势。累计营造水土保持林和水源涵养林近966.2万公顷。重点治理的黄土高原,植被覆盖度从1999年的31.6%增加到59.6%,60%的水土流失面积得到不同程度的控制,600多条小流域得到了有效治理,年入黄泥沙减少4亿吨左右。三是平原农区防护林体系基本建成,粮食产量和农田面积呈"双增"趋势。营造农田防护林280.6万公顷,有效庇护农田2248.6万公顷,工程区农田林网化程度达到68%。"三北"地区经济林面积达667万公顷,年产干鲜果品4800万吨,产值达到1200亿元,约1500万人依靠特色林果业实现了稳定脱贫。

1987年以来,先后有国家林业和草原局西北华北东北防护林建设局(简称"三北局")、宁夏中卫、新疆和田等十几个单位被联合国环境规划署授予"全球500佳"奖章。2003年12月28日,"三北"防护林工程获得"世界上最大的植树造林工程"吉尼斯证书,成为我国在国际生态建设领域的重要标志和窗口。

(2)退耕还林还草工程

在有史可追溯的漫长历史进程中,中华民族始终是以农耕为主流的社会结构,土地、耕地是财富的象征和追求的目标。随着人口的增加,领地的扩展,扩耕、开荒造地造田成为必然的选择,尽管不可否认局部范围的退耕常有存在,但作为一种国策和发展方式的国家行为,这种趋势一直维持到1998年未有改变。1999年退耕还林还草决策开启的是一种逆传统的发展模式,是历史巨变。通过国家出钱出粮赎买的方式把25度以上的坡耕地和生态敏感区、脆弱区的耕地还林还草,工程之大、范围之广、投入之多,在世界历史上都史无前例,是中华民族5000年农业发展的转折点,是发展方向的战略性调整,拉长时间轴去观察,其对整个国家发展和区域布局的影响是长期性和颠覆性的。

之所以说此次退耕还林还草是发展趋势和方向的转变,就是因为这种变化是历史性的,是国运所致,看似偶然(1998年洪灾引起),实则必然。新中国成立后,国家在退耕还林上是做过探索和实践的,早在1957年5月国务院第四十九次全体会议通过的《中华人民共和国水土保持暂行纲要》就有规定:"原有陡坡耕地在规定坡度以上的,若是人少地多地区,应该在平缓和缓坡地增加单位面积产量的基础上,逐年停耕,进行造林种草。"四川省1980—1982年拿出3.9亿千克粮食补贴指标,用于坡耕地退耕还林。20世纪80~90年代,以内蒙古乌兰察布盟、云南会泽县、陕西吴起县、宁夏西吉县等为代表的西部各地纷纷开展了退耕还林的探索和实践,有成功的经验,也有失败的教训,其中内蒙古乌兰察布盟实施的"进退还"战略最为成功。然而,由于当时我国农业生产力低下,粮食紧缺,十多亿人口的吃饭问题尚未得到根本解决,退耕还林的设想最终由于缺乏有力的政策支持(实际上是生产力水平尚未达到突破的临界点)而无法大规模推广实施。

决定耕地规模的是人口数量,实际上是人口对粮食的总需求量,而粮食总量取决于耕地数量和耕地生产力水平。其实,新中国成立后,我国的人口不仅没有减少,且人口总量一直在大幅增长,1998年末全国总人口为124810万,粮食总需求量也相应大幅增加，但是，经过几十年的发展，科技水平大幅提升了，单位面积耕地的生产力大幅提高了，国家财政能力也具备了投入能力，在保障粮食总需求的前提下，具备了把那些产出力较低、耕作条件较差、生态价值更高的耕地退出去的条件。这也是当代与历代的主要区别所在，新中国综合国力的提升和领导层的生态觉悟加上其为政的担当与作为，才具备突破桎梏历朝历代的粮食安全和耕地底线问题，实行发展方式的伟大转变。

退耕还林还草工程建设范围包括北京、天津、河北、山西、内蒙古、辽宁、吉林、黑龙江、安徽、江西、河南、湖北、湖南、广西、海南、重庆、四川、贵州、云南、西藏、陕西、甘肃、青海、宁夏、新疆25个省(自治区、直辖市)和新疆生产建设兵团，共1897个县(市、区、旗)。此工程分两轮实施。第一轮退耕还林工程实施期为1999—2015年，实施面积2982万公顷(折合44728.7万亩)，其中退耕地造林926万公顷(折合13896.2万亩)，荒山荒地造林1746万公顷(折合26182.5万亩)，封山育林310万公顷(折合4650万亩)。工程总投入4071.97亿元，其中中央预算内投入283.30亿元，财政专项资金3788.66亿元。第二轮退耕还林还草工程主要是落实《中共中央国务院关于全面深化农村改革加快推进农业现代化的若干意见》要求："从2014年开始，继续在陡坡耕地、严重沙化耕地、重要水源地实施退耕还林还草"，中共中央、国务院印发的《生态文明体制改革总体方案》提出："建立耕地草原河湖休养生息制度。编制耕地、草原、河湖休养生息规划，调整严重污染和地下水严重超采地区的耕地用途，逐步将25度以上不适宜耕种且有损生态的陡坡地退出基本农田。建立巩固退耕还林还草、退牧还草成果长效机制"等精神，范围为25度以上坡耕地、严重沙化耕地和重要水源地15~25度坡耕地。对已划入基本农田的25度以上坡耕地，要本着实事求是的原则，在确保省域内规划基本农田保护面积不减少的前提下，依法定程序调整为非基本农田后，方可纳入退耕还林还草范围。

两轮退耕还林还草工程实施后，已实施退耕还林还草3467万公顷(折合5.2亿亩)，总投资超过5000亿元。增加林地面积3347万公顷(折合5.02亿亩)，占人工林总面积的42.5%；增加草地面积33万公顷(折合502.61万亩)，占人工草地总面积的2.2%。退耕还林还草工程的实施，改变了我国农民祖祖辈辈垦荒种粮的传统耕作习惯，实现了由毁林开垦向退耕还林的历史性转变，有效地改善了生态状况，促进了"三农"问题的解决和乡村振兴，增加了森林碳汇。

(3)天然林资源保护工程

国有林区普遍面临严重的"两危"(森林资源危机、林区经济危困)局面，在森工企业倒闭、企业人员下岗、林区员工开不出工资、社会问题集中爆发的关键时期，发生了1998年特大洪水，在这一历史背景下，党中央、国务院决定转变发展方式，在林业生态领域启动天然林保护工程(简称"天保工程")，当年即启动试点工作。天保工程成为我国林业以木材生产为主向以生态建设为主转变的重要标志，也是人类历史上实施成效最为显著、综合效益最大的生态工程之一。

天保工程涉及长江上游、黄河上中游、东北内蒙古等重点国有林区17个省(自治区、直辖市)的734个县和163个森工局。长江上游地区以三峡库区为界,包括云南、四川、贵州、重庆、湖北、西藏6个省(自治区、直辖市),黄河上中游地区以小浪底库区为界,包括陕西、甘肃、青海、宁夏、内蒙古、山西、河南7个省(自治区);东北内蒙古等重点国有林区包括吉林、黑龙江、内蒙古、海南、新疆5个省(自治区)。二期工程在延续一期范围的基础上,增加了丹江口库区的11个县。

一期工程建设年限为2000—2010年,实际累计投入人民币1186亿元(其中中央财政投入1119亿元,地方配套67亿元);二期工程建设年限为2011—2020年,规划投入2440.2亿元(其中,中央财政投入1936亿元,中央基本建设投资259.2亿元,地方财政投入245亿元)。工程建设内容主要包括停止天然商品林采伐、森林管护、公益林建设、森林经营、保障和改善林区民生。

截至2021年,我国现有天然林1.98亿公顷,天然林蓄积量136.7亿立方米,分别占全国森林总面积和森林蓄积总量的64%、80%,在维护自然生态平衡和国土安全中占据无法替代的主体地位。国家累计投入5000多亿元,1.3亿公顷天然乔木林得到严格管护,工程区完成公益林建设2000万公顷、后备森林资源培育110万公顷、森林抚育1820万公顷。

天保工程的实施,是我国林业从以木材生产为主向以生态建设为主转变的历史性标志,是我国生态林业民生发展的重要载体,是增加森林碳汇、应对气候变化的重要战略举措。工程建设取得了显著成效,发挥了巨大的生态、经济及社会效益。

(4) 京津风沙源治理工程

京津风沙源治理工程是党中央、国务院为改善和优化京津及周边地区生态环境状况、减轻风沙危害、紧急启动实施的一项具有重大战略意义的生态建设工程。21世纪初,京津乃至华北地区多次遭受风沙危害,特别是2000年春季,我国北方地区连续12次发生较大的浮尘、扬沙和沙尘暴天气,其中有多次影响首都。其频率之高、范围之广、强度之大,为50年来所罕见,引起了党中央、国务院高度重视,倍受社会关注。

国务院领导在听取了国家林业局对京津及周边地区防沙治沙工作思路的汇报后,亲临河北、内蒙古视察治沙工作,指示:"防沙止漠刻不容缓,生态屏障势在必建",并决定实施京津风沙源治理工程。

2000年启动试点,2002年国务院批复规划,京津风沙源治理工程全面展开。工程范围涉及北京、天津、河北、山西、内蒙古5个省(自治区、直辖市)的75个县(旗、区)。截至2012年4月,国家已累计安排资金479亿元,其中,中央预算内投资209亿元,中央财政专项资金270亿元。工程建设累计完成营造林752.61万公顷(其中退耕还林109.47万公顷),治理草地933万公顷,建设暖棚1100万平方米,配备饲料机械12.7万套,开展小流域综合治理1.54万平方千米,建设节水灌溉和水源工程21.3万处,易地搬迁18万人。

二期工程期为2013—2022年,建设范围在一期的基础上适当西扩,西起内蒙古乌拉特后旗,东至内蒙古阿鲁科尔沁旗,南起陕西定边县,北至内蒙古东乌珠穆沁旗。涉及北京、天津、河北、山西、陕西及内蒙古6个省(自治区、直辖市)的138个县(旗、市、区)。主要建设任务为:林草植被保护3103.28万公顷,林草植被建设665.83万公顷,工程固沙37.15万公顷,小流域综合治理2.11万平方千米,合理建设草地74万公顷,易地搬迁37.04万人,以及配套水利和农业基础设施建设。二期总投资为877.922亿元,其中,基本建设投资694.56亿元(含中央投资398.94亿元),财政资金183.36亿元(全部为中央财政资金)。

经过10多年建设,工程区森林面积年均净增37万公顷;森林覆盖率年均增长0.8个百分点。工程区已由沙尘天气发生发展过程中的加强区变为减弱区。据统计,2000—2002年北京市沙尘天气发生次数均在13次以上,减少到2010—2012年的4次、3次、2次,2014年未发生沙尘天气。据第四次全国荒漠化和沙化监测,工程区固定沙地面积增加9.5万公顷,增加了1.75%;流动沙地面积减少10.29万公顷,减幅达30.68%。工程对区域经济发展的贡献率保持在25%左右,工程区域经济社会可持续发展指数达到71.2。

(5)沿海防护林体系建设工程

该工程是构筑沿海地区生态安全屏障的重大生态工程。我国沿海地区经济发达、人口密集、企业众多,是带动经济社会快速发展的"火车头"和"驱动器",生态区位十分重要。由于受地理位置和自然条件等因素影响,沿海地区又是台风、风暴潮、海啸、海雾等自然灾害的频发地区,灾害发生严重威胁着当地经济发展和人民群众的生命财产安全。

1988年,原国家计划委员会批复《全国沿海防护林体系建设工程总体规划》,启动全国沿海防护林体系建设一期工程。范围包括辽宁、天津、河北、山东、江苏、上海、浙江、福建、广东、广西、海南11个省(自治区、直辖市)的195个县(市、区)。2000年,国家林业局又启动二期工程建设。2004年印度洋海啸发生后,根据国务院指示,国家林业局及时组织对原规划进行了修编,工程建设按照修订后的《全国沿海防护林体系建设工程规划(2006—2015年)》实施。规划范围扩大到包括辽宁、天津等11个省(自治区、直辖市)及大连、青岛、宁波、深圳、厦门5个计划单列市的259个县(市、区)。2015年,国家林业局编制了《全国沿海防护林体系建设工程规划(2016—2025年)》。

经过20多年长期的不懈努力,沿海防护林体系建设取得显著成效,完成造林超过800万公顷,工程区森林覆盖率达到了36.9%,提升了2个百分点,发挥了明显的生态、经济和社会效益。新造、更新海岸基干林带17478千米,初步形成以村屯和城镇绿化为"点"、以海岸基干林带为"线"、以荒山荒滩绿化和农田林网为"面"的点、线、面相结合的沿海防护林体系框架。工程区有红树林成林面积29.9万公顷,建立29处红树林自然保护区,其中,海南东寨港等5处红树林类型湿地被列入国际重要湿地名录，一大批濒危物种得到有效保护，野生动植物种群数量明显回升。

(6) 长江流域等防护林体系建设工程

长江流域横跨中国东部、中部和西部三大经济区共计19个省(自治区、直辖市)，流域总面积为180万平方千米，占国土面积的18.8%，流域人口占全国总人口的38.5%，经济总量占全国45%以上，在国家经济社会发展全局中具有重要战略地位，生态区位十分重要。

据历史记载，长江流域森林覆盖率曾达到50%以上，到20世纪60年代初期下降到10%左右，1989年森林覆盖率提高到19.9%，但森林资源总量不足，质量不高。20世纪50年代，长江流域水土流失面积为36万平方千米，到80年代达62万平方千米，年土壤侵蚀量达24亿吨，全流域每年损失的水库库容量近12亿立方米。

为改善长江流域生态环境，提升抵御灾害能力，1989年6月，原国家计划委员会批准《长江中上游防护林体系建设一期工程总体规划(1989—2000年)》。工程覆盖安徽、江西等12个省(直辖市)的271个县(市、区)，土地面积达160万平方千米，占流域总面积的85%。到2000年，一期工程建设圆满完成，工程区森林植被得到有效恢复。21世纪之初，国家批复并实施《长江流域防护林体系建设二期工程规划(2001—2010年)》，工程区包括长江、淮河流域17个省(自治区、直辖市)的1035个县(市、区)，总面积达216.2万平方千米。通过10年的努力，二期工程建设取得了更为明显的生态、经济和社会效益，累计完成造林352.3万公顷，其中，人工造林162.8万公顷，封山育林183.5万公顷，飞播造林6万公顷，工程区内森林覆盖率提升4.7%，林分结构得到优化，林地生产力和生态防护功能显著提高。流域水土流失面积逐年下降，滑坡、泥石流灾害明显减轻，生物多样性明显改善，有效抑制钉螺孳生，减少血吸虫滋生场所。工程区人民群众通过参加造林、护林，增加了现金收入，一大批农户通过直接参加工程建设和大力发展经济林果走上了致富之路。

2013年，为有效巩固长防工程一、二期工程建设成果，进一步恢复长江流域森林植被、涵养水源、保持水土，维护长江流域的生态安全和人民安康，国家林业局发布实施《长江流域防护林体系建设三期工程规划(2011—2020年)》。规划范围覆盖长江流域17个省(自治区、直辖市)的1026个县(市、区)，总面积达220.6万平方千米。与二期工程相比，增加福建省"六江二溪"源头32个县(市)和西藏雅鲁藏布江流域28个县(区)，上海市不再纳入工程区范围。综合考虑长江流域的经济社会条件，三期工程规划把工程区分为16个重点治理区。规划总投资1257.9亿元。建设任务包括人工造林361.6万公顷、封山育林907.3万公顷、飞播造林9.2万公顷。规划到2020年，增加森林面积379.3万公顷，森林覆盖率达到39.3%，比规划实施前提升1.3%。同时，初步构建完善长江流域生态防护林体系，把长江流域建设成为我国重要的生物多样性富集区、森林资源储备库和应对气候变化的关键区域。

(7) 珠江流域防护林体系建设工程

珠江是我国七大河流之一，流经云南、贵州、广西、广东、湖南、江西6个省(自治区），流域总面积为44.2万平方千米，与长江航运干线并称为我国高等级航道体系的"两横"，是大西南出海最便捷的水道。珠江三角洲是我国人口集聚最多、综合实力最强的地区之一。珠江下游的香港和澳门是我国的两颗"明珠"。由于地理原因，香港和澳门特别行政区对珠江水源的依赖度比较高。整个珠江流域生态区位十分重要。

为增加流域森林植被，有效治理石漠化和水土流失，增强抵御旱涝等灾害能力，加快区域生态建设，国家于1996年开始实施《珠江流域综合治理防护林体系建设工程总体规划（1996—2000年）》《珠江流域防护林体系建设工程二期规划（2001—2010年）》。一期规划工程区涉及56个县，二期规划工程区增加到包括珠江流域6个省（自治区）的187个县（市、区）。整个二期工程，国家和地方共投入资金18.6亿元，累计完成营造林95.45万公顷，其中，人工造林47.4万公顷、封山育林39.0万公顷、飞播造林500公顷、低效林改造9万公顷，取得了明显的生态、经济和社会效益。

工程区森林资源增幅明显，截至2010年，工程区有林地面积达到1913.3万公顷，森林蓄积量8.3亿立方米，森林覆盖率达到56.8%，分别比2000年增加了108.2万公顷、2.7亿立方米和12%。

流域森林面积的增加，增强了其保持水土、涵养水源及减少洪灾、泥石流、滑坡等自然灾害的能力。西江流域（包括南盘江、北盘江）、北江流域土壤侵蚀量明显下降。广东省东江、西江、北江中上游水质保持在Ⅱ类以上，新丰江水库等大型水库水质保持在Ⅰ类水质标准。同时，各地坚持以防护林建设为主体，生态建设与经济发展统筹兼顾，依托工程建设培植了一批林业产业基地，产生了较好的经济效益，促进了农民脱贫致富。贵州省工程区林农年均纯收入由2000年的1327元提高到2009年的2541元，增加了91.5%。

在"十二五"期间，国家林业局在前两期建设的基础上，又组织编制、实施了《珠江流域防护林体系建设工程三期规划（2011—2020年）》，将工程建设范围扩大到6个省（自治区）37个市（州）215个县（市、区），土地面积达到4166.7万公顷，分为五大治理区8个重点建设区域，重点加强水土流失和石漠化的治理，并在保护现有植被的基础上，加快营林步伐，提高林分质量，增强森林保土蓄水功能。工程建设规模达392.6万公顷，其中，人工造林94.9万公顷、封山育林166.6万公顷、低效林改造131.1万公顷。到2020年，工程区新增森林面积153万公顷，森林覆盖率提高到60.5%以上，森林蓄积量由8.9亿立方米提高到9.2亿立方米，低效林得到有效改造，林种、树种结构进一步优化，各类防护林面积由1026.7万公顷增加到1248.8万公顷，森林保持水土、涵养水源、防御洪灾与泥石流等自然灾害的能力显著增强，水域水质有所提升，有效保证了珠江流域流经区域特别是香港、澳门特别行政区的饮用水安全。

(8) 平原绿化工程

平原地区是我国重要的粮、棉、油等生产基地，土地面积、耕地面积和人口分别占全国的22.3%、47.9%和43.8%。在国民经济建设和社会发展中具有极其重要的地位。

历史上，我国平原地区森林植被稀少，干旱、洪涝、风沙和霜冻等自然灾害频发，水土流失、土地沙化情况严重。1998年前做了大量而卓有成效的工作，如原林业部先后召开8次全国平原绿化会议，研究推动平原绿化工作；先后颁布了《华北中原平原县绿化标准》《南方平原县绿化标准》《北方平原县绿化标准》；编制了《全国平原绿化"五、七、九"达标规划》《1989—2000年全国造林绿化规划纲要》等。

在已有基础上，2006年，国家林业局组织编制并实施了《全国平原绿化工程建设规划（2000—2010年）》，建设范围涉及26个省（自治区、直辖市）的958个县（市、区、旗）。造林绿化总任务427.5万公顷，包括新建农田防护林带36.5万公顷，改良提高已有林带84.8万公顷，园林化乡镇建设21.2万公顷，村屯绿化78.9万公顷，荒滩、荒沙和荒地绿化206.2万公顷，工程总投资达188.4亿元。截至2010年，"五、七、九"平原绿化达标规划和二期平原绿化工程规划的实施使平原地区生态明显改善。平原地区森林覆盖率由1987年的7.3%提高到15.8%，增加了8.5个百分点；基本农田林网控制率由1987年的59.6%增加到79%，初步建立起比较完善的点、带、片、网平原农田综合防护林体系，区域木材和林产品供给显著增加，村镇人居环境得到有效改善。

《全国新增1000亿斤粮食生产能力规划（2009—2020年）》把农田防护林体系建设列为重要保障措施之一。《全国现代农业发展规划（2011—2015年）》把农田防护林建设列为我国"十二五"期间现代农业发展的重点任务和重点工程之一。《林业发展"十二五"规划》把构筑平原农区生态屏障列为升级平原绿化的重要目标。《全国平原绿化三期工程规划（2011—2020年）》规划范围覆盖24个省（自治区、直辖市）923个平原、半平原和部分平原县（市、区、旗），以全国粮食主产省和粮食主产区为重点建设区域，分六大片，通过加快农田防护林网建设和村镇绿化，开展退化林带的生态修复和中幼龄林带抚育，切实提升平原农区防护林体系综合功能。规划总投资457.8亿元，建设任务包括人工造林492.4万公顷，修复防护林带128.1万公顷，农林间作85.9万公顷。规划到2020年，平原地区森林覆盖率达到18.7%；林木绿化率达到20.4%，增加2.3%；基本农田林网控制率达到95%以上。

通过三期建设，在全国平原地区建立起了比较完善的农田防护林体系，实现等级以上公路、铁路、河流等沿线全面绿化，平原地区的森林质量得到有效提高，广大农田得到有效庇护，区域木材及林产品供给显著增加，切实保障国家到2020年比2008年增加500亿千克粮食产量目标的超额实现[根据国家统计局公布，2020年全国粮食总产量6695亿千克，比2008年5285亿千克增加1410亿千克]。

（9）湿地保护与恢复工程

中国湿地保护分为三个阶段。1992—2003年，摸清家底和夯实基础阶段；2004—2015年，抢救性保护阶段；2016—2021年，全面保护阶段。为扭转湿地大面积退化、萎缩的生态问题，中央多次发文要求启动退耕还湿、湿地生态修复、华北地下水超采漏斗区综合治理等工作，完善森林、草原、湿地、水土保持等生态补偿制度，实施湿地生态效益补偿、湿地保护奖励试点和沙化土地封禁保护区补贴政策。

2002年，国务院批复了《全国湿地保护工程规划（2002—2030年）》，陆续实施三个五年期实施规划，中央政府累计投入198亿元，实施了4100多个工程项目，带动地方共同开展湿地生态保护修复。

2005年，国务院批复了《全国湿地保护工程实施（2005—2010年）》。2012年，国务院批复了《全国湿地保护工程"十二五"实施规划》，全面启动湿地保护与恢复工程。

"十一五"规划总投资90亿元，中央投资42亿元，实际实施项目205个。通过项目实施，全国恢复湿地79162公顷，湿地污染防治面积2093公顷。

"十二五"规划总投资129.87亿元，中央投资55.85亿元，其中中央预算内投资40.5亿元，财政投资15.30亿元，规划项目738个，项目区湿地面积324万公顷。实际恢复湿地98473公顷。

2010年，财政部设立了湿地保护补助资金专项，主要用于监测监控设备购买维护、退化湿地修复、聘用管护人员等方面。2010—2013年，中央财政共投入资金8.5亿元，支持实施湿地保护补助项目325个，覆盖了全国所有省份。项目的实施，提高了基层湿地保护管理机构的管理能力，改善了湿地的生态状况。2014年，中央财政将湿地保护补助政策扩大为湿地补贴政策，出台了资金管理办法，新增了湿地生态效益补偿试点、退耕还湿试点、湿地保护奖励试点三个支持方向，2014年补贴资金达16亿元，比2013年增加了5.4倍。

随着2021年12月24日《中华人民共和国湿地保护法》的通过，我国湿地保护进入有法可依的时代。至2021年，中国现有湿地面积5667万公顷（8.5亿亩）左右，实施湿地保护修复项目3400多个，指定了64处国际重要湿地、29处国家重要湿地、1011处省级重要湿地，设立了602处湿地自然保护区、901处国家湿地公园、为数众多的湿地保护小区，湿地保护率达到46.76%；分布有湿地植物2258种，湿地鸟类260种，总体水质呈向好趋势，生物多样性丰富度进一步提高。

(10) 岩溶地区石漠化综合治理工程

石漠化是指在热带、亚热带湿润、半湿润气候条件和岩溶发育良好的自然背景下，受人为活动干扰，地表植被遭受破坏，导致土壤严重流失，基岩大面积裸露或砾石堆积的土地退化现象，是岩溶地区土地退化的极端形式。

2008年2月，国务院批复了《岩溶地区石漠化综合治理规划大纲（2006—2015年）》。治理区包括贵州、云南、广西、湖南、湖北、四川、重庆、广东8个省（自治区、直辖市）的451个县（市、区）。2003年，国家安排专项资金在100个石漠化县开展试点工程，到2014年，已有314个县（占总县数的三分之二）正式启动。2008—2015年，国家已投资119亿元，植树造林投资份额占48%，体现了以林业为主体的综合治理路线。

预计到2015年，完成石漠化治理面积7万公顷，占工程区石漠化总面积的54%；新增林草植被面积942万公顷，植被覆盖度提高8.9个百分点；建设和改造坡耕地77

万公顷，每年减少土壤侵蚀量2.8亿吨。工程涉及林业建设任务822.65万公顷，农业建设任务119.5万公顷，以及畜种改良152.51万头，建设棚圈、饲草机械、青贮窖等；坡改梯建设规模7.1万公顷，并配套建设田间生产道路、沟道等水土保持设施；安排建设泉点引水设施长4.3万千米，安排沼气池、节柴灶、太阳能、小型水电等建设。

2008—2010年，启动实施了100个县的石漠化综合治理试点工程，2011年开始由试点阶段转入重点县治理阶段，2011年重点治理县扩大到200个县，2012年扩大到300个县，2014年扩大到314个县。

石漠化综合治理工程自2008年试点启动以来，累计完成营造林188.8万公顷，石漠化扩展势头得到初步遏止，由过去持续扩展转变为净减少。第二次全国石漠化监测结果显示，我国石漠化土地面积为1200.2万公顷，与第一次石漠化监测结果相比，年均减少16万公顷，石漠化土地净减少9万公顷。

工程实施明显提升生态效益。据监测，治理区林草植被盖度提高，生物量明显增加，植被生物量比治理前净增115万吨。群落植物丰富度提高，生物多样性指数从治理前的0.735提高到了1.521。贵州省治理区植被覆盖度提高了5.61%，生态向良性方向发展。云南省累计新增森林面积13万公顷，森林覆盖率增加了2.8个百分点，约新增森林蓄水量4877.36万立方米，土壤流失量约减少780.38万吨。四川省森林覆盖率提高了1.4个百分点，每年减少土壤侵蚀量49.2万吨，土壤蓄水能力每年新增79.2万立方米。重庆市累计减少土壤侵蚀量0.05亿吨，涵养水源0.57亿吨，增加林草生物量49.13万吨，固定二氧化碳409.37万吨，释放氧气39.04万吨。

工程实施有效提高经济效益。在石漠化综合治理过程中，各地在抓好植被恢复的同时，兼顾后续产业，发展了一批特色林果业、林草种植与加工业、生态旅游业、林下种植养殖业，促进了百姓增收。湖北省28个重点治理县2014年农民人均纯收入达8765元，比2007年的2370元增长了270%，年均增长38%。

(11) 速生丰产林建设工程

进入20世纪90年代后，我国木材消费进入快速增长期，进口量逐年递增。当时，中幼龄林的面积和蓄积量分别占全部林分的71%和41%，全国近60%的木材采伐利用来自中幼龄林，木材供给能力持续下降。森林资源的质量和数量均远不能满足生产和生活的需要。同时，由于供应紧缺，乱砍滥伐对生态敏感区带来严重破坏，生态安全经受的挑战日益严重。在这一背景下，中央从战略高度提出，建设速丰林工程是林业实现由采伐天然林为主向采伐人工林为主转变的必然选择，是促进农村经济结构调整和群众脱贫致富、从根本上调动林农积极性、应对加入WTO以后面临的国际竞争的根本出路。

我国速生丰产用材林建设起步于20世纪70年代初，到了80年代中期发展加快。1988年，国家计委批准了原林业部制定的《关于抓紧一亿亩速生丰产用材林基地建设报告》，1989年国务院批准实施《1989—2000年全国造林绿化规划纲要》，将速生丰产用材林基地建设推向一个新的高潮。截至1997年，我国速生丰产用材林基地建设累计保存面积约533.3万公顷，其中1989—1997年共建速生丰产用材林416.7万公顷。浙江、安徽、福建、江西、湖北、广东、广西、四川、贵州、湖南10个省(自治区)造林面积较大，占总面积的70%以上。其后，随着我国速生丰产用材林基地建设布局的调整和扩大，河北、内蒙古、山东、黑龙江、辽宁、河南、云南、山西、甘肃、宁夏、新疆等省(自治区)的速生丰产用材林造林面积也在迅速增加。就地域来看，速生丰产用材林基地集中分布于20大片和5小片的基地群内。建设初期，基地建设布局限于南方12个省的212个县，在造林树种的选用上，以杉木为主，树种比较单一。随着我国速生丰产用材林经营目标的多样化，造林树种也逐渐丰富起来，主要包括杉、松、杨、泡桐和桉树等树种，这些树种占速生丰产用材林造林总面积的70%~80%。随着经营技术和管理水平不断提高，从后期林分生长状况看，速生丰产用材林一般都好于其他类型人工林。我国利用世界银行贷款营造的速生丰产用材林，造林质量都达到或超过部颁标准，受到世界银行专家的好评。早期营造的速生丰产用材林已逐步进入成熟期，正在成为可观的木材供给储备，经济效益也日益明显，对缓解我国木材供需矛盾具有重要作用。

2002年，国务院正式批复了《重点地区速生丰产用材林基地建设工程规划》。工程建设范围主要是在400毫米等雨量线以东，自然条件优越、立地条件好、地势较为平缓、不易造成水土流失、不会对生态环境构成不利影响的18个省(自治区)，包括黑龙江、吉林、辽宁、内蒙古、河北、河南、山东、江苏、安徽、浙江、江西、福建、湖南、湖北、广东、广西、海南和云南的886个县(市、区)、114个林业局(场)。此外，西部的一些省份也有部分自然条件优越、气候适宜的商品林经营区，根据需要，也可适量发展速丰林基地。

按照自然条件、造林树种、培育周期和培育措施等因素，速丰林工程又分为热带与南亚热带的粤桂琼闽地区、北亚热带的长江中下游地区、温带的黄河中下游地区和寒温带的东北内蒙古地区四大区域。速丰林基地建设总规模为1333万公顷，建设项目99个。整个工程建设期为2001—2015年。分两个阶段、共三期实施：至2005年，建设速丰林基地469万公顷；至2010年，建设速丰林基地920万公顷；至2015年，建设速丰林基地1333万公顷。

工程建设机制创新成效显著。创立了以林业产业化龙头企业为主体，多种所有制、多种经营形式参与，多种利益联结参与商品林业经营，建设林纸、林板、大径级用材林、竹产业基地，以基地带动农户发展的新模式。通过收购、租赁、联营、合资、合作、承包等形式营造速生丰产林，生产要素逐步向林业建设集中，形成了以社会投入为主、国家扶持为辅的营造林新机制。极大地支持了纸浆、人造板等产业的可持续发展，为解决我国纤维材供应，保障木材和林产品安全作出了重大贡献。对确保生态安全，避免或减缓乱砍滥伐对公益林造成的破坏产生了深远而积极的意义。解决木材供需矛盾是保护天然林资源的关键。实施天然林保护工程后，长江上游、黄河中上游已全面停止天然林商品性采伐，东北、内蒙古等重点国有林区大幅度调减木材产量。木材的供需矛盾进一步加剧，对外依存度超过50%，产业安全形势严峻。用较少的土地，高投入、高产出，实行高度集约化经营，大力营造速生丰产用材林、短周期工业原料林，增加木材和林产品的供给，为解决我国木材供需矛盾，实现由采伐天然林为主向采伐人工林为主的转变，顺利推进天然林保护和其他生态工程顺利实施奠定了坚实的基础。

(12) 国家储备林基地建设

国家储备林是为满足经济社会发展和人民美好生活对优质木材的需要，在自然条件适宜地区，通过人工林集约栽培、现有林改培、抚育及补植补造等措施，营造和培育的工业原料林、乡土树种、珍稀树种和大径级用材林等多功能森林。其根本任务是提升林业综合生产能力，提高木材产品供给数量和质量。它的出发点是解决生态安全与木材需求之间的矛盾，以实现维护生态安全与保障木材需求间的协调平衡。我国木材长期处于需求持续刚性增长，对外依存度超过50%，2020年木材消耗量达到7亿立方米。我国已成为全球第二大木材消耗国、第一大木材进口国。"大需求"的背后，是严峻的木材安全形势。

党中央、国务院高度重视国家储备林建设。《关于加快推进生态文明建设的意见》《生态文明体制改革总体方案》《中华人民共和国国民经济和社会第十三个五年规划纲要》，2013年、2015年、2017年中央1号文件，都对建立国家储备林制度、加强国家储备林基地建设作出了安排部署。2011年，国家发改委、国家林业局会同财政部向国务院上报《关于构建我国木材安全保障体系的报告》，时任国务院总理温家宝、国务院副总理回良玉分别作出重要批示，同意编制木材战略储备基地规划，要求把木材安全保障体系建设与植树造林、改善生态环境及农民增收结合起来。2012年，全国木材战略储备生产基地示范项目启动。同年，7个示范省（自治区）共建成国家储备林基地35.33万公顷。2013年，中央1号文件提出"加强国家木材战略储备基地建设"，木材战略储备基地建设上升为国家的重要决策。同年，原国家林业局组织编制了《全国木材战略储备生产基地建设规划（2013—2020年）》和《2013年国家储备林建设试点方案》，在7个试点省区选定30个承储试点林场，首批划定国家储备林5.83万公顷，迈出了构建长效稳定的国家立木储备第一步。2014年，全国木材战略储备生产基地建设范围扩大到15个省（区、市），划定国家储备林100万公顷。2015年，中央1号文件明确提出，建立国家用材林储备制度。2016年，国家林业局制定的《国家储备林制度方案》印发实施，梳理出37项国家储备林制度建设主要任务，理清国家储备林制度建设路线图和时间表。2017年2月，中央1号文件提出"加强国家储备林基地建设"。同年9月，我国林业首个PPP项目"福建省南平市建设生态文明试验区——国家储备林质量精准提升工程项目"落地实施。2018年3月，国家林业局正式印发《国家储备林建设规划（2018—2035年）》。

工程借鉴世界银行贷款造林项目经验，总结桉树等速生树种高效培育、杉木等一般树种大径材培育和楠木等珍稀树种混交林改培等43种模式和57个案例，编制了《国家储备林树种目录》，发布了《国家储备林现有林改培技术规程》，探索建立国家储备林培育经营标准体系。截至2017年底，累计完成试点建设任务318万公顷。截至2018年12月，共有203个国家储备林建设等林业重点项目获国家开发银行、中国农业发展银行批准授信1566亿元，累计发放贷款574亿元，其中，国家储备林建设项目73个、放款276亿元。

1.2.3 传统发展方式积累的全球性问题驱动新文明方式的变革导引出生态文明

人类进入21世纪以来，传统发展方式积累的生态问题在全球化加快进程中愈发突出，臭氧层破坏、温室效应、酸雨、人口剧增、环境污染、海平面上升等生态问题尤为严重，由此引发的疾病、饥饿和贫苦等严重威胁着人类的生存与发展，寻求新的发展模式迫在眉睫。中国自改革开放以来，连续30多年经济保持年均9.7%的快速发展，人均GDP由1978年的226美元增加到2013年的6747美元，人民生活实现了由温饱到总体小康的历史性跨越，但也出现了很多生态问题，如食品安全问题、空气质量问题、饮用水质问题等。进入21世纪以后，我国经济社会的发展面临前所未有的挑战，人口、资源和环境等因素越来越成为影响经济社会发展的关键性因素。就是在这一背景下，党的十八大报告把生态文明建设提到社会主义现代化建设"五位一体"的战略高度，这是中国生态文明观的重大进步和发展。

以行为学逻辑来分析，这是一个比较有代表性的政治行为学案例。社会发展面临的人口、资源、环境问题提出了发展方式和新文明观需求，尽管社会为变革提出了"为"的目标，与一般的行为学不同的是，涉及全球性、体制性的议题，"行"的过程非常复杂，决定目标能否实现的因素很多，其中一个关键因素是统治阶级的制度和体制。有且只有具备集中资源办大事、以人民为中心的中国政治体制优势，才能孕育出当代生态文明观，才能提出生态文明建设议程。

党的十八大后，以习近平同志为核心的党中央把生态文明建设作为统筹推进"五位一体"总体布局和协调推进"四个全面"战略布局的重要内容，以"绿水青山就是金山银山"理念为先导，推动我国生态环境保护发生历史性、转折性、全局性变化。良好生态环境是最普惠的民生福祉。

背景1-4 以生态文明建设目标和制度体系统筹推进"五位一体"总体布局

经过30多年持续快速发展，多年积累下来的环境问题在某些地方、某些领域进入高强度频发阶段。这不仅是关系党的使命宗旨的重大政治问题，也是关系民生的重大社会问题。建设生态文明，重在建章立制，用最严格的制度、最严密的法治保护生态环境。2013年11月，党的十八届三中全会将"生态文明体制改革"纳入全面深化改革的目标体系，提出紧紧围绕"建设美丽中国"深化生态文明体制改革，加快建立生态文明制度，健全国土空间开发、资源节约利用、生态环境保护的体制机制，推动形成人与自然和谐发展现代化建设新格局。2015年，中共中央、国务院先后印发《关于加快推进生态文明建设的意见》和《生态文明体制改革总体方案》，从总体目标、基本理念、主要原则、重点任务、制度保障等方面对生态文明建设进行全面系统部署安排，要求到2020年构建起产权清晰、多元参与、激励约束并重、系统完整的生态文明制度体系。在这些顶层设计的指引下，生态文明制度建设全面展开并不断向纵深推进，取得一系列重大突破。推进生态文明建设离不开对生态环境有力的监管。党的十八大后，一些严重破坏生态环境事件受到严肃查处。党中央明确生态环境保护实行党政同责、一岗双责，严格落实领导干部生态文明建设责任制。2015年至2020年，开展两轮次中央生态环境保护督察，对解决突出生态环境问题、促进经济高质量发展等发挥了关键作用。被称为"史上最严"的《中华人民共和国环境保护法》从2015年开始实施，在打击环境违法犯罪方面力度空前。2015年至2020年，全国实施生态环境行政处罚案件93.06万件，罚款金额578.64亿元。从保护到修复，牢固树立保护生态环境就是保护生产力、改善生态环境就是发展生产力的理念，着力补齐生态短板。"十三五"规划末期，我国森林覆盖率达到23.04%，森林蓄积量达到175.6亿立方米，草原综合植被盖度达到56.1%，湿地保护率达到52%，国家公园体制试点任务完成，自然保护地整合优化稳步推进，新增世界自然遗产4项，世界地质公园8处，300多种濒危野生动植物种群数量稳中有升，5年治理沙化土地1000万公顷。

在生态文明建设深入推进的实践中，国土空间开发保护制度和空间规划体系不断健全。落实主体功能区规划，严格按照主体功能区定位推动发展，进一步优化国土空间开发格局。2015年8月，国务院印发《全国海洋主体功能区规划》，我国主体功能区战略实现陆域国土空间和海域国土空间的全覆盖。党中央倡导简约适度、绿色低碳的生活方式。绿色家庭、绿色学校、绿色社区、绿色商场、绿色建筑等创建行动广泛开展。坚持山水林田湖草是一个生命共同体，全面加大生态系统保护力度。通过采取全面停止天然林商业性采伐、实施沙化土地封禁保护区试点、加大退耕还林还草退牧还草工程力度、全面停止新增围填海、推进大规模国土绿化等一系列重要举措，森林、草原、湿地等重要生态功能区得到休养生息。全国江河湖泊全面推行河长制、湖长制。推动实现生态保护补偿对重点领域和重要区域全覆盖，补偿水平同经济社会发展状况相适应，探索开展跨地区、跨流域补偿试点，"生态损害者赔偿、受益者付费、保护者得到合理补偿"的运行机制正在形成。积极参与全球环境与气候治理。我国率先发布《中国落实2030年可持续发展议程国别方案》，实施《国家应对气候变化规划（2014—2020年）》。2015年12月，中国积极推动联合国气候变化巴黎大会达成《巴黎协定》这一历史性文件。在2016年二十国集团领导人杭州峰会期间，习近平代表中国政府正式向联合国交存了《巴黎协定》批准文书。中国积极履行生物多样性保护国际义务，为全球环境治理作出持续努力。中国关于生态文明建设的理念和战略，得到了国际社会的广泛认可。生态环境问题，归根结底是发展方式和生活方式问题。在这一时期，绿色发展方式加快形成。实行资源总量和强度双控制度，严守水资源红线，严控新增建设用地规模；推动能源生产和消费革命，能源结构调整不断加快，中国已经成为世界利用新能源和可再生能源第一大国。全面节约资源有效推进，能源资源消耗强度大幅下降。生态环保标准大幅提高，倒逼传统产业改造升级，持续更新环境污染重、资源消耗大、达标无望的落后与过剩产能，加快发展节能环保产业和循环经济。通过发展绿色信贷、绿色债券、绿色保险等绿色金融产品，开展碳排放权、排污权交易等试点，更多社会资本被引导投入绿色产业，重大环保基础设施建设、生态保护与修复工程、美丽乡村建设等成为投资热点。伴随着绿色发展方式的不断推进，绿色生活方式日益成为人们的普遍共识和共同追求。党中央倡导简约适度、绿色低碳的生活方式，反对奢侈浪费和不合理消费，引导形成文明健康的生活风尚。绿色产品和服务供给不断增加，共享经济、服务租赁、二手交易等新业态蓬勃发展，节能环保再生产品获得消费者青睐，"光盘行动"、低碳出行等倡议得到全社会积极响应。在国民教育和培训体系中，珍惜生态、保护资源、爱护环境等内容显著增加。全党全国贯彻绿色发展理念的自觉性和主动性显著增强，忽视生态环境保护的状况明显改变。

1.3 生态产品及其价值实现的行为学特征

生态产品价值实现源于实践。习近平同志在福建工作期间就曾指出，给生态投了钱，看似不像开发建设一样养鸡生蛋，但这件事必须抓，抓到最后却是养了金鸡、生了金蛋。2005年8月，时任浙江省委书记习近平同志在浙江安吉余村考察调研，基于余村产业生态化、生态产业化的融合发展模式的成功范例，首次提出"绿水青山就是金山银山"重要论述。同年，在《浙江日报》发表文章指出，如果能够把这些生态环境优势转化为生态农业、生态工业、生态旅游等生态经济的优势，那么绿水青山也就变成了金山银山。2018年4月，习近平总书记在深入推动长江经济带发展座谈会上强调，要积极探索推广绿水青山转化为金山银山的路径，选择具备条件的地区开展生态产品价值实现机制试点，探索政府主导、企业和社会各界参与、市场化运作、可持续的生态产品价值实现路径。2020年11月，习近平总书记在全面推动长江经济带发展座谈会上强调，要加快建立生态产品价值实现机制，让保护修复生态环境获得合理回报，让破坏生态环境付出相应代价。

生态产品价值实现是一项系统、复杂的长期工程，建立健全生态产品价值实现机制是落实习近平生态文明思想的重要举措，是推动绿色转型的必然要求，也是满足人民日益增长的优美生态环境需要的重要手段。生态产品及其价值实现理念随着我国生态文明建设的深入逐渐深化和升华。生态产品价值实现在尚未有概念的情况下源于实践探索行为，后来提升到国土空间优化的一种主体功能，用于合理控制和优化国土空间格局。随着实践—总结—理论的过程不断丰富，经验和成果的不断积累，伴随着我国生态文明建设高潮的兴起，我国对生态产品的认识与理解不断深入，对生态产品的措施要求更加深入具体，由一个理念逐步形成了概念，再转化为可指导实践操作的指南，由国土空间优化的一个要素逐渐演变成为生态文明的核心理论基石。

生态产品及其价值实现机制是一项开创性工作，其产生的过程依然延续着中国特色政治行为学特点：实践中摸索—总结—提高—上升到理论—再指导实践的发展路径，是传承了新中国成立以来由实践到理论创新的典型行为学范式。借鉴以前的成功经验分析其行为学特征，生态产品及其价值实现应体现如下精神内涵。

1.3.1 生态产品及其价值实现具有鲜明的目标性

针对工业革命以来逐步显现的严重制约人类可持续发展的人口、资源和环境问题，探索构建一种全新的发展模式，这种模式就是以"绿水青山就是金山银山"为核心思想的生态产品及其价值实现机制，实践证明这种模式能够实现人与自然和谐共生的最终目标。

生态产品价值实现是绿色发展、循环发展、低碳发展理念的目标使然。绿色发展理念被纳入党的十八届五中全会确立的"五大发展理念"，党的十九大报告再次强调了绿色发展理念。习近平生态文明思想，包括绿色发展、循环发展、低碳发展理念3个方面，三者是交叉重叠、有机统一的关系，都要求转变发展观念，不以牺牲环境为代价换取一时的经济增长，不走"先污染后治理"的路子，遵循广义生态文明观的要求，把社会涵盖于生态文明五个体系之中，把生态文明建设融入经济、政治、文化和社会等各方面建设，形成节约资源、保护环境的空间格局、产业结构、生产方式、生活方式，为子孙后代留下天蓝、地绿、水清的"三生"（生产、生活、生态）环境。其中，绿色发展理念强调以效率、和谐、可持续为目标的发展方式，其要义是处理好人与自然和谐共生的问题。

背景1-5 生态产品及价值实现的背景与政策导向

在过去，由于人们缺乏对生态产品价值的认识，尤其是认为生态调节服务功能是大自然赐予的，和空气一样，是共享的无价物，导致其经济价值无法核算，更不用说生态产品价值的兑现。因此，生态产品是我国基于工业文明迈向生态文明的背景下提出的独创性概念，理论源于习近平在浙江开展的实践探索。2005年8月15日，时任浙江省委书记习近平同志在湖州市安吉县余村考察时，首次提出"绿水青山就是金山银山"重要理念。"绿水青山就是金山银山"是习近平总书记生态文明思想的核心要义，揭示了经济发展与生态环境保护之间的辩证关系，体现了习近平治国理政的绿色发展观。优质生态产品是最普惠的民生福祉，是维系人类生存发展的必需品。生态产品价值实现的过程,就是将生态产品所蕴含的内在价值转化为经济效益、社会效益和生态效益的过程。建立健全生态产品价值实现机制,既是贯彻落实习近平生态文明思想、践行"绿水青山就是金山银山"理念的重要举措,也是推动绿色发展、建设生态文明的必然要求。

党的十八大以来,以习近平同志为核心的党中央把生态文明建设摆在全局工作的突出位置,对生态文明建设进行全面系统部署安排,提出绿水青山就是金山银山的理念,形成了习近平生态文明思想,把"美丽中国"纳入社会主义现代化强国目标,把"生态文明建设"纳入"五位一体"总体布局,把"人与自然和谐共生"纳入新时代坚持和发展中国特色社会主义基本方略,把"绿色"纳入新发展理念。党的二十大提出中国式现代化,且赋予其5个方面的中国特色,其中一个重要方面就是"人与自然和谐共生的现代化",推动绿色高质量发展、促进人与自然和谐共生是中国式现代化的本质要求。

2010年12月,国务院发布《全国主体功能区规划》,在政府文件中首次提出了生态产品概念。将生态产品与农产品、工业品和服务产品并列为人类生活所必需的、可消费的产品,重点生态功能区是生态产品的主要产区。但此时生态产品概念的提出仅仅是为我国制定主体功能区规划提供重要的科学依据和基础。

2012年11月,党的十八大报告提出"增强生态产品生产能力",将生态产品生产能力看作提高生产力的重要组成部分。在党的十八大报告中,生态文明建设被提到前所未有的战略高度,生态文明建设在理念上的重大变革就是不仅仅要运用行政手段,而是要综合运用经济、法律和行政等多种手段协调解决社会经济发展与生态环境之间的矛盾。增强生态产品生产能力作为生态文明建设的重要任务,体现了"改善生态环境就是发展生产力"的理念[1],突出强调生态环境是一种具有生产和消费关系的产品,是使用经济手段解决环境外部不经济性、运用市场机制高效配置生态环境资源的具体体现。

2013年11月,中国共产党第十八届中央委员会第三次全体会议,提出"山水林田湖草是一个生命共同体"的重要论断。会议通过的《中共中央关于全面深化改革若干重大问题的决定》中有关生态文明建设的论述虽然没有直接使用生态产品的概念,但会议提出的"山水林田湖草是一个生命共同体"与生态产品一脉相承,山水林田湖草是生态产品的生产者,生态产品是山水林田湖草的溢出产物,体现了我国生态环境保护理念由要素分割向系统思想转变的重大变革。该文件中提出建立损害赔偿制度、实行资源有偿使用制度和生态补偿制度,加快自然资源及其产品价格改革,表明我国开始逐步落实生态文明建设的总体设计,深入推进经济手段在生态环境保护中的作用。

2015年5月,中共中央、国务院出台《关于加快推进生态文明建设的意见》,首次将"绿水青山就是金山银山"写入中央文件。提出要"深化自然资源及其产品价格改革,凡是能由市场形成价格的都交给市场",生态产品成为绿水青山的代名词和实践中可操作的有形抓手。绿水青山就是金山银山,生态产品就是绿水青山在市场中的产品形式，生态产品所具有的价值就是绿水青山的价值，保护绿水青山就是提高生态产品的供给能力。

2015年9月，中共中央、国务院发布《生态文明体制改革总体方案》，指出自然生态是有价值的，要使用经济手段解决外部环境的不经济性[2]。与上个文件同年出台的这个文件进一步强调"自然生态是有价值的，保护自然就是增值自然价值和自然资本的过程，就是保护和发展生产力，就应得到合理回报和经济补偿"，清晰地反映出以发展经济的方式解决生态环境外部不经济性的战略意图，通过把生态环境转化为可以交换消费的生态产品，使生态产品成为自然生态在市场中实现价值的载体融入市场经济体系，用搞活经济的方式充分调动社会各方开展环境治理和生态保护的积极性，让价值规律在生态产品的生产、流通与消费过程发挥作用，从而大幅度提高优质生态产品的生产供给能力，促进我国生态资源资产与经济社会协同增长。

2016年5月，国务院办公厅发布《关于健全生态保护补偿机制的意见》，提出"以生态产品产出能力为基础，加快建立生态保护补偿标准体系"。要求建立多元化生态保护补偿机制，将生态补偿作为生态产品价值实现的重要方式，明确生态产品产出能力是生态补偿标准的确定依据。

2016年8月，中共中央办公厅、国务院办公厅印发《国家生态文明试验区（福建）实施方案》，在生态产品概念基础上首次提出价值实现理念。福建省是我国首批国家生态文明试验区，也是唯一将生态产品价值实现作为重要改革任务的省份。该《方案》将"生态产品价值实现的先行区"作为福建省建设国家生态文明试验区的目标，这是在生态产品概念提出基础上的又一重大理论深化，首次将生态产品概念由提高生产能力扩展到价值实现理念，将传统劳动价值论看作没有凝结人类劳动的纯粹自然产物赋予了价值属性，是对劳动价值论等价值理论体系的丰富和拓展。

2017年8月，中共中央、国务院印发《关于完善主体功能区战略和制度的若干意见》，提出"开展生态产品价值实现机制试点"。将贵州等4个省份列为国家生态产品价值实现机制试点，标志着我国开始探索将生态产品价值理念付诸实际行动。

2017年10月，党的十九大将"增强绿水青山就是金山银山的意识"写入党章，进一步深化了对生态产品的认识和要求。党的十九大报告提出"提供更多优质生态产品以满足人民日益增长的优美生态环境需要"，将生态产品短缺看作新时代我国社会主要矛盾的重要方面，生态产品成为"绿水青山就是金山银山"理论在实际工作中的有形助手，是绿水青山在实践中的代名词。

2018年4月，习近平总书记在深入推动长江经济带发展座谈会上发表重要讲话，为生态产品价值实现指明了发展方向、路径和具体要求[3]。习近平总书记明确长江经济带要开展生态产品价值实现机制试点，要求"探索政府主导、企业和社会各界参与、市场化运作、可持续的生态产品价值实现路径"，明确了建立市场机制是生态产品价值实现的发展方向，生态产品价值实现需要充分调动社会各界等利益主体参与。

2018年5月，第八次全国生态环境保护大会总结提出了习近平生态文明思想，生态产品价值实现理念成为贯穿习近平生态文明思想的核心主线。生态产品作为良好生态环境为人类提供丰富多样福祉的统称，既是山水林田湖草的溢出产物，也是绿水青山在市场中的产品形式，成为"绿水青山就是金山银山"理念在实践中的代名词和可操作的抓手，可为全球可持续发展贡献中国智慧和中国方案，将习近平生态文明思想各个部分有机地串联起来，逐步演变成为贯穿习近平生态文明思想的核心主线。

2018年12月，国家多部门联合发布《建立市场化、多元化生态保护补偿机制行动计划》，提出以生态产品产出能力为基础健全生态保护补偿及其相关制度。在2016年《关于健全生态保护补偿机制的意见》的基础上，进一步细化、明确和强调了以生态产品产出能力为基础，健全生态保护补偿标准体系、绩效评估体系、统计指标体系和信息发布制度，用市场化、多元化的生态补偿方式实现生态产品价值。

2019年9月，习近平总书记在黄河流域生态保护和高质量发展座谈会上发表讲话，要求三江源等国家级生态功能区创造更多生态产品[4]。习近平总书记强调"要坚持绿水青山就是金山银山的理念，坚持生态优先，绿色发展"，提出"三江源、祁连山等生态功能重要地区，就不宜发展产业经济，主要是保护生态，涵养水源，创造更多生态产品"，进一步明确了重点生态功能区是生态产品的主产区，为探索富有地域特色的高质量发展指明了前进方向，提出了根本遵循。

2020年4月，《全国重要生态系统保护和修复重大工程总体规划（2021—2035年）》，将提高生态产品生产能力作为生态修复的目标。强调要统筹山水林田湖草一体化保护和修复，增强生态系统的稳定性，促进自然生态系统质量的整体改善和生态产品供给能力的全面提升。该规划明确以山水林田湖草系统工程为依托，强调提升公共性生态产品生产供给能力，进一步强调了生态产品与山水林田湖草的关系，强调用系统的思想保护生态环境，为实现生态产品价值指明了方向。

2021年，中共中央办公厅、国务院办公厅印发《关于建立健全生态产品价值实现机制的意见》《关于深化生态保护补偿制度改革的意见》等重要文件，作出了一系列重大部署。

1.3.2 生态产品及其价值实现传承了中华文化传统和唯物哲学的基因

生态产品及其价值实现是"绿水青山就是金山银山"的具体表征，是一种价值实现路径。随着社会经济发展进入一个新的阶段，中国的发展面临着资源枯竭、环境污染、生态退化的严峻形势，要破解该瓶颈，就要实现工业文明向生态文明的转变，实现人与自然的和谐相处。为此，习近平总书记反复倡导树立和践行尊重自然、顺应自然、保护自然的理念。尊重自然，是人与自然相处应秉持的首要态度，它要求人对自然怀有敬畏之心、感恩之心、报恩之心，尊重自然界的存在及自我创造，绝不能凌驾在自然之上；顺应自然，是人与自然相处时应遵循的基本原则，它要求人顺应自然的客观规律，按照自然规律推进经济社会发展；保护自然，是人与自然相处时应承担的重要责任，它要求人向自然界索取生存发展之需时，主动呵护自然、回报自然、保护生态系统。习近平总书记明确指出，人与自然是生命共同体，人类对大自然的伤害最终会伤及人类自身，这是无法抗拒的规律，人类只有遵循自然规律，才能有效防止在开发利用自然上走弯路。这些思想，既体现了与中国传统生态思想、马克思人与自然关系哲学思想及传统生态文明观的一脉相承的传承性，又赋予了时代新内涵的创新性。

背景1-6 中华传统文化及马克思恩格斯人与自然关系哲学思想[5]

(1) 生态学中的人与自然观念

人与自然的关系实际上是一个生态学问题。生态学是研究生物与环境相互关系的科学。生态，永远是一个没有边界的哲学范畴，包括人与人、人与家、人与自然的和谐统一。适应是生态学的核心问题，人适应自然，在一定范畴内，自然也会因人为因素发生改变，包括正向的和反向的。

自从公元19世纪60年代亨利·戴维·梭罗在瓦尔登湖开展环境研究并写成著名的《瓦尔登湖》一书，把环境因素纳入生物学研究，开创了生物科学的新时代，从而产生了生态思想。生态学认为，人是自然之物，也是人文之物，人生是自然与人文两方面的统一整体，但人之为人，其主导方面在于其超越自然物的方面。环境破坏的始作俑者是人，问题出在人身上，解决环境问题最终还是需要解决人的问题。阶级出现后，引导或左右人类行为方向的主动权在拥有强权和掌握资源分配权的政治及体制手中。

在生态学看来，世界不是原来的由自然对象构成的世界，而是由"自然、社会与人"构成的动态平衡的复合系统。生态问题的提出，重要的是唤起人们的生态意识，用生态观重塑人们的价值观，让人们重新采取一种合乎生态的生活方式，走可持续发展的道路。因为生态危机就是人性的危机，生态失衡就是人的本性失衡的体现。

从这个意义上说，生态的观念不能停留在环境污染、土地沙化的具体层面上，首先应该关注的是人与自然关系的状态。在人与自然的关系上，我们更应该强调人与自然的亲和关系，体现出更多的人文关怀，特别是在世界全球化的今天，我们更应该站在全人类的立场上看待生态问题，其生态学的人文关怀就是特征之一。

自然是万物赖以生存的基础，是人的生命活动一时一刻也离不开的依托，它们构成矛盾的统一体，相互影响、相互作用、相互发展，由此构成千变万化、丰富多彩的人类社会。正如马克思所说："社会是人同自然界完成了的本质的统一"，生态环境则是自然的有机整体，是人类生存和发展的基本条件。随着科技的飞速发展，人类改造自然的能力大大提升，同时人类的生产活动、消费活动对自然界的巨大冲击，引发了事关人类命运的大问题，即生态危机问题。当代生态危机主要表现在3个方面：人口问题、资源问题、环境问题。

生态危机是人与自然对立冲突的必然结果。如果人与自然的关系不和谐，势必造成自然资源的枯竭，生态环境的污染和破坏，经济无从发展，人民喝不上干净的水、呼吸不上清洁的空气、吃不上放心的食物，必然引发严重的社会问题。所以说，人与自然和谐相处，按自然规律办事，科学地利用自然，使之长久地为人们的生活和社会的发展服务，具有重要的意义。

生态自然观把人、自然、社会作为人类生存的生态整体来看待，从根本上解决了人与自然的矛盾与分裂，从而克服和纠正了传统自然观的缺点和偏颇。

首先，生态自然观强调"人、自然、社会"和谐一致的整体性。自然界不仅为人类提供了直接生活资料，还是人类生命活动的家园，人类虽然依靠自己的聪明才智获得了巨大的生存空间，但是仍然离不开生态系统和其他生命的支撑，人与自然界的其他存在物一样都是整个生物链上的环节，人与自然的整体性乃是人类存在的基本因素。

其次，生态自然观主张自然具有自己独立的内在价值，反对狭隘的人类中心主义，并提出尊重自然、关爱自然的思想。它打破传统的自然观，认为人类不应该成为自然的主宰，自然也不应该成为人类任意宰割和处置的对象，人类应把自身放在人与自然平等和谐的关系中看待和处理人与自然的关系，应从相亲相爱的立场上去构建人与自然的和谐关系。

最后，生态自然观吸取了生态自然学、生态哲学、生态社会学、生态美学等领域的一系列最新成果作为自己的理论营养，从更为广阔的时空观关注人与自然的整体前途和命运，打破了传统自然观的封闭状态，极大地丰富了自身内涵，从而使理论更具整体性、综合性和开放性。从内涵上来看，生态自然观不仅将现代生态学的一系列原则借鉴吸收到自己的价值体系中，而且吸收了生态哲学、生态美学等领域的合理的要素和最新成果。从空间上看，生态自然观同全球观和宇宙观相联系，从全球视野来看，环境问题没有国界，任何一个国家都不可能单独解决人类所面临的全球性问题。

自然界是一个多样性的价值体系，包括生态价值、经济价值、科学价值、美学价值、多样性和统一性价值及精神价值等等。其中，生态价值才是最大、最重要的价值，因为它为人类提供了诸如空气、水等生命要素和适宜的空间，由于它具有无形的、潜在的、永久性的特征，常被人们所忽视，不少人受功利主义的驱使，以经常牺牲长远的生态价值为代价去获取一时的经济利益，造成生态环境日趋恶化。所以我们在评估自然的价值时，应把生态价值放在首位，在不削弱或破坏自然生态价值的基础上兼顾多维的价值利益，让自然得以正常发展。

从自然生态观来考虑，人与自然的关系应该是相互交融的和谐的关系。通俗地说，一方面，人类是环境的产物，是自然的一部分，人类要依赖自然环境才能生存和发展；另一方面，人类不是被动地适应自然环境，而是主动地改造环境，使其更适合人类的生存和发展。人与自然就是在这种相互关联、相互制约中谋求发展。因此，人虽然是万物之灵，但必须与自然界保持协调，不断用理性化的行为和规范，协调经济发展、社会进步与生态平衡之间的相互关系，努力做到三者和谐统一。只有我们做到社会和环境在内的多种因素共同发展，才能使我们在创造与追求今世的发展和消费时，不会剥夺或破坏后代人本应合理享有的同等发展和消费的权利，真正做到人与自然和谐相处。

(2) 中国传统生态思想

中国古代先民以农业为生,基本上是靠天吃饭,自然环境与生态就显得特别重要。所以,生态智慧与生态文明在古代典籍中也就特别丰富。

我国传统文化体现了古人高度的生态智慧,也为我们今天的生态文明建设提供了宝贵的精神财富。"天人合一""天人一体"是中国传统文化的基本特点,也是当今建设生态文明的重要基础,虽无生态字样,却有着丰富的生态思想。

中华民族向来尊重自然,绵延5000多年的中华文明孕育着丰富的生态文化。《易经》中说,"观乎天文,以察时变;观乎人文,以化成天下"。

《老子》曰:"人法地,地法天,天法道,道法自然。"《孟子》云:"不违农时,谷不可胜食也;数罟[音:gǔ]不入洿[音 wū]池,鱼鳖不可胜食也;斧斤以时入山林,材木不可胜用也。"

《荀子》"草木荣华滋硕之时,则斧斤不入山林,不夭其生,不绝其长也"及《齐民要术》"顺天时,量地利,则用力少而成功多"的记述,都是把天、地、人统一起来,把自然生态同人类文明联系起来,按照大自然的规律活动。

同时,我国古代很早就把关于自然生态的观念上升为国家管理制度,专门设立掌管山林川泽的机构,制定政策法令,这就是虞衡制度。《周礼》记载,设立"山虞掌山林之政令,物为之厉而为之守禁""林衡掌巡林麓之禁令,而平其守"。秦汉时期,虞衡制度分为林官、湖官、陂官、苑官、畴官等。虞衡制度一直延续到清代。

我国不少朝代都有保护自然的律令并对违令者施以重惩。周易《易传·象》记载:"'同人',文明以健,中正而应,君子正也",提倡文明纯正美德。提倡"刚健而文明,应乎天而时"的顺天应时的自然观和"刚柔交错""文明以止"的天地人文观。

《易传》有"裁成天地之道,辅相天地之宜""范围天地之化而不过,曲成万物而不遗"等,古代哲人早就考虑到人与自然的关系问题。

《周易》强调天、地、人和谐,强调符合自然规律,又要调节自然变化过程,这种思想在中国2000多年的历史中,用于农业生产。

"天行健,君子以自强不息;地势坤,君子以厚德载物",代表了中华文明的精神,也与生态文明的内涵一致。

(3) 马克思、恩格斯人与自然关系思想

马克思主义的自然观是在批判德国古典哲学的基础上产生的,是一种辩证的、实践的自然观。马克思的自然观包含两层含义:一是自在自然,既包括人类产生之前的自然,又包括尚未被人类认识和改造过的自然。马克思认为"被抽象地、孤立地理解的,被固定为与人分离的自然界,对人说来也是无。"二是人化的自然,即作为人类认识和实践客观对象的自然,被人的实践活动改造过的自然,体现了人类的认识、实践活动与自然界有机统一的自然。马克思主义自然观的主要内容包括以下三点:首先,"人化自然"或者"自然的人化"是马克思主义自然观的核心内容。其次,马克思认为人和自然是相互依赖、相互影响的辩证关系。最后，实践是人和自然相互影响、相互作用的中介。

马克思、恩格斯关于人与自然关系的思想，是一个由人与自然关系思想形成的认识论前提、人与自然关系的辩证统一性、人与自然关系的对立冲突及其和解路径等多方面内容构成的有机整体。马克思、恩格斯立足辩证唯物主义和历史唯物主义的观点，阐明了人之于自然界以及自然之于人的地位和作用，强调人与自然是相互影响、相互依存的生命共同体。

(4) 传统生态文明观

工业文明带来的前所未有的社会危机和生态危机，严重地威胁着人类自身的生存，阻碍着人类社会的发展，生态文明给陷入困境中的人类带来了曙光。

在众多的传统生态文明定义中，可以归纳为三种生态文明观：纯自然生态文明观、人与自然和谐统一生态文明观和广义生态文明观。

纯自然生态文明观是一种基于人与自然的自然性和谐的生态文明观，其内涵是，人类在改造客观世界的同时，又应主动保护客观世界，积极改善和优化人与自然的关系，建设良好的生态环境所取得的物质与精神成果的总和。这种生态文明定位于人类保护与恢复自然以实现自然生态平衡的基础上，是以保护与恢复包括人类在内的自然生态系统的平衡、稳定与完整为奋斗目标的一切进步过程和积极成果。

人与自然和谐统一生态文明观是一种基于人与自然的自然性和谐与能动性和谐协调统一的生态文明观，其将生态文明概括为人类以实现人与自然的自然性和谐与能动性和谐的协调统一为目标的一切进步过程与积极成果。即生态文明的本质是人类保护与恢复自然和改造与变革自然的协调统一，是实现自然生态平衡与实现人类自身经济目标的协调统一，也就是"生产发展、生活富裕、生态良好"的协调统一。不难发现，这种生态文明直接揭示了当代自然生态危机的主要成因，即是人与自然的自然性和谐与能动性和谐之间，或者说是自然生态环境保护与经济发展之间出现了严重失调与对立；同时也给我们指明了解决危机的必然途径，即必须实现它们之间的协调统一，这种生态文明概念自身涵盖了纯自然生态文明观。

广义生态文明观是一种基于既是人与自然的和谐又是人与人的和谐的生态文明观，其实质是将人类社会系统纳入自然生态系统而构成的广义生态系统的和谐。广义生态文明观认为，生态文明的本质要求是实现人与自然和人与人的双重和谐，进而实现社会、经济与自然的可持续发展及人的自由全面发展，生态文明与物质文明、精神文明之间并不属于并列关系，生态文明的概括性与层次性更高、外延更宽。

显然，第一种生态文明观旨在解决纯生态危机，第二种生态文明观旨在解决"生态—经济"恶性循环，第三种生态文明观旨在解决广义的生态危机(自然生态系统危机和社会系统危机)。

作为指导人类社会发展的生态文明观，广义的内涵更具有现实价值，即：生态文明是在工业文明的背景下，以和谐发展观为指导，及时协调解决人类社会发展中的生态因子矛盾和社会因子矛盾，实现"人·地"共荣。

(5) 当代中国特色生态文明思想

习近平新时代中国特色社会主义思想提出了一套完整的生态文明思想体系，是在吸纳了生态学中人与自然的观念，中国传统生态思想，马克思、恩格斯人与自然关系思想，传统广义生态文明观科学基因的基础上，结合中国当代实践和百年大变局发展需要创立的理论体系，其核心理念是绿色和谐可持续发展，而发展战略、发展目标、发展路径、发展方案则构成了习近平生态文明思想的基本逻辑，生态文明建设是发展战略，建设美丽中国是发展目标，绿色发展方式是发展路径，"绿水青山就是金山银山"及山水林田湖草和谐发展是方案。

从习近平生态文明建设系列论述中，可以提炼出四大核心价值观：生态兴则文明兴、生态衰则文明衰，人与自然和谐共生的新生态自然观；"绿水青山就是金山银山"，保护环境就是保护生产力的新经济发展观；"山水林田湖草是一个生命共同体"的新系统观；环境就是民生，人民群众对美好生活的需求就是我们的奋斗目标的新民生政绩观。

习近平生态文明思想的三种理念如下：

一是"绿水青山就是金山银山"的理念。这是习近平生态文明思想中最雅俗共赏、深入人心的一个基本理念。早在浙江履职期间，习近平同志就多次说过，既要金山银山，又要绿水青山，并要求将"两山"作为一种发展理念。担任党和国家最高领导人之后，在历次有关生态文明建设的讲话(包括党的十九大报告)中，习近平总书记进一步全面阐发了"绿水青山就是金山银山"的理念。"绿水青山就是金山银山"的理念，继承了天人合一的中华民族智慧和马克思人自关系哲学思想精髓，朴素地表达了生态学人与自然关系的观念，体现着人与自然和谐共生的本质内涵。绿水青山是"人的无机的身体"，只有留得绿水青山在，才能保护人类自身，破坏了绿水青山，最终会殃及人类自身；而只要坚持人与自然和谐共生，守望好绿水青山，才能永恒拥有绿水青山。"两山论"是生态学"人与自然的同一性，人具有改造自然的能动性，却又受动于自然"的哲学思想的中国化，又结合中国当代特点丰富了其内涵。

改革开放以来，从"发展才是硬道理"，到逐步认清了经济社会与生态环境之间复杂互动的三大发展阶段：从为了金山银山去改造和征服绿水青山，到既要金山银山又要绿水青山，再到"绿水青山就是金山银山"；从理念和逻辑上从保护环境的人与环境二元论，上升到把人、自然、社会作为生态整体的生态学思维，充分展现了理念的先进性、前瞻性和通俗易懂性。

二是尊重自然、顺应自然、保护自然的理念。保护自然早就是耳熟能详的话语，但将其与尊重自然、顺应自然融合为一个基本理念，最早出现在党的十八大报告中。随后，习近平总书记在广东考察时重申"尊重自然、顺应自然、保护自然"的生态文明理念。在此后多次的讲话和贺信中，他又反复强调和阐发了这一理念。党的十九大通过的新党章则明文规定，要"树立尊重自然、顺应自然、保护自然的生态文明理念"。

三是绿色发展、循环发展、低碳发展理念。绿色发展理念已被纳入党的十八届五中全会确立的"五大发展理念"。

1.3.3 生态产品价值实现过程遵循经济学价值规律

清晰地认知生态资产与生态产品、生态资产与一般资产的关系非常重要，是解决生态产品价值核算体系、构建生态产品价值实现机制的理论基础，可以说是用行为学思维反向解构生态产品及其价值实现机制研究面临的理论困境的重要突破和收获。

1.3.3.1 生态资产具有一般资产的价值学属性

生态资产，从广义来说是一切生态资源的价值形式；从狭义来说是国家拥有、能以货币计量的，并能带来直接、间接或潜在经济利益的生态经济资源。"生态资源"或"生态经济资源"是人类赖以生存和发展的生态系统物质构成和生态功能的源泉[6]。生态资产是溢出生态产品的基底，形象地说，是生产生态产品的"工厂"，某特定生态产品与某特定生态资产具有对应性。从生态资产与生态产品的这种逻辑关系来看，与一般资产与其产品的关系是类似的。

既然生态资产只是一般资产中的一个特例，在生态资产的价值衡量或核算中，也应遵守一般经济规律和价值定律，偏离这些基本原理，又要到基于一般经济学规律和价值定律建立起来的市场去实现交换从而实现使用价值变现是不可想象的。

传统经济学把生态系统看成是纯自然物，认为只有自然属性；而且又认为自然资源是取之不尽、用之不竭的，没有将自然系统看作社会总资产的组成部分。随着生态学的兴起，研究的对象是人和自然的关系，"自然、人和社会"构成了生态学的完整体系[7]，因此，生态资产的内涵由狭隘的自然资产外延到以土地为基底的涵盖一、二、三产业的生物圈，摒弃了传统经济学"自然无价值论"，提出了资源、环境、生态的价值观和生态资产的新理论和新观点，初步形成了自然经济学框架，从不同的角度研究形成了不同部门的自然经济学，如资源经济学、环境经济学及生态经济学等。

20世纪后期，科学家开始认识到生态系统不仅为人类生产生活提供物质产品，还对人类生存与发展有重要的支撑作用。联合国统计署《环境经济核算体系-中心框架》(SEEA2012)强调生态系统的重要性，并明确"生态系统资产"包含生物和非生物成分组合及其他共同作用的特征，生态系统服务从生态系统资产中生成，进一步明确了其是一个存量的概念。

新的资产观念与传统资产观念主要不同之处在于：认为自然生态环境资源，尤其是生态环境经济资源，是自然创造并赐予人类的资产，它是社会经济资产的基础资产，它属于社会总资产的重要组成部分。由新的自然资产观派生的生态资产内涵具有明显的六大特点：自然资产与社会资产的结合、公有资产与私有资产的结合、有形资产与无形资产的结合、有益资产与有害资产的结合、动态资产与静态资产的结合、可更新资产与不可更新资产的结合。

生态资产按资源类型可分为：生物资产、基因资产、生态功能资产及生境资产四大类型。

生态资产按价值类型可分为：自然存在价值与社会利用价值两大类。其中，自然存在价值包括已耗用自然存在价值及剩余自然存在价值。社会利用价值包涵社会间接利用功能价值、社会直接利用价值和潜在价值，其中，市场间接利用价值包括有机质价值、碳汇价值、营养物质储存价值、水土保持价值、涵养水源价值、净化污染价值等；市场直接利用价值包括生计消费使用价值、产品及加工品使用价值、直接服务价值等，潜在价值主要指基因利用等。

背景1-7　有关资产的定义和内涵

根据《企业会计准则》第三章第二十条规定，资产是指企业过去的交易或者事项形成的、由企业拥有或者控制的、预期会给企业带来经济利益的资源。根据定义，资产具有以下几个方面的特征。

一是资产预期会给企业带来经济利益。是指资产直接或间接导致资金或现金等价物流入企业的潜力。这种潜力可以来自企业日常的生产经营活动，也可以是非日常活动；带来的经济利益可以是现金或者现金等价物，或者是可以转化为现金或者现金等价物的形式，或者是减少现金或现金等价物流出的形式。如果某一项目预期不能给经营主体带来经济利益，就不能将其确认为资产，前期已经确认为资产的项目，如果不能再为经营主体带来经济利益，也不能再将其确认为企业的资产。

二是资产应为经营主体拥有或者控制的资源。资产作为一项资源，应为企业拥有或者控制，具体是指经营主体享有某项资源的所有权，或者虽然不享有某项资源的所有权，但该资源能被其控制。通常在判断资产是否在时，所有权是考虑的首要因素，但在有些情况下，虽然某些资产不为经营主体所拥有，即经营主体并不享用其所有权，但经营主体控制这些资产，同样表明经营主体能够从这些资产中获取经济利益。

三是资产是由经营主体过去的交易或者事项形成的。只有过去的交易或事项才能产生资产，经营主体预期在未来发生的交易或者事项不形成资产。

四是资产必须能够用货币来计量。这就是说，不论哪类资产，为了资产的审计或考核、权属或收益的转移，能够用货币计量是必要条件。

1.3.3.2　生态产品是生态资产为底座溢出的一种特殊产品

基于资产、产品的定义和内涵，从逻辑上分析，生态产品只是产品中的一种类型，是随着社会的发展消费者进化出了一种新的需求，只不过这种新的需求不是传统的制造业生产的，而是地球生物圈的生态系统溢出的某种能被人类感应的特殊形态，是进入新时代人民对美好生活追求提出的新需求。

从生态产品价值实现的理论立意和目标分析，生态产品的内涵是指在不损害生态系统稳定性和完整性的前提下，生态系统为人类提供的物质和服务产品，提供的物质主要是依托生物圈生产的林产品、林下经济产品，以及因生态系统作用和改良的水、空气等自然产品；服务产品主要包括水源涵养、水土保持、污染物降解、固碳、气候调节、康养调剂等调节服务，以及源于生态系统结构和过程的文学艺术灵感、知识、教育和景观美学等文化服务。

生态产品是生态资产释放生态价值的载体。在国际上与之类似的是生态系统服务，是指人类从生态系统获得的各种惠益。联合国千年生态系统评估报告和环境经济综合核算（SEEA）研究对生态资产、生态产品研究具有重要影响作用。中国学者在国家、省域、市域、县域甚至是村级尺度上对不同生态系统类型开展了大量实践探索，试图为生态产品价值实现提供理论依据和数字支撑，但由于缺乏相关的转化标准等原因，有关成果迟迟未能真正纳入政府的决策体系[8]。

背景1-8 产品的定义和内涵

根据《汉语大词典》，产品是指劳动所创造的物质资料，包括生产资料和消费资料；广义上也包括人类创造的精神财富[9]。

产品概念从本质上说就是卖给消费者利益点的承载物，即能够满足消费者某方面的需求点。任何产品都有其市场存在的理由，这些理由是因为消费者对该产品的利益存在一定的需求。

从产品流通分析，产品包涵了生产端和消费端。生产端对应的是供给侧，可以是从供给侧供应的原材料或初级产品通过进一步生产（制造）赋予了新的使用价值的产品，也可以是提供了智力赋能的精神产品、文化产品。消费端对应的是需求侧，可以是下游制造业，也可以是作为最终消费品进入消费市场。

在营销发展史上，人们最初将产品理解为具有某种物质形状、能提供某种用途的物质实体，它仅仅指产品的实际效用。在这种观念的指导下，企业往往将注意力只放在产品品质的改进上，而忽略了消费者的其他需求。20世纪90年代以来，菲利普·科特勒等学者倾向于使用五个层次来表述产品的整体概念：a. 核心产品。核心产品是指向顾客提供的产品的基本效用或利益。从根本上说，每一种产品实质上都是为解决问题而提供的服务。因此，营销人员向顾客销售任何产品，都必须具有反应顾客核心需求的基本效用或利益。b. 形式产品。形式产品是指核心产品借以实现的形式。由5个特征构成，即品质、式样、特征、商标及包装。即使是纯粹的服务，也具有相类似的形式上的特点。c. 期望产品。期望产品是指购买者在购买产品时期望得到的与产品密切相关的一整套属性和条件。d. 延伸产品。延伸产品是指顾客购买形式产品和期望产品时附带获得的各种利益的总和，包括产品说明书、保证、安装、维修、送货、技术培训等。国内外很多企业的成功，在一定程度上应归功于他们更好地认识到服务在产品整体概念中所占的重要地位。e. 潜在产品。潜在产品是指现有产品包括所有附加产品在内的，可能发展成为未来最终产品的潜在状态的产品。潜在产品指出了现有产品可能的演变趋势和前景。

营销对产品的阐述并没有超出产品概念的范畴，只是从需求方延展了对产品功能的诉求，是随着生活水平的提升而不断提高产品内涵的丰富度，需求者从对产品由最初的基本使用功能（核心产品层级），逐步对产品的外形和包装质量（形式产品）提出了要求，是对购买产品提出精神愉悦感的诉求。继而，又对产品的附属功能（期望产品）、多功能组合的综合性能（延伸产品）提出了更多的期望，营销就是迎合了消费者这种欲望的递增特性，也推动了产品生产的技术进步。

1.3.3.3 生态产品价值实现行为过程与一般农产品生产经营异同性分析

生态产品价值实现的目标是生态产品使用价值实现转移，即，通过交易或补偿生态产品生产者或生态资产拥有者获得货币资金，使用者获得使用价值。从行为学分析，这一过程包括几个方面的行为：一是生产经营行为，包括生态产品生产、定价、交易等生产经营销售全过程行为；二是确保产品质量和诚信的安全质量建设行为；三是融合行业管理及社会分工产业体系的产品目录构建、产业分工体系调整等法律法规修订行为；四是随着产业链延伸，不同产业呈现相互融合和附加值提升状态。

生态产品价值实现过程中的这种行为表征，与一般的农产品、水产品、牧产品很类似，说明支撑其过程的机制也是近似的，具有可借鉴性。

但是，生态产品与农产品也存在明显的区别。一是产地不同。生态产品以自然生态系统为本底，是自然生态系统溢出的物质初级产品或调节服务功能产品或文化服务产品，而农产品是耕地（农田）的产物，是国土空间规划明确划定生产农产品的区域。二是消费对象不同。农产品是所有人类生存的基本需求，是生活必需品。尽管农产品也有一般农产品、绿色食品、有机食品等级的区分，但均没有脱离农产品的范畴。三是满足的功能需求不同。生态产品是随着社会的进步，人们追求更高的生活质量和精神享受，是满足人类身心健康、精神内涵更高层次的需求而带来的功能进阶产品，而农产品主要是解决基本营养和温饱等人类基本功能需求。四是生产过程不同。生态产品以纯天然、人放（种）天养、近自然等方式生产，追求天然、生态等品种。农产品以人工或人工辅以机械作业为主，全过程人工干预程度重，追求产量为主要目标。

背景 1-9 农产品概念与范围

农产品（Agriculture Products）是农业中生产的物品，如高粱、稻子、花生、玉米、小麦以及各个地区土特产等。国家规定初级农产品是指农业活动中获得的植物、动物及其产品，不包括经过加工的各类产品。《中华人民共和国农产品质量安全法》（以下简称《农产品质量安全法》）所称的农产品，是指来源于种植业、林业、畜牧业和渔业等的初级产品，即在农业活动中获得的植物、动物、微生物及其产品。包括：

《农产品质量安全法》所称农产品,是指来源于种植业、林业、畜牧业和渔业等的初级产品,即在农业活动中获得的植物、动物、微生物及其产品。包括:

烟叶:是以各种烟草的叶片经过加工制成的产品,因加工方法不同,又分为晒烟叶、晾烟叶和烤烟叶。晒烟叶是指利用太阳能露天晒制的烟叶;晾烟叶是指在晾房内自然干燥而成的烟叶;烤烟叶(复烤烟叶除外)是指在烤房内烘烤成的烟叶。

毛茶:是指从茶树上采摘下来的鲜叶和嫩芽(即茶青),经吹干、揉拌、发酵、烘干等工序初制的茶。

食用菌:是指自然生长和人工培植的食用菌,包括鲜货、干货以及农业生产者利用自己种植、采摘的产品连续进行简单保鲜、烘干、包装的鲜货和干货。

瓜、果、蔬菜:是指自然生长和人工培植的瓜、果、蔬菜,包括农业生产者利用自己种植、采摘的产品进行连续简单加工的瓜、果干品和腌渍品(以瓜、果、蔬菜为原料的蜜饯除外)。

药材:指自然生长和人工培植的药材。不包括中药材或中成药生产企业经切、烘、焙、熏、蒸、包装等工序处理的加工品。

粮油作物:指小麦、稻谷(含粳谷、籼谷、元谷)、大豆、杂粮(含玉米、绿豆、赤豆、蚕豆、豌豆、荞麦、大麦、元麦、燕麦、高粱、小米、米仁)、鲜山芋、山芋干、花生果、花生仁、芝麻、菜籽、棉籽、葵花籽、蓖麻籽、棕榈籽、其他籽。

牲畜、禽、兽、昆虫、爬虫、两栖动物类:牛皮、猪皮、羊皮等动物的生皮;牲畜、禽、兽毛(指未经加工整理的动物毛和羽毛);活禽、活畜、活虫、两栖动物,如生猪、菜牛、菜羊、牛蛙等;光禽(指农业生产者利用自身养殖的活禽宰杀、褪毛后未经分割的光禽)和鲜蛋;动物自身或附属产生的产品,如蚕茧、燕窝、鹿茸、牛黄、蜂乳、麝香、蛇毒、鲜奶等;除上述动物以外的其他陆生动物。

水产品:淡水产品,指淡水产动物和植物的统称;海水产品,海水产动物和植物的统称;滩涂养殖产品,指利用滩涂养殖的各类动物和植物;水产品类,包括农业生产者捕捞收获后连续进行简单冷冻、腌制和自然干制品。

林业产品:原木,指将伐倒的乔木去其枝丫、梢头或削皮后,按照规定的标准锯成的不同长度的木段;原竹,指将竹砍倒后,削去枝、梢、叶后的竹段;原木、原竹下脚料,指原木、原竹砍伐后的树皮、树根、枝丫、灌木条、梢、叶等;生漆、天然树脂,是漆树的分泌物,包括从野生漆树上收集的大木漆和从种植的漆树上收集的小木漆;天然树脂是指木本科植物的分泌物,包括松脂、虫胶、阿拉伯胶、古巴胶、黄耆树胶、丹麦胶、天然橡胶等;除上述以外的其他林业副产品。

其他植物:棉花,指未经加工整理的皮棉、棉短绒、籽棉;麻,指未经加工整理的生麻、宁麻;柳条、席草、蔺草;其他植物。

上述所列农产品应包括种子、种苗、树苗、竹秧、种畜、种禽、种蛋、水产品的苗或种(秧)、食用菌的菌种、花籽等。

第2章 以财税理论为基础的生态产品内涵与边界

我国生态产品价值实现有关理论研究、机制创新、特色模式实践等方面取得了很多成果和进展，但不容忽视的是，依然存在理论认识不深、实现路径单一、制度创新不足、配套保障不全以及可复制可推广模式较少等瓶颈制约。产生这些偏差的原因有很多。一些关键的底层理论不清晰恐怕是主要原因，这些问题不解决，思想难以统一，方法和路径更是千差万别，不利集中力量攻坚，确保目标尽快实现。本章以问题为导向，梳理生态产品价值实现探索存在的主要认识问题，并研究厘清相关问题的理论依据。

生态产品价值与生态资产是一个包含关系，即在某一特定时间，生态产品价值的内涵包括某具体生态资产存量价值和生态资产在未来一定期限内生产的溢出价值的折现。但具有公共属性的生态产品价值，其具有公共属性的生态资产存量不应计入核算范围。

2.1 解决认识问题的理论依据

2.1.1 公共产品的定价理论

2.1.1.1 公共产品概念

公共产品是指那些为整个社会共同消费的产品。严格地讲，它是在消费过程中具有非竞争性和非排他性的产品，是任何一个人对该产品的消费都不减少别人对它进行同样消费的物品与劳务，如由政府提供的用于满足社会公共需要的产品和劳务。社会公众对公共产品的需求是政府经济职能的源泉。公共产品的种类很多，诸如生态系统服务产品、环境保护、基础研究、义务教育等纯公共产品以及城市自来水、管道煤气、电力、电信、邮政、铁路、收费公路等公共设施。按照传统经济学原理，公共产品由于其消费上的非排他性和非竞争性，以及"免费搭车"和交易成本高、具有自然垄断性等因素的存在，决定了公共产品不可能完全通过市场机制，由追求利润最大化的方式提供，只能交由不以营利为目的的机构或政府来提供。然而，从各国的实践看，如果缺少考核和制衡机制，缺少市场机制的公共产品定价机制也存在公共产品经营的效率低、供应数量少、服务质量差、资源浪费多、官僚主义严重等许多弊端[10]。

2.1.1.2 公共产品的定价原则

公共产品的提供目的不同，供应种类繁多，运营和管理等方面的要求差异较大，因此，对不同的公共产品应实行不同的定价原则。

(1) 零价格原则

零价格原则适用于那些由政府免费提供的典型的公共产品，如国防、外交、司法、公安、行政管理、生态环境保护等，提供这些公共产品是政府义不容辞的责任，除了按国家税法的规定征税以保证其全额费用外，政府提供这些公共产品时不应再额外收费，只能实行零价格，公众免费使用，如公益类生态公园免费向公众开放就是典型的"零价格原则"提供的生态产品。

根据这一定价原则，由于公共性生态资产属于公共产品，形成生态资产的投入来自公共财政或捐赠，因此，大多数公共性生态产品价值核算时，不考虑资产存量价格，只考虑生态产品未来一定时期内的收益折现。

(2) 损益平衡原则

按照市场经济原则，任何行为主体对某项产品的提供应以成本转移（即保本）为基本要求，而且在可能的条件下有适当的盈利。然而，对政府提供的公共产品来讲，不应以追求利润为目标，因为定价高出成本，等同于对受益人征税。当然，定价过低，一方面政府必须实施较大的财政补贴，加重财政负担；另一方面必然影响所提供公共产品的数量和质量。因此，补偿成本是公共产品定价的主要依据之一。补偿成本意味着公共产品应按损益平衡的原则定价，即按平均成本定价。平均成本高出边际成本的部分表明公共产品的供给能力没能得到充分利用，是资源的一种浪费。

损益平衡原则是生态效益补偿的对价依据。生态效益补偿是生态产品价值实现的途径之一，补偿标准不应按市场等价交换原则为依据，而是应以成本补偿为依据。在核算成本时，参照"零价格原则"，生态系统维护等投入主要由政府或财政性资金承担，来自对公众的纳税，不应再计入成本。也就是说，生态效益补偿的成本一般不考虑生态资产等存量资产的折旧摊销形成的固定成本。

(3) 受益原则

受益原则是将纳税人从政府公共支出中所获得的利益大小作为税收负担分配的标准。受益原则的理论依据是政府之所以能向纳税人课税是因为纳税人从政府提供的公共物品中获得了利益，因此，税收负担在纳税人之间的分配只能以他们的受益为依据，受益多者多纳税，受益少者少纳税，受益相同者负担相同的税收，受益不同者负担不同的税收。

对市内公共汽车、地铁、自来水、民用煤气、民用电等公共产品按受益原则定价是比较合理的。按照受益原则，只有当某项公共产品给消费者带来可以用货币度量的具体受益，而且收费的标准不超过受益量时，对此项产品的定价才是合理的。偏离受益原则的公共产品定价相当于对消费者的额外征税。

目前，一些真正体现受益原则的公共产品定价偏低，收费不足以抵补成本。自来水的定价就是典型例子。自来水作为私人产品，其成本应该包括水的提取、净化和分配的全部费用，而自来水的价格也应该按全额成本来确定。但从历史上看，我国对自来水的定价明显低于其成本,实际上是按亏损收费。由于价格不能补偿生产的全部成本,一方面造成生产萎缩,供不应求,虽然名义价格不高,但各种名目的变相收费,极大地损害了消费者的利益;另一方面对紧缺的水资源定价过低,人为地造成资源的短缺和浪费,为经济腐败提供了机会。可见,对像自来水这类公共产品按受益原则定价和收费在经济上是合理的。

另外,按受益原则定价需要考虑受益者的付费意愿。因为付费意愿反映了受益者对公共产品受益情况的主观评价。当某种产品出现过度消费或消费不足时,表明该项产品的定价水平低于或高于付费意愿。此时,应对该项产品的定价作出调整。

可见,生态产品的使用者付费方式来自"受益原则"理论,特许经营权的获得和门票收入是典型的使用者付费方式,享受特定区域的生态产品,如生态区域文化、景观等生态产品者,需要支付一定的费用。

(4) 供需均衡原则

对某些不可储存的物品和劳务,如电力、电话和运输服务等,按供需均衡原则定价有利于保持合理的消费结构。因为这些物品和劳务在其供给的时间内,需求可能发生旺时和淡时的现象,对于这些产品采取高峰负荷定价法,即在高峰负荷时采用高价,低谷负荷时采用低价,有利于缓解其供求紧张的矛盾。此外,对各种收费公路采用供需均衡原则定价,有助于缓解公路拥堵,提高车辆通行率和安全度。

景区等公众游览场所在不同季节采取不同的门票价格,也就是说,有些生态产品的价格可在一定区间内调节与波动的,其理论来源就是"供需均衡原则"。

2.1.2 生态补偿和付费理论

2.1.2.1 背景

生态补偿(Eco-compensation)是以保护和可持续利用生态系统服务为目的,以经济手段为主,调节相关者利益关系,促进补偿活动、调动生态保护积极性的各种规则、激励和协调的制度安排。尽管已有一些针对生态补偿的研究和实践探索,但尚没有关于生态补偿的较为公认的定义。综合国内外学者的研究并结合我国的实际情况,对生态补偿的理解有广义和狭义之分。广义的生态补偿既包括对生态系统和自然资源保护所获得效益的奖励或破坏生态系统和自然资源所造成损失的赔偿,也包括对造成环境污染者的收费。狭义的生态补偿则主要是指前者。从目前我国的实际情况来看,由于在排污收费方面已经有了一套比较完善的法规,亟须建立的是基于生态系统服务的生态补偿机制[11]。

日本学者认为,与公害相关的费用可以分为以下四种:①防治费用,②损失补偿费用,③消除蓄积性公害的费用,④用于监测、技术开发、公害事务行政管理等的间接费用。经济合作和发展组织(Organization for Economic Cooperation and Development, OECD)的污染者支付原则(Polluter Pay Principle, PPP)只涉及其中的防治费用,因此,OECD的PPP具有很大的局限性。进入20世纪80年代后期,OECD成员中的西欧国家在环境与农业政策一体化改革中,结合生态补偿,提出了另一类环境补偿,即环境资产补偿。有学者大力支持这种观点,认为应在污染者付费原则中纳入"有利补偿原则"和"用户支付原则"。有利补偿原则要求任何与提供有利的非市场效益(如景观质量)有关的额外费用均须得到补偿。用户支付原则要求那些从某项投资中获利的个人或群体应协助支付这些费用。国外对农林生态系统生态效益补偿进行的研究和实践较多,多数国家的生态补偿是由政府通过公共财政来转移支付进行实施的,同时,政府利用经济激励的竞争手段和市场手段促进生态效益的提高;在补偿标准制定方面,主要根据机会成本损失进行补偿。补偿主体以政府为主,对于受益范围容易确定的,补偿主体为受益者;在研究方法上,采用多学科综合研究的方法,尤其重视经济学分析方法的应用[12]。

2.1.2.2 补偿和付费范围

生态补偿机制的建立是以内化外部成本为原则,对保护行为的外部经济性的补偿依据是保护者为改善生态服务功能所付出的额外的保护与相关建设成本和为此而牺牲的发展机会成本;对破坏行为的外部不经济性的补偿依据是恢复生态服务功能的成本和因破坏行为造成的被补偿者发展机会成本的损失。

生态补偿应包括以下几方面主要内容:一是对生态系统本身保护(恢复)或破坏的成本进行补偿。二是通过经济手段将经济效益的外部性内部化。三是对个人或区域保护生态系统和环境的投入或放弃发展机会的损失的经济补偿。四是对具有重大生态价值的区域或对象进行保护性投入。

2.1.2.3 中国路径

生态补偿是中国化的"生态系统服务付费"(PES)。国外关于生态系统服务付费的政策设计通常是小尺度的,生态系统服务使用者和提供者身份和责任明确,主要集中在水资源管理、栖息地保护、森林碳汇等方面。广义上的生态补偿一直被视为生态产品价值实现的重要途径。实践中,我国各级政府已经出台了300多项与生态补偿直接相关的法律、法规和政策措施,并通过政策工具和市场工具使生态产品价值得以实现,是生态补偿市场化、多元化改革的重要出路。

生态产品价值实现是一个理论性、政策性和实践性极强的课题,国外的一些研究多是从个别地区的案例入手,从理论层面做的应用性探讨。我国对该问题的关注度颇高,2020年4月27日,中华人民共和国自然资源部公布了其组织编写的《生态产品价值实现典型案例(第一批)》,但目前的研究仍处于探索阶段。

生态产品价值应用于生态补偿绩效评估是综合评估生态保护成效的中国实验。2014年,亚洲开发银行资助中国在青海、贵州和云南选择省、市、县不同尺度开展建立科学可行的生态补偿绩效与地方政府生态保护成效评估体系的研究。这个实验建立了面向生态补偿的生态产品总值(GEP)和生态资产核算指标体系、技术方法,为生态补偿绩效考核、重点生态功能区政府绩效考核和生态补偿政策实施有效性评估提供了科学依据和技术支持,向国际社会分享了利用GEP和生态资产核算评估生态补偿政策的中国做法与经验。

生态产品价值应用于生态文明建设考核是将生态效益纳入政绩考核的中国创新。在高速经济增长和快速城镇化背景下，管控城市生态空间和保障生态产品供给显得尤为重要。作为我国快速城镇化地区典型代表，深圳市盐田区将生态产品总值（GEP）纳入政府部门的生态文明考核评价体系，通过制度设计使生态产品总值"进规划、进项目、进决策、进考核"，建立了 GEP 和 GDP "双核算、双运行、双提升"的考评机制，在将生态系统对人类福祉的贡献纳入政策制定和决策方面做出了大胆创新的尝试。

生态产品价值应用于生态产品价值实现是探索经济绿色增长新路径的中国创举。"生态产品价值实现"不仅是中国破解经济发展和生态环境保护难题、实现绿色发展的新方法，在全球范围内也是新课题。在我国，浙江、福建、江西和湖北等省份正在积极探索生态产品价值实现路径。其中，浙江省丽水市以生态产品总值为科学依据推动"政府采购生态产品"和"企业购买生态产品"，湖北省鄂州市根据生态产品总值核算结果在不同区域设计生态补偿规则，这些做法都是基于生态产品总值核算，把绿水青山蕴含的生态产品价值转化为金山银山，实现生态产品付费、协调区域经济发展的中国创举。

2.1.3 生态系统生产总值（GEP）核算理论

2.1.3.1 背景和进展

世界上很多国家都在寻求超越 GDP 的核算指标，以体现自然生态系统对人类福祉的贡献。自 2001 年联合国启动"千年生态系统评估（MA）"以来，联合国环境规划署相继开展了生物多样性与生态系统服务经济学（TEEB）研究；组建生物多样性和生态系统服务政府间科学政策平台（IPBES）；2012 年 2 月，联合国统计委员会批准了"环境经济核算体系——中心框架（System of Environmental Economic Accounting—Central Framework，SEEA—CF）"，期望世界各国将来如同采纳国民经济核算体系一样执行"SEEA—CF"；2013 年联合国统计委员会又进一步发布了"环境经济核算体系——试验性生态系统核算"（SEEA-EEA，System of Environmental Economic Accounting—Experimental Ecosystem Accounting）；联合国统计署发布的 SEEA 系列文件得到包括英国、澳大利亚、荷兰和中国等在内的多个国家和地区的广泛参阅与应用。生态系统服务功能已经成为全球研究热点，生态系统服务及其价值评估方法的探索是主要研究内容，但一直都没有把生态系统生产总值作为一个独立的核算指标明确地提出来。

目前国际学界对于生态系统产品与服务的定义和分类基本达成共识，但是由于核算目的、数据可得性等方面的差异，包括被广泛参阅的联合国统计委员会 SEEA 系列文件在内的国际研究缺乏对生态产品价值核算的指标体系和技术方法作为统一详细说明。与西方学者对自然资本的点状研究不同，中国生态产品价值核算学术研究虽然起步较晚，但是在十几年的发展中，中国学者开展了广泛的研究，中国科学院欧阳志云研究员首次提出生态系统生产总值（Gross Ecosystem Product，GEP）概念，将其定义为

"生态系统为人类福祉和经济社会可持续发展提供的最终产品与服务价值的总和"。GEP 强调了最终产品与服务,为生态产品价值实现提供了理论基础。

生态环境部王金南院士等在绿色 GDP 基础上,提出了既做减法(扣除资源消耗、环境损害),又做加法(补充生态效益)的中国经济—生态生产总值(Gross Economic—ecological Product,GEEP)核算模式,强调经济与生态价值的整合及其协调发展。学界通常将生态产品价值区分为可供交易的直接市场价值(经济价值)和需要补偿的非直接市场价值(生态价值),目的在于明确生态产品开发利用的功能定位。

生态产品价值科学评估体系与核算机制为全球生态产品价值核算给出了中国方法。GEP 核算是运用生态经济学方法从生态物质产品、调节服务产品和文化服务产品三个方面明确生态产品所蕴含的货币价值。GEP 概念的提出和科学的核算结果为将生态效益纳入经济社会评价体系、生态保护成效评估、生态产品付费政策制定,以及生态产品价值实现提供了计量依据,使得生态产品价值评估结果更便于纳入决策体系,并用于规划和管理。

2.1.3.2　核算指标体系

GEP 核算的思路是源于生态系统服务功能及其生态经济价值评估与国内生产总值核算。根据生态系统服务功能评估的方法,生态系统生产总值可以从功能量和价值量两个角度核算。功能量可以用生态系统功能表现的生态系统产品产量与生态系统服务量表达,如粮食产量、水资源提供量、洪水调蓄量、污染净化量、土壤保持量、固碳量、自然景观吸引的旅游人数等,其优点是直观,可以给人明确具体的印象,但由于计量单位的不同,不同生态系统产品产量和服务量难以加总。因此,仅仅依靠功能量指标,难以获得一个地区及一个国家在一段时间的生态系统产品与服务产出总量。为了获得生态系统生产总值,就需要借助价格,将不同生态系统产品产量与服务量转化为货币单位表示产出,然后加总为生态系统生产总值。

MA 将生态系统服务分为供给、调节、文化和支持四类。《生态系统评估 生态系统生产总值(GEP)核算技术规范》界定的 GEP 核算的是生态系统为人类福祉和经济社会可持续发展提供的各种生态产品的最终价值总和,包括物质产品价值、调节服务价值和文化服务价值,不包括生态系统支持服务价值。其中,物质产品主要包括农业产品、林业产品、畜牧业产品、渔业产品、淡水资源和生态能源;调节服务主要包括水源涵养、土壤保持、防风固沙、海岸带防护、洪水调蓄、碳固定、氧气提供、空气净化、水质净化和气候调节;文化服务主要包括休闲旅游和景观价值。进行核算时,可以结合区域生态产品类型及生态系统生产总值核算目的,选择相应的核算指标,编制生态产品清单。

2.1.3.3　核算方法

GEP 核算包括生态产品功能量和价值量两个方面[13]。核算框架和方法如下:

(1)生态产品功能量核算

评估生态系统在一定时间内提供的各类物质产品的产量、调节服务功能量和文化服务功能量,如生态系统提供的粮食产量、木材产量、水电发电量、土壤保持量、污染物净化量等。通过现有的国民经济统计、核算体系,及水文、环境、气象、森林、草地、湿地监测体系获取数据和参数,运用生态系统模型和生态生产函数评估生态产品功能量。

(2)确定各类生态产品的价格

根据生态系统服务功能类型,选择不同的定价方法,主要有替代市场法和模拟市场法。替代市场法是以"影子价格"和消费者剩余来表达生态系统服务的价格和经济价值,其具体定价方法有费用支出法、市场价值法、机会成本法、旅行费用法等,在评价中可以根据生态系统服务功能类型进行选择。模拟市场法(又称假设市场法),它以支付意愿和净支付意愿来表达生态服务功能的经济价值,在实际研究中,从消费者的角度出发,通过调查、问卷、投标等方式来获得消费者的支付意愿和净支付意愿,综合所有消费者的支付意愿和净支付意愿来估计生态系统服务功能的经济价值。

(3)生态产品价值量核算

在生态产品功能量核算的基础上,根据确定的生态产品价格,核算生态系统产品货币价值,并将所有生态产品价值加总,得到GEP。

2.1.4 与生态资产和生态产品相关的制度

2.1.4.1 自然资源资产管理制度

党的十八届三中全会明确提出要"健全国家自然资源资产管理体制,统一行使全民所有自然资源资产所有者职责",这是健全自然资源资产产权制度的一项重大改革,也是建立系统完备的生态文明制度体系的内在要求。

自然资源资产是指产权主体明确、产权边界清晰、可给人类带来福利、以自然资源形式存在的稀缺性物质资产。自然资源资产管理体制,是关于自然资源资产管理机构设置、管理权限划分和确定调控管理方式等方面的基本制度体系。我国自然资源资产管理体制演进大致经历了四个阶段,第一阶段(1949—1978年),自然资源资产管理体制缺失阶段。这一时期尚未出现资源资产管理理念,资源配置靠行政划拨,资源无偿使用;第二阶段(1978—1990年),自然资源资产管理体制探索研究阶段。属资产管理的萌芽期,尽管国家从制度上提出了所有权与使用权分离,提出了有偿使用制度,但在实际中并未真正实施;第三阶段(1990—2010年),自然资源资产分散管理体制逐步形成阶段。这一时期初步形成了目前自然资源资产分类管理的体制,资源有偿使用制度得以全面推进,要素市场建设步伐加快;由于不同资源资产化步伐不一,因此体制呈现分类分级、相对集中、混合管理的态势,但并未设立专门的资源资产管理机构;第四阶段(党的十八大以来),自然资源资产管理体制进入全面深化改革阶段。党的十八届三中全会提出要"健全国家自然资源资产管理体制,统一行使全民所有自然资源资产所有者职责",对我国自然资源资产管理体制改革提出了新要求。

2013年召开的党的十八届三中全会拉开了生态文明体制改革的序幕。在生态文明体制改革的总体思路方面，党的十八届三中全会决定要紧紧围绕建设美丽中国深化生态文明体制改革，加快建立生态文明制度，健全国土空间开发、资源节约利用、生态环境保护的体制机制，推动形成人与自然和谐发展现代化建设新格局。其中，在健全自然资源资产产权制度体制方面，党的十八届三中全会决定指出对水流、森林、山岭、草原、荒地、滩涂等自然生态空间进行统一确权登记，形成归属清晰、权责明确、监管有效的自然资源资产产权制度。在健全国家自然资源资产管理体制方面，决定提出要统一行使全民所有自然资源资产所有者职责。在完善自然资源监管体制方面，决定指出要统一行使所有国土空间用途管制职责。在改革生态环境保护管理体制方面，决定指出要建立和完善严格监管所有污染物排放的环境保护管理制度，独立进行环境监管和行政执法。

2015年的《生态文明体制改革总体方案》在"（三）生态文明体制改革的原则"中明确指出："坚持正确改革方向，健全市场机制，更好发挥政府的主导和监管作用，发挥企业的积极性和自我约束作用，发挥社会组织和公众的参与和监督作用。坚持自然资源资产的公有性质，创新产权制度，落实所有权，区分自然资源资产所有者权利和管理者权力，合理划分中央地方事权和监管职责，保障全体人民分享全民所有自然资源资产收益。"2017年党的十九大报告在"（四）改革生态环境监管体制"中要求"加强对生态文明建设的总体设计和组织领导，设立国有自然资源资产管理和自然生态监管机构，完善生态环境管理制度，统一行使全民所有自然资源资产所有者职责，统一行使所有国土空间用途管制和生态保护修复职责，统一行使监管城乡各类污染排放和行政执法职责。构建国土空间开发保护制度，完善主体功能区配套政策，建立以国家公园为主体的自然保护地体系。坚决制止和惩处破坏生态环境行为。"党的十九大报告关于生态文明体制改革的阐述，是对《生态文明体制改革总体方案》及其各领域改革实施方案的呼应与发展。《生态文明体制改革总体方案》在健全自然资源资产管理体制方面，提出按照所有者和监管者分开，以及一件事情由一个部门负责的原则，整合分散的全民所有自然资源资产所有者职责，组建对全民所有的矿藏、水流、森林、山岭、草原、荒地、海域、滩涂等各类自然资源统一行使所有权的机构，负责全民所有自然资源的出让等。该要求完全得到了党的十九大报告"统一行使全民所有自然资源资产所有者职责"的响应。

新一轮机构改革国家成立专门的自然资源资产管理机构，与自然资源资产负债表、党政领导干部自然资源资产离任审计、绿色GDP核算、生态文明建设目标评价考核等制度衔接，实现了改革的系统化和连贯化。中共中央出台了党政领导干部自然资源资产离任审计、生态文明建设目标评价考核的政策，2016年中共中央办公厅、国务院办公厅联合印发了《生态文明建设目标评价考核办法》，国家发展改革委员会、国家统计局、环境保护部、中央组织部联合印发了配套的《绿色发展指标体系》《生态文明建设考核目标体系》。2017年有关部门组织了2016年全国各省级行政区域的绿色发展指数评价，指数既包括资源利用、环境治理、环境质量及现状，也包括生态保护情况。

其中，资源利用、生态保护包括了用水总量、重要江河湖泊水功能区水质达标率、森林覆盖率、森林蓄积量、草原综合植被覆盖度、自然岸线保有率、湿地保护率、陆域自然保护区面积、海洋保护区面积、新增矿山恢复治理面积、可治理沙化土地治理率等自然资源资产的指标。2017年1月，中共中央办公厅、国务院办公厅联合印发了《领导干部自然资源资产离任审计规定(试行)》，要求开展领导干部自然资源资产离任审计，主要审计领导干部贯彻执行中央生态文明建设方针政策和决策部署情况，遵守自然资源资产管理和生态环境保护法律法规情况，自然资源资产管理和生态环境保护重大决策情况，完成自然资源资产管理和生态环境保护目标情况，履行自然资源资产管理和生态环境保护监督责任情况，组织自然资源资产和生态环境保护相关资金征、管、用和项目建设运行情况，以及履行其他相关责任情况。中共中央办公厅、国务院办公厅于2019年4月印发《关于统筹推进自然资源资产产权制度改革的指导意见》，要求到2020年，归属清晰、权责明确、保护严格、流转顺畅、监管有效的自然资源资产产权制度基本建立，自然资源开发利用效率和保护力度明显提升，为完善生态文明制度体系、保障国家生态安全和资源安全、推动形成人与自然和谐发展的现代化建设新格局提供有力支撑。为实现这一目标，改革将以坚持完善自然资源资产产权体系、落实产权主体、促进自然资源集约开发利用和生态保护修复等作为基本思路，突出和强化了产权的两大关键要素——权利体系和主体，突出和强化了产权的重要基础性工作——调查监测和确权登记，突出将产权制度贯穿自然资源源头保护、过程节约和末端修复的全过程。

相关工作取得积极进展。根据中共中央安排，原国土资源部和现自然资源部经过探索，自然资源统一确权登记试点取得积极进展。截至2018年11月，12个省份、32个试点区域共划定自然资源登记单元1191个，确权登记总面积186727平方千米，并重点探索了国家公园、湿地、水流、探明储量矿产资源等确权登记试点。各试点地区以不动产登记为自然资源附着的工作基础，以划清全民所有和集体所有之间的边界，划清全民所有、不同层级政府行使所有权的边界，划清不同集体所有者的边界，划清不同类型自然资源的边界等"四个边界"为核心任务，以支撑山水林田湖草整体保护、系统修复、综合治理为目标，按要求完成了资源权属调查、登记单元划定、确权登记、数据库建设等工作，建立了一套行之有效的自然资源统一确权登记工作流程、技术方法和标准规范。2018年底起，将利用5年时间完成对国家公园、自然保护区、各类自然公园等自然保护地和大江、大河、大湖，重要湿地，国有重点林区，重要草原、草甸等自然资源的统一确权登记。

生态环境部、国家统计局开展的绿色GDP核算研究，为促进各地绿色发展建立量化评估考核评估机制奠定了基础。在政策引导下，各地积极推动以生态系统生产总值(GEP)核算为主的生态产品价值核算，多个不同经济发展水平的地区开展了不同层次的GEP核算试点工作。丽水市作为全国首个生态产品价值实现机制的试点城市，较早引入GEP核算体系，进行了市、县、乡(镇)、村四级GEP核算，浙江省在此经验基础上发布了《生态系统生产总值（GEP）核算技术规范陆域生态系统》（DB33/T 2274—2020）省级标准。福建省分别以武夷山为山区样本、以厦门为沿海城市样本进行了 GEP 核算实践试点，形成了多套陆地与海洋生态系统核算指标体系。贵州省作为全国首批生态文明试验区之一，也开展了 GEP 核算试点工作，基本建立了 GEP 核算框架和指标体系。深圳市盐田区在全国率先探索实践"城市生态系统生产总值核算体系"，形成了包含"自然生态系统价值"和"人居环境生态系统价值"两部分的城市 GEP 核算体系，并于 2018 年正式发布《盐田区城市生态系统生产总值（GEP）核算技术规范》。GEP 核算试点工作的开展，动态反映了生态环境建设（改善）成果对生态文明建设发挥的作用与贡献，深化了对生态系统服务价值的认识，一定程度上推进了我国生态产品价值核算，也为其提供了有益借鉴。为推动和规范江西省生态资产价值评估工作，促进生态资源价值高效转化，结合行业特点和本地实际，江西省出台《江西省生态资产价值评估管理办法（试行）》。

2.1.4.2 资源有偿使用和生态补偿制度

（1）资源有偿使用制度

全民所有自然资源是宪法和法律规定属于国家所有的各类自然资源，主要包括国有土地资源、水资源、矿产资源、国有森林资源、国有草原资源、海域海岛资源等。

自然资源资产有偿使用制度是生态文明制度体系的一项核心制度。改革开放以来，我国全民所有自然资源资产有偿使用制度逐步建立，在促进自然资源保护和合理利用、维护所有者权益方面发挥了积极作用，但由于有偿使用制度不完善、监管力度不足，还存在市场配置资源的决定性作用发挥不充分、所有权人不到位、所有权人权益不落实等突出问题。

按照生态文明体制改革总体部署，为健全完善全民所有自然资源资产有偿使用制度，2016 年，国务院发布《关于全民所有自然资源资产有偿使用制度改革的指导意见》，提出统筹推进"五位一体"总体布局和协调推进"四个全面"战略布局，牢固树立和贯彻落实创新、协调、绿色、开放、共享的发展理念，坚持发挥市场配置资源的决定性作用和更好发挥政府作用，以保护优先、合理利用、维护权益和解决问题为导向，以依法管理、用途管制为前提，以明晰产权、丰富权能为基础，以市场配置、完善规则为重点，以开展试点、健全法制为路径，以创新方式、加强监管为保障，加快建立健全全民所有自然资源资产有偿使用制度，努力提升自然资源保护和合理利用水平，切实维护国家所有者权益，为建设美丽中国提供重要制度保障。从提出到 2020 年，基本建立产权明晰、权能丰富、规则完善、监管有效、权益落实的全民所有自然资源资产有偿使用制度，使全民所有自然资源资产使用权体系更加完善，市场配置资源的决定性作用和政府的服务监管作用充分发挥，所有者和使用者权益得到切实维护，自然资源保护和合理利用水平显著提高，实现自然资源开发利用和保护的生态、经济、社会效益相统一。

（2）生态补偿制度

9 月 12 日，中共中央办公厅、国务院办公厅正式发布《关于深化生态保护补偿制度改革的意见》(以下简称《意见》)。《意见》指出,生态保护补偿制度作为生态文明制度的重要组成部分,是落实生态保护权责、调动各方参与生态保护积极性、推进生态文明建设的重要手段。要加快健全有效市场和有为政府更好结合、分类补偿与综合补偿统筹兼顾、纵向补偿与横向补偿协调推进、强化激励与硬化约束协同发力的生态保护补偿制度。《意见》提出的改革目标是,到2025年,与经济社会发展状况相适应的生态保护补偿制度基本完备。以生态保护成本为主要依据的分类补偿制度日益健全,以提升公共服务保障能力为基本取向的综合补偿制度不断完善,以受益者付费原则为基础的市场化、多元化补偿格局初步形成,全社会参与生态保护的积极性显著增强,生态保护者和受益者良性互动的局面基本形成。到2035年,适应新时代生态文明建设要求的生态保护补偿制度基本定型。

《意见》聚焦重要生态环境要素,完善分类补偿制度,包括建立健全分类补偿制度,逐步探索统筹保护模式。要围绕国家生态安全重点,健全综合补偿制度,包括加大纵向补偿力度,突出纵向补偿重点,改进纵向补偿办法,健全横向补偿机制。要发挥市场机制作用,加快推进多元化补偿,包括完善市场交易机制,拓展市场化融资渠道,探索多样化补偿方式。要完善相关领域配套措施,增强改革协同;包括加快推进法治建设,完善生态环境监测体系,发挥财税政策调节功能,完善相关配套政策措施。要树牢生态保护责任意识,强化激励约束;包括落实主体责任,健全考评机制,强化监督问责。

2.1.4.3 绿色绩效考核与责任追究制度

这里所说的考核主要指绿色政绩考核。"政绩"是自有官僚体制的阶级社会产生以来所固有的一种政治现象,是各种政治权力活动的产物,简单来说就是领导干部合理运用人民赋予的权力,在一定的任期内所取得的成绩或绩效。而"绿色政绩",参照西方国家的有关定义,应为领导干部在环境保护社会管理活动中的结果、效益及其管理工作的效率、效能,是领导干部在行使其环保职责、实现政策与法律,以及制定者意志的过程中体现出的管理能力[14]。"绿色政绩考评"则是指考评机关按照一定的程序与方法对领导干部在行使其生态保护职责、实现政策与法律制定者意志的过程中所体现出的管理能力进行考核、核实、评价,并以此作为选用和奖惩干部依据的活动过程。考评的目的在于正确评价领导干部在生态环境保护社会管理活动中的状况,为对领导干部调整岗位、实施奖励、进行潜能开发和教育培训提供依据,也为调整人事政策和激励措施提供依据。它主要包括考评目的、考评主体、考评客体、考评程序、考评内容与标准、考评方法和考评结论等几方面内容。

政绩考核作为上级组织对下级领导班子、领导干部执政情况考察、评价的一项制度,对干部的行政行为具有很强的导向作用。相当长时期内,与国民经济实行GDP核算体系相适应,我国的干部政绩考核实际上是以GDP指标为核心内容、以GDP论英雄的一种制度。这种政绩考核制度,与深入贯彻落实建设生态文明、转变经济发展方式、实现绿色高质量发展要求相比,无论在内容上还是在评价机制上,都不够全面、不够科学,存在严重弊端。

我国对领导干部的使用主要采取任命制,上级政府对下级政府的监督考评也十分直接有效,因而绿色政绩的考评主要指上级政府对下级政府的考核与评估,在这方面,我国从20世纪80年代起步,积累了一些理论成果和实践经验,但学界对绿色政绩考评指标的研究基本上局限在绿色GDP指标体系的是非争论中。

真正开始全面推进绿色考核是在"十二五"期间。"十二五"规划是中国第一个绿色发展规划,更是中国实现绿色现代化的历史起点。明确提出"树立绿色、低碳发展理念,以节能减排为重点,健全激励与约束机制,加快构建资源节约、环境友好的生产方式和消费模式,增强可持续发展能力,提高生态文明水平"的绿色发展目标要求。

我国实施绿色发展战略,推进美丽中国建设,要将绿色发展理念和实践贯穿到中国特色社会主义"五位一体"总布局之中。要培养和强化全民族的绿色发展意识,将绿色发展作为经济转型升级的动力源泉,加大绿色产业政策扶持,加强科技创新为绿色发展提供技术支撑,完善绿色发展绩效评价考核和责任追究制度,以及大力推动绿色发展制度保障。

2015年8月17日,中共中央办公厅、国务院办公厅印发《党政领导干部生态环境损害责任追究办法(试行)》,提出地方各级党委和政府对本地区生态环境和资源保护负总责,党委和政府主要领导成员承担主要责任,其他有关领导成员在职责范围内承担相应责任。中央和国家机关有关工作部门、地方各级党委和政府的有关工作部门及其有关机构领导人员按照职责分别承担相应责任。

党的十八届三中全会中共中央关于全面深化改革若干重大问题的决定(以下简称《决定》)提出,建立生态环境损害责任终身追究制。党的十八届四中全会《决定》强调,要按照全面推进依法治国的要求,用严格的法律制度保护生态环境;建立重大决策终身责任追究制度及责任倒查机制。

2015年5月,中共中央、国务院印发了《关于加快推进生态文明建设的意见》,全面建立起绿色绩效考核与责任追究制度框架。《关于加快推进生态文明建设的意见》明确要求,"严格责任追究,对违背科学发展要求、造成资源环境生态严重破坏的要记录在案,实行终身追责,不得转任重要职务或提拔使用,已经调离的也要问责。对推动生态文明建设工作不力的,要及时诫勉谈话;对不顾资源和生态环境盲目决策、造成严重后果的,要严肃追究有关人员的领导责任;对履职不力、监管不严、失职渎职的,要依纪依法追究有关人员的监管责任。"

《关于加快推进生态文明建设的意见》是贯彻落实从严治党、制度治党,依法执政、依法治理要求的重要体现。从严治党、制度治党,是发挥党的领导核心作用、推进伟大事业的根本保证。依法执政、依法治理,是促进人民政府履行职能、服务人民的根本途径。无论是从严治党、制度治党,还是依法执政、依法治理,核心在于各级党委和政府,要害在于领导干部,关键在于落实责任。一些领导干部不能正确履行职责,造成生态环境严重破坏而没有受到应有的追究,一个重要原因就是制度缺失,缺乏制度约束。习近平总书记指出，"在生态环境保护问题上，就是要不能越雷池一步，否则就应该受到惩罚。"《党政领导干部生态环境损害责任追究办法（试行）》是督促领导干部在生态环境领域正确履职用权的一把制度利剑、一道制度屏障，通过明晰领导干部在生态环境领域的责任红线，从而实现有权必有责、用权受监督、违规要追究。

2.2 生态产品价值实现探索中的几个关键问题的分析

2.2.1 生态产品内涵和边界不清晰

学术界对生态产品的内涵研究比较多，定义不一。根据张林波等[15]的研究，主要存在如下几种。如马建堂、曾贤刚等提出的狭义和广义说，狭义上的生态产品是指维系生态安全、保障生态调节功能、提供良好人居环境的自然要素，与"生态系统服务"的含义基本相近；广义上的生态产品还包括通过清洁生产、循环利用、降耗减排等途径生产的生态农产品、生态工业品等生态标签产品。有的将生态产品分为两类，如根据是否具有物质形态将生态产品分为生态物质产品和生态服务产品，或根据其生产消费特点分为公共性和经营性生态产品；有的将生态产品分为有形产品、支持调节服务、美学景观服务三类；还有将生态产品分为全国性、区域或流域性、社区性公共生态产品和"私人"生态产品；或因产品表现形式不同认为生态产品包括生态物质产品、生态文化产品、生态服务产品和自然生态产品四类。总体上看，目前学术界对于生态产品概念内涵及分类的认识仍不统一，且大多生态产品概念仅从自然科学的角度考虑，没有体现构成生态学"自然—人—社会"全要素及缺少社会科学阐释生态产品的定义内涵。

《生态产品总值核算规范》[16]提出，生态产品是生态系统为经济活动和其他人类活动提供且被使用的货物与服务贡献，包括物质供给、调节服务和文化服务三类。其中，物质供给是生态系统为人类提供并被使用的物质产品，如粮食、油料、蔬菜、水果、木材、生物质能、水产品、中草药、牧草、花卉等生物质产品。按照这一定义，以水、土为载体产生的第一产业都属于生态产品。但这里存在一个边界前提，即生态系统提供或溢出。这个边界很重要，是生态产品与其他第一产业产品区分的理论基础——产地区分原则。不然，现有的农产品、水产品类别要么取消，要么与生态产品共叠存在，如果真是这样的话，必然会给既有的产业和产品分类体系带来混乱。事实上，这一原则一直被业界所忽视，导致实际工作推进中比较混乱，不同地方有不同地方的理解和定义，在初始期可以充分展现百花齐放、百家争鸣的效果，有利于摸索和探讨。但发展到一定阶段后，就会出现"诸侯争雄"、政出多门的局面，不利于全国一盘棋和标准化建设。一种典型的现象是，社会上很多人或单位比较热衷于蹭热点，什么产品都包装成生态产品，没有产品和系列的边界性。

2.2.2 生态资产和生态产品边界不明晰

经济增长必然引起能源消耗的增长,能源消耗增长的结果是资源的减少和环境容量的消耗。要实现资源可持续利用,就必须加强对人类自身生产方式、经济行为的约束,必须在生产领域提高生产效率,在消费领域改变消费方式,以达到最高限度地利用资源。因此,溢出生态产品的生态资产和其他资产一样,也面临资产、产权、价值、核算与产业等最基本的问题。

(1)生态资源资产

一般经济学理论认为,能够带来收益的物品称为资产。无论是天然的还是经过人类劳动投入形成的生态资源,都可以为人类社会带来收益,生态资源既有固定资产的特征又有流动资产的特征,因此生态资源也是资源资产。生态系统作为生态产品溢出的具体载体,具有固定资产(如植被、土地、为林业服务的基础设施)和无形资产(如景观、康养及优美环境等)的双重属性。

(2)生态资源产权

生态系统的资源资产与其他资产一样,具有产权属性,也存在产权管理关系。由于认识问题,多少年来,尽管生态资产权属明确,如我国国有林区或林场生态资产属于国家所有,集体林区生态资产属集体所有。但是,生态资产所溢出的生态产品却比较模糊,如林木等初级林产品属于权属人比较明确,但具有无形资产特征的景观、新鲜空气、清洁水源等权属却比较模糊,这类生态产品普遍存在无偿占有和无偿使用情况。因此,只有建立或完善相关制度,才有可能从根本上建立起资源有效利用的内在机制,促使资源资产化工作、市场化工作的进展。

(3)生态资源价值

所有的生态资源,包括未经人类劳动参与或者参与交易的天然生态资源,都是有价值的。资源的价值是资源所有权经济权益的具体体现,这种价值取决于资源对人类的有用性、稀缺性和开发利用条件等因素。生产生态产品的资源具有有用性和稀缺性,并且表现得越来越稀缺。在明确资产性质和产权的基础上,构建一套科学且能被社会接受的价值核算方法,是生态资产价值实现的重要条件。

(4)生态资源资产核算

生态资源资产核算是完善资产管理、实现资源价值和促进资源产业发展的重要手段,也是实现生态产品交换的基础性工作。实行价值核算制度是缓解和消除经济发展中资源危机、寻求长期利益和短期利益平衡的重要途径,有助于全面、客观、合理地评价经济社会发展程度、发展水平和未来发展潜力,有助于可更新资源不断补充和耗竭资源的有节制消费,有助于界定资源资产的所有权关系,有助于理顺资源产业内部及其与外部的关系。

(5)生态产品产业

生态产品产业是通过企业和社会投入进行保护、恢复、更新,增加和积累生态资源的生产事业，是协调经济系统、社会系统和自然生态系统关系，完善资源资产和产品市场管理，实现生态资源可持续利用的重要措施。

从前述有关"生态资产""生态产品"的理论阐述及有关生态资产属性的研究可以发现，资产和产品分属两种不同属性的层级，其逻辑关系详见图2-1，前者是现状、是存量、是"生产资料"、是生产生态产品的加工平台或溢出载体；后者是前者的产出物或溢出物，是动态的、可变的。这一边界划分很重要，直接关系到实践中相关工作范围的界定，更是直接影响到涉及生态资产和生态产品相关理论应用和工作方法学适用问题。

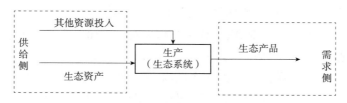

图 2-1　生态资产、生态产品关系图

说到生态资产，还应清楚生态资产和生态资产价值的区别和关系。生态资产是生态价值实现的基础和条件，因此价值包括资产存量的量化值和未来一定时期内资产收益的折现值。

可见，如果考察某特定生态资产存量值，核算的是资产投入量，如资金投入转为资产的现值，智力、行政资源、管理等投入固化而成的现状价值，以及已经固化的存量价值。而从生态资产价值来讲，其未来收益也是价值的一部分，这和传统意义上的资产收益的原理是一样的。

资产价值应满足如下公式：

$$V_T = V_S + V_F \tag{2-1}$$

式中：V_T——生态资产总价值；

V_S——生态资产存量价值；

V_F——生态资产功能价值（未来收益价值）。

可见，生态产品价值与生态资产是一个包含关系，即在某一特定时间，生态产品价值的内涵包括某具体生态资产存量价值和生态资产在未来一定期限内生产的溢出价值。

但存在一种特例，根据财税、公共产品理论的要义来分析，具有公共属性的生态产品价值，其具有公共属性的生态资产存量不应计入核算范围。

2.2.3　产品分类与价值评估目标协同性不强

构建生态产品价值核算体系的目标是为科学认识生态产品价值提供依据，为将生态效益纳入社会经济考评体系及生态补偿提供量化标准，为将"绿水青山"转化为"金山银山"的生态产品付费行为提供计量依据。

产品的目标是消费和使用，其交换或对价的核心是价值，生态产品也同样受制于这一经济规律。因此，如何计价或如何衡量生态产品的价值就成为生态产品价值实现的基础性问题。目前实践中相当一部分是采用生态产品价值总量（GEP）核算方法。

生态产品是一种新的业态，有关价值如何实现的研究很多、看法很多、争议和问题也很多。其中有关生态产品价值的核算方法问题是诸多争议的焦点，从前面的论述可知，现阶段开展的 GEP 核算一般直接套用生态系统服务功能价值评估体系，其对应的是 GDP 同一层级的宏观层面，采用的指标是粮食产量、水资源提供量、洪水调蓄量、污染净化量、土壤保持量、固碳量、自然景观吸引的旅游人数等间接（如粮食产量指标）与直接（如生态系统服务功能指标）的混合表达，这一方法学用于反映宏观趋势可行，但用于具体中观、微观表达则缺乏精准性和普适应，这也是难以被市场交易主体认可的主要原因。具体体现在如下几个方面。

一是核算对象与内容混淆。GEP 核算是对各个生态系统内产生的生态服务功能的所有潜在效用通过一些间接性产出指标来表达其价值，用于反映一种宏观性趋势是有意义的，而生态产品价值（VEP）核算要求对投入生态产品中的人类劳动或资源的价值进行计量，因此 GEP 核算对象、内容还不能满足微观主体生态产品价值实现的需要。

二是核算方法难以标准化。一方面，由于生态产品类型众多，且其形态复杂、动态变化、边界划分难等，这些特性额外增加了价值核算的难度；另一方面，国内外形成的一系列自然资源生态价值估算方法在应用到生态产品价值核算时也存在诸多争议。

三是核算结果实践指导意义不强。当前 GEP 核算得出的价值量过高，而且受主观因素影响弹性大，巨大的数值易将有用、敏感的信息淹没，直接应用于生态补偿、产品市场交易可接受度不高，社会公认性不强。

四是隔离于现有经济体系，不利于行业分工与发展。生态产品也是一种产品类别，应该是国民经济体系中的一类，如果人为地自成体系，不受所有现行体系、标准、规范的约束，不参与国家整体产业体系分工，很难融入社会经济发展，不利于行业发展和新业态生态体系的形成。

2.3 生态产品内涵与边界研究

2.3.1 生态产品定义

现阶段学界对生态产品的概念还没形成比较统一的观点[17]。全面把握生态产品的属性特征是促进其价值实现的重要一环。基于对生态产品概念的认识，学者们对其特征进行了阐释，总体来看，有如下几大特征：一是外部性，其为首要特征，而外部性来源于生态产品的公共物品属性，人们对其消费并不会排斥和影响他人的消费，有明显的价值外溢效应；二是整体性，生态产品效用的发挥往往在空间上具有整体连续性；三是多重价值性或价值多维性，一方面生态产品集使用价值和非使用价值于一体，另一方面其既具有经济价值也具有科学、审美、历史、宗教等非经济价值；四是空间差异性或地域性，由于自然基础、经济社会发展水平不同，以及供需水平存在差异，生态产品的生产成本和经济价值在不同区域呈现出较大差异；五是稀缺性，生态产品的供应相对有限，而需求日趋无限。此外，生态产品还具有可再生性、依附性、人类收益性等特征。

生态产品属于中国原创，是中国式现代化的重要内容，是当代中国生态文明思想理论与实践结合的硕果，本源是在理论及理论指导下形成的政策。因此，脱离政策无序泛化生态产品的内涵，不是政策的初衷，也不利于新业态的发展；尤其是因研究和观念的混乱，致使生态产品产业边界长时间不清，必然对国民经济产业体系带来混乱，这不是各界希望看到的局面。

因此，鉴于国家发展改革委公开发布的《生态产品总值核算规范》中已经明确了生态产品的定义为"生态产品是生态系统为经济活动和其他人类活动提供且被使用的货物与服务贡献，包括物质供给、调节服务和文化服务三类。"就应该以此为标准定义，不应再做学术上的争论。当然，随着工作的推进和研究的深入，可以进一步修正、完善对生态产品的边界与内涵的阐述。

2.3.2 生态产品内涵研究

政府发布的正式文件第一次提出的是2010年发布的《国务院关于印发全国主体功能区规划的通知》（国发〔2010〕46号），文件明确提出"提供生态产品的理念。人类需求既包括对农产品、工业品和服务产品的需求，也包括对清新空气、清洁水源、宜人气候等生态产品的需求。从需求角度，这些自然要素在某种意义上也具有产品的性质。保护和扩大自然界提供生态产品能力的过程也是创造价值的过程，保护生态环境、提供生态产品的活动也是发展。总体上看，我国提供工业品的能力迅速增强，提供生态产品的能力却在减弱，而随着人民生活水平的提高，人们对生态产品的需求在不断增强。因此，必须把提供生态产品作为发展的重要内容，把增强生态产品生产能力作为国土空间开发的重要任务。"这里指的生态产品包括几层含义，一是生态产品属于新业态，和农产品、工业品和服务产品处于并列地位。尤其注意到，《国务院关于印发全国主体功能区规划的通知》中明确生态产品中不包含粮食、蔬菜等农产品，这说明VEP与GEP存在差异，价值使用目标的表达存在明显区别。二是生态产品内涵主要指清新空气、清洁水源、宜人气候等自然环境资源溢出的功能产品。

党的十八大报告明确提出，要"增强生态产品生产能力"。在党的十八大报告大力推进生态文明建设的加大自然生态系统和环境保护力度部分，提出"良好生态环境是人和社会持续发展的根本基础。要实施重大生态修复工程，增强生态产品生产能力，推进荒漠化、石漠化、水土流失综合治理，扩大森林、湖泊、湿地面积，保护生物多样性。"进一步丰富了生态产品的内涵，首先，生态产品已经提升到生态文明建设范畴，是五位一体总体布局的重要内容和体制机制创新之一。其次，将增强生态产品生产能力与实施重大生态修复等生态保护修复置于同等重要的地位，从资产和产出理论分析，这是生态文明建设过程中一种典型的投入产出行为，是绿色高质量发展在生态建设领域的典型表征。换一种说法就是，生态保护和修复是通过资金、劳动和政策扶持等泛资本的投入，对生态系统、生物群落等生态资产进行优化和提升，增加其生态产品的溢出能力。

党的十九大报告指出，要"提供更多优质生态产品以满足人民日益增长的优美生态环境需要"。至此，生态产品的内涵不仅是生态文明建设的重要内容之一，而且是解决新时期主要社会矛盾的手段和路径。因此，生态产品的内涵已经远远超过了2010年提出时的范畴。

从"生态产品"字面分析，包括两个层面的底层逻辑，一是本底是生态，这种产品是由生态系统溢出的，这里的"生态"不是狭义的某一生态系统或群落，而是指广义的生物圈。从哲学范畴分析，生态包括自然、人和社会三大相互作用的构成要素，也是人与自然和谐的理论基础。一个以生态为基底溢出的产品，再上升到产业体系的规模和体量，绝不是某一特定的生态系统或群落，而是涵盖了自然属性和社会属性的整个生物圈；二是产品，回归哲学本源，产品通过市场交换成为商品，商品通过注入劳动才具有价值。可见，既然是产品，必然是浸入劳动成果，只是随着社会经济发展，劳动的形式已经多样化，除了直接的劳动生产外，公益或社会资源的注入，以及行政资源的嫁接，都是间接注入劳动的方式，均可以认定是产品包含的劳动成果。

随着生态产品价值核算试点研究的深入，结合前述相关理论要义的解读，生态产品的内涵体现在如下几个方面。

一是生态产品的生产者是自然生态系统和人类社会共同作用的结果。生态系统依赖于"自然、人和社会"命运共同体的关系基础，阐明了生态资产与非生态自然资源之间的边界关系，那种脱离"人和社会"关系，片面强调自然资源存在的所谓产品，不是生态资产，更不是生态产品，只有某项自然资源，通过与"人和社会"发生了关联，溢出了能被人类所消费的功能时，才能被称为生态资产，其溢出的功能或使用价值，才是生态产品。

二是物质供给类生态产品具有商品属性，以及产品需通过市场形成商品的特性，明确生态产品含有人与人之间的社会关系，为阐明生态产品价值实现机制提供经济学理论基础。应该清楚，物质供给类生态产品也是一种产品，产品通过交易或交换成为商品，产品具有使用价值才能通过交易体现其价值，物质供给类生态产品也难以脱离这一规律。

三是将生态产品内涵仅限于生态系统溢出的功能服务，展示了以生态系统为底座的生态产品与传统经济产品之间的本质区别，为提出更接近本源的生态产品分类奠定了基础。

2.3.3　生态产品的边界研究

除了上述从"生态产品"内涵外，实际上还有两个重要的边界限定。一是《国务院关于印发全国主体功能区规划的通知》把生态产品界定为和农产品、工业品和服务产品处于并列地位的第四类产品类别。二是明确了生态产品与基底环境主体功能的对应关系：一定的国土空间具有多种功能，但必有一种主体功能。从提供产品的角度划分，或者以提供工业品和服务产品为主体功能，或者以提供农产品为主体功能，或者以提供生态产品为主体功能。在关系全局生态安全的区域，应把提供生态产品作为主体功能，把提供农产品和服务产品及工业品作为从属功能，否则，就可能损害生态产品的生产能力。比如，草原的主体功能是提供生态产品，若超载过牧，就会造成草原退化、沙化。在农业发展条件较好的区域，应把提供农产品作为主体功能，否则，大量占用耕地就可能损害农产品的生产能力。因此，必须区分不同国土空间的主体功能，根据主体功能定位确定开发的主体内容和发展的主要任务。

产品是为社会与需求服务的，生态产品具有典型的中国特色，因此，在定义生态产品及研究其产业体系构建时，应充分理解相关政策精神，遵循初心和发展规律，清晰认识生态产品的边界。

（1）横向边界——自成一类

从产品横向看，生态产品的边界具有相对明晰独立的特性，是一种独立于现有产品分类的新类型，和农产品、工业品、服务产品是分离的独立体系，是来自新业态体系的溢出或产出。在产业分类中，应属于一个新的大类。

从产地横向上看，生态产品应产出自国土空间规划为以提供生态产品为主体功能的区域，也就是说生态产品应与主要生态空间相匹配。这个界定很重要，也是目前社会上被忽视的重要边界划定依据，对其忽视是导致社会上范围无限扩大、造成乱象的主要原因。

（2）纵向边界——源自生物圈基底

从产业分工来看，在三次产业及行业分类中，生态产品应属于一产。生态产品源自生态系统，而不是非生态系统，也不是单一的生物群落或单株植物本身。这与主体功能是对应的，单一群落或生物只有与环境和基底有机结合才能形成一个生态系统。

从产业链来看，进入二产后，可能就不是纯粹的生态产品了，而是一种混合产品，在价值核算时应清楚这种边界特征（其关系详见图2-2）。目前社会上存在一些借用生态产品炒作的情况，把所有的产品都往生态产品里装，很容易把市场搞乱，把生态产品搞滥，非常不利于行业的发展。

生态产品的纵向是有界限的，这是一个非常重要的理念。比如，因为生态环境优美，带动了生态康养和旅游业发展，其生态产品的界定是：因为政府资源的投入（政策、管理、人员劳动及财政资金）使生态环境逐步得到好转，进而改善了空气、水、土壤等环境，负氧离子溢出增加提升了精神感受，溢出的是环境价值产品，这种价值是通过旅游和康养产业获得收益来转化实现，但是旅游和康养还涉及建筑、交通物流、饮食等产业，可见，生态产品为这些服务产品的发展创造了条件，做了助力，实现了融合，但这些并不是生态产品。因此，在相关生态产品价值核算不是简单的价值累加，

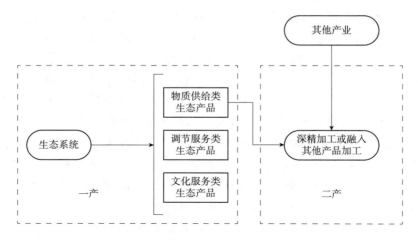

图 2-2 生态产品产业次序关系图

而是应该通过"有无"对比法核算因生态产品实现的价值增量。

背景 2-1 生态系统、生物群落概念

(一) 生态系统(ecosystem,简称 ECO)

生态系统是指在自然界一定的空间内,生物与环境构成的统一整体。在这个统一整体中,生物与环境之间相互影响、相互制约,并在一定时期内处于相对稳定的动态平衡状态。生态系统是开放系统,为了维系自身的稳定,生态系统需要不断输入能量,否则就有崩溃的危险。许多基础物质在生态系统中不断循环,其中碳循环与全球温室效应密切相关。

生态与环境构成生态系统,环境包括自然和社会两大部分,社会由人、社团及统治阶级构成,可见,影响生态系统及其多样性、稳定性的因素来自自然和社会两大方面[7],在一定时间尺度内区域性、流域性宏观生态系统往往会明显表征统治阶级的烙印[15],因此,在研究生态系统的功能溢出(生态产品生产能力)时,不可忽视社会环境的影响,如政策、管理等。

生态产品源自生态系统比较好理解,如森林、湿地、草地、荒漠等主要生态系统,国土空间规划赋予其主体功能就是生态安全,溢出的主要是生态服务产品。

(二) 生物群落(Ecological Biomes)

生物群落是指一定时间内居住在一定区域或环境内各种生物种群的集合。它虽由植物、动物和微生物等各种生物有机体构成,但仍是一个成分和外貌比较一致的组合体。一个群落中不同种群不是杂乱无章地散布,而是有序协调的生活在一起。生物群落的基本特征包括群落中物种的多样性、群落的生长形式(如森林、灌丛、草地、沼泽等)和结构(空间结构、时间组配和种类结构)、优势种(以体大、数多或活动性强而对群落的特性起决定作用的物种)、相对丰盛度(群落中不同物种的相对比例)、营养

结构等。

生物群落与生态系统存在明显区别，是包含关系。生态系统不仅包括生物群落还包括群落所处的环境，把二者作为一个由物质、能量和信息联系起来的整体。因此生物群落只相当于生态系统中的生物部分。

生物群落中的各种生物之间的关系主要有三类：

(1) 营养关系。当一个种以另一个种，不论是活的还是它的死亡残体，或它们生命活动的产物为食时，就产生了这种关系。又分直接的营养关系和间接的营养关系。采集花蜜的蜜蜂、吃动物粪便的粪虫，这些动物与作为它们食物的生物种的关系是直接的营养关系；当两个种为了同样的食物而发生竞争时，它们之间就产生了间接的营养关系。这时一个种的活动会影响另一个种的取食。

(2) 成境关系。一个种的生命活动使另一个种的居住条件发生改变，植物在这方面起的作用特别大。林冠下的灌木、草类和地被，以及所有动物栖居者都处于较均一的温度、较高的空气湿度和较微弱的光照等条件下。植物还以各种不同性质的分泌物（气体和液体的）影响周围的其他生物。一个种还可以为另一个种提供栖息所，如动物的体内寄生或巢穴共栖现象，以及树木干枝上的附生植物等。

(3) 助布关系。指一个种参与另一个种的分布，在这方面动物起主要作用。它们可以携带植物的种子、孢子、花粉，帮助植物散布。

营养关系和成境关系在生物群落中具有重要地位，是生物群落存在的基础。正是这两种相互关系把不同种的生物聚集在一起，把它们结合成不同规模且相对稳定的群落。例如，农田防护林网，因土地等基底环境属于农田或水利设施（沿渠侧造林），林网的树种一般较为单一，其主要功能是防风沙等。用生态系统定义有点牵强，更接近群落的成境关系，农田为防护林提供营养和水分，林网为农田挡风固土和调节局部气候。在考虑其生态产品时，只能考虑防护林网群落的生态服务功能。通道绿化、村庄绿化和经济林等都属于这种类型。

2.3.4 生态产品的特征研究

从生态产品的定义、内涵和边界研究可以发现生态产品的重要特征。例如，与其他产品类别功能的融合性和融合过程中价值计量的额外性，前者体现生态产品参与国民经济分工的作用，后者是计量生态产品价值及研究探索生态产品价值实现路径的关键因子，就目前来看，应该是生态产品研究的重大突破。

(1) 生态产品的功能融合性特征

生态产品并不分隔于物质世界和现有产业体系，由于社会分工和产业融合的需要，各产品类别互相交融，这存在两种情况。

一是生态产品与其他产品存在功能互益性。如农田林网，其所在的区域属于以农业为主要功能的区域，即国土空间规划定位的"以提供农产品为主体功能"的区域，主要功能目标就是生产农产品。为避免出现本末倒置的情况，确保粮食安全，农业功能区的次级产品——生态产品不应作为考核目标。但是，实际工作中又比较复杂，考核的目标侧重也存在多样性，以农业功能区来说，在确保农业生产的前提下，为了提升农产品品质和确保农业生产安全，有些地方需要建设农田林网。事实上，在平原或风沙地区配建农田林网，可实现传统的"一维"农业生态关系转为"多维"农林复合生态关系，最大限度地挖掘出土地、气候、生物等资源的利用率，为农业生产创造有利的外部条件，增加系统抵御自然灾害的能力，为农业产量和质量的提高提供保障。试验表明[18]，在同等条件下，有些地方的林网内农田水稻可增产5%~11%，百粒重平均增加6.5%，秕谷粒数减少30%，并增加穗数和穗粒数。大米品质也有所提高，营养成分测定结果显示，林网内产出的稻谷粗蛋白含量比对照区高18.8%，农业的优质、高效得以体现。同时，还因丰富了林副产品的供给，增加了林业碳汇，间接提升农业综合效益20%以上。

二是生态产品与其他产品的产业链增值性。生态产品属于一产，同时又是二产的原料，如林下药材是制药的原材料，甚至是三产的原料，再如林菜是餐饮业的原料。可见，生态产品可以是其他产品生产过程的原料，同理，其他产品也可以是生态产品的资源，如消防设施、作业管护工具等工业产品，是维持生态系统稳定的必要支撑。

（2）生态产品具有价值额外性特征

前述生态产品的功能融合性和增值性，是生态产品与其他产品的关联中表征的重要特性，这种特性的发现在生态产品价值核算中非常重要，导致目前学术界对生态产品概念理解争议大的原因很多，其中非常关键的一点就是对生态产品边界的忽视或典型特征的模糊。这关系到生态产品价值核算方法学问题，不论从产业体系、产品分类，还是生态补偿、生态贡献考核或生态产品价值交换，前提条件均是价值的合理量化。如果采取把农产品、水产品及产业链上相关和重叠的其他类别产品价值都作为生态产品计量进去的泛化方法，无形中放大了生态产品的价值数值，违反价值规律的方法本身就失去了科学性，这也是现实中导致生态产品价值难以实现的主要问题之一。

另外，学术界和实践中尚未触及的生态产品产业体系构建问题，但是作为一个新的产业，融入国民经济体系是必然的要求。要解决这个问题，最先面临的就是以什么样的产品门类纳入国家统计及报表系统，替代现有类别是一种办法，按照现在普遍接受的有关生态产品的定义，那替代的就是农产品、林产品、牧产品，按照这种逻辑，必然会引起整个国家产业分工和行业分类的大变动，实施起来的难度较大，可操作性不强。另一个办法是新增加一个"生态产品"大类。随着社会经济的发展，新增类别是通常的做法，这也是一个可行的方法，但是，如果生态产品与现有的农产品、林产品等多个类别混淆或重叠不清，没有明显的边界，必然导致不同产品类别统计数据打架。

本研究发现的生态产品与其他产品融合过程中存在价值额外性特征就能从根本上解决这个问题，也就是说，涉及生态产品与现有产品类别交融并产生促进作用的情况，生态产品价值只计量因生态作用所带来的价值增量，即额外性价值。

例如,前述的农田林网案例,在计量生态效益或生态产品价值时,忽略农田林网的生态价值显然不合理,也不利于生态建设和绿色高质量发展的目标,但将农产品全部纳入生态产品,忽略其生产农产品主要功能或将农产品与生态产品混淆叠用,显然也不科学。科学的策略是计量因农田林网的作用产生的额外价值。再如前述的生态旅游案例,只计量因生态产品为旅游发展创造了条件、做了助力而带来的溢价增量。

　　额外性的计量方法可以采取"有无"对比法,即在同一时限内,用有生态产品时的收益减去无生态产品时的收益。其计算公式如(2-2):

$$V = \sum_{i=1}^{n} (V_{y,i} - V_{w,i}) \tag{2-2}$$

式中:V——某特定区域生态产品的年价值(万元);

$V_{y,i}$——有某生态系统参与某特定区域i产品的年度收益(万元);

$V_{w,i}$——无某生态系统参与某特定区域i产品的年度收益(万元);

i,n——某特定区域参与核算的产品个数,$i=1,2,\cdots,n$。

第3章 以资产行为解构生态产品分级分类关系

广义上讲，生态产品是地球表层生物圈生产或溢出的初级物质、功能和服务。国内目前所聚焦的生态产品侧重在特定范围的生物圈，直观说是带有一定目标（政策引导）的生态资产生产或溢出的产品，即国土空间规划划定的主要承担生态功能的区域。从层级来分析，生物个体聚合形成生物群落，生物群落与自然环境构成生态系统，以生态系统为主体构成生物圈。

3.1 生态系统原真性与生态产品等级关系研究

根据人工干预程度，可将生态系统划分为自然生态系统、半自然生态系统和人工生态系统三大类。

3.1.1 自然生态系统

指未受人类干预和扶持，在一定空间和时间范围内，依靠生物和环境本身的自我调节能力来维持相对稳定的生态系统。如原始森林、冻原、海洋等生态系统。自然生态系统根据生态系统的环境性质和形态特征来划分，分为水生生态系统和陆地生态系统。

自然生态系统形成的生态资产多具有公共性。自然生态系统大多处于生态脆弱区、生态敏感区等重要生态功能区域，土地性质一般属于国有，国土空间规划划定的主要功能是生态保护和生态安全，维持着人类赖以生存的生命支持系统，包括空气和水体的净化、缓解洪涝和干旱、土壤的产生及其肥力的维持、分解废物、生物多样性的产生和维持、气候的调节等。

自然生态系统生产的物质供给类的生态产品没有任何人工干预，物质供给类生态产品生长在原始生境，是纯天然的，产品等级最高——纯天然级。

3.1.2 半自然生态系统

指经过了人为干预，但仍保持了一定自然状态的生态系统，如天然放牧的草原、人类经营和管理的天然林等。半自然生态系统是介于人工和自然生态系统之间的一种生态系统，它以自然生态系统作为中心，以人类活动为手段，通过人类活动作用于自然生态系统，从而服务于双方。因此，半自然生态系统发展的好坏在一定程度上反映出了人与自然关系和谐状况，可以说半自然生态既是反映人与自然关系和谐状况的物质载体，又是促进人与自然关系和谐的现实路径与平台。这一点有别于按照人类的某种或几种需求建立的，由人为控制运行或受人类强烈干预的人工生态系统[19]。

半自然生态系统形成的生态资产视具体功能具有公益性、公共性和个性化等多重性质，其中公益性和公共性为主要属性，局部区域的生态资产显示个性化特征。半自然生态系统包括人工经营的林场、草场(典型的有集体林场、牧场)，人工经营的森林(典型的有商品林)，近自然修复的林地、草地(生态修复后的林地、草地)。

半自然生态系统根据人工干预程度，其溢出的生态产品部分为二级产品——近天然级，部分产出为三级产品——近自然级。

3.1.3 人工生态系统

指按人类的需求建立起来，受人类活动强烈干预的生态系统，它决定于人类活动、自然生态和社会经济条件的良性循环。人类对于自然生态的作用，主要表现在人类对自然的开发、改造上。例如，农业生产不仅改变了动植物的品种和习性，也引起了气候、地貌等变化。发展人工生态系统，减少自然生态系统压力，是人类社会可持续发展必然要考虑的对策。不同的社会制度、生产关系和生产力水平，制约着人的活动能力和对自然资源的利用方式，从而也深刻影响着人类活动与自然条件。

人工生态系统有显著的特点。一是社会性，即受人类社会的强烈干预和影响。二是易变性，或称不稳定性，易受各种环境因素的影响，并随人类活动而发生变化，自我调节能力差。三是开放性，系统本身不能自给自足，需依赖于外系统，并受外部的调控。四是目的性，人工生态系统运行目的不是为维持自身的平衡，而是为满足人类的需要。

所以人工生态系统是由自然环境(包括生物和非生物因素)、社会环境(包括政治、经济、法律等)和人类(包括生活和生产活动)三部分组成的网络结构。人类在系统中既是消费者又是主宰者，人类的生产、生活活动必须遵循生态规律和经济规律，才能维持系统的稳定和发展，包括城市生态系统、农田生态系统、人工林生态系统、人工灌草地、果(茶)园等经济林生态系统等。

人工生态系统的目标性比较明确，如商品林地的目的就是实现林业产品高效化，林地权属多归集体或个人，其生态资产以个性化经营为主，局部也具有公共性，甚至公益性特点，如商品林地中的天然林。

人工生态系统提供的物质供给类生态产品等级最低——近自然等级(三级)。要求品种属于本地自然分布生长的种源，其生境为呈正向好转的生态系统性结构与环境，可以有适度的人为生产经营活动参与，且对整体生态功能不产生负面影响。

从生态产品的行业分类及产品属性分析，农田生态系统主要功能是生产粮食，其产品属于农产品，不应存在除农田林网外的其他生态产品；城市是人生产、生活的空间，城市生态系统主要功能是调节、改善人居环境，因此城市建成区也不能或很少提供物质供给类生态产品。可见，在生态产品价值核算中，为避免结果与交换目标的错位，生态资产的分类应紧盯生态产品对价目的开展，尤其是物质供给类生态产品，由于生态产品使用属性与生态系统形成的原真性和影响力有密切的关联，直接决定其溢出的生态产品等级(详见图3-1)。

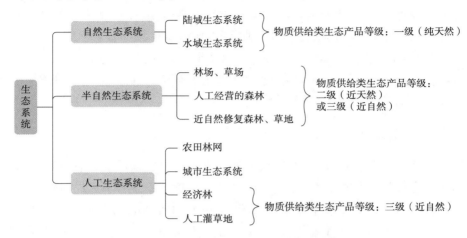

图3-1 生态系统原真性与生态产品等级关系图

3.1.4 生态产品等级

物质供给、调节服务和文化服务三大生态产品类别均产自生态系统，而与人类饮食密切相关且与健康具有直接相关性的是物质供给类生态产品，因此在研究生态产品等级时，主要考虑的是物质供给类生态产品。

表征上物质供给类中的生物质供给类生态产品与农产品具有高度相似性，实践中很容易混淆，尤其是有机农产品，很容易让人产生误解。生物质供给类生态产品和农产品等的根本区别在于产地，因此以产地(即供给侧)研究其分类、认证和质量安全追溯体系，是最能反映生态产品特征，也是最科学合理的划分方法。

按照产地分级原则，基于人工干预程度划分的自然生态系统、半自然生态系统和人工生态系统，可将生物质类物质供给类生态产品划分为三级。

（1）一级生态产品，由自然生态系统产出。保持原真性的自然生态系统大多处于生态脆弱区、生态敏感区等重要生态功能区域，没有人工干预或除了科研等少量正向干预，不存在其他的干预，物质供给类生态产品生长在原始生境，属于纯天然，产品等级最高——纯天然级。

（2）二级产品，人工良性干预的半自然生态系统部分产出。存在一定的人为干预，但仍保持了一定自然状态的半自然生态系统，是介于人工和自然生态系统之间的一种场景，人工干预程度存在轻重之分。将那些人放天养或人种天养的自然分布生长的原产地种源，处于稳定的生态系统结构中，生境良好，即使存在少量人为保护修复活动参与，一般对整体生态功能不会产生负面影响，这种场景生产的生态产品，等级列为中等——近天然级。

(3)三级产品,人工干预较重的半自然生态系统和人工生态系统产出。一是将那些人工干预涉及生长过程(非人放天养或非人种天养类)的自然分布生长的原产地种源的生态产品,列为近自然等级(三级)。二是按人类的需求建立且受人类活动强烈干预的人工生态系统,林地权属多属于集体或个人,其生态资产以个性化经营为主,局部也具有公共性,甚至公益性特点,如商品林地中的天然林。将那些品种属于自然分布生长的本地种源,其生境呈正向好转状态,且人为生产经营活动对整体生态功能不产生负面影响的人工生态系统生产的产品纳入生态产品,也列为近自然等级(三级)。

3.2 以生态系统为视域的生态产品分类研究

生态系统一词最先由英国植物生物学家亚瑟·乔治·坦斯利爵士(Arthur George Tansley)于1935年提出。目前,生态系统这一概念已得到广泛使用。2001年,联合国组织了来自95个国家的1300多名科学家,首次对全球生态系统开展了多层次的综合评估;2005年,正式发布了题为《千年生态系统评估》(millennium ecosystem assessment,MEA)的研究报告。该报告把生态系统界定为:由植物、动物和微生物群落,以及无机环境相互作用而构成的一个动态、复杂的功能单元[20]。

生态学家Odum等[21]把生态系统功能(ecosystem functions)定义为生态系统的各种生境的、生物的或系统的特点或过程。生态系统具有三大基本功能,即物质循环、能量流动和信息传递。物质循环功能是指地球上各个库中的生命元素(碳、氧、氮、磷、硫等)的全球或区域的生物地球化学循环过程。能量流动功能是指各种能量在生态系统内部的输入、传递和散失的过程。信息传递功能是指构成生态系统的各组分之间进行物理信息、化学信息、行为信息和营养信息的双向传递过程。

保罗·埃尔利希(Paul Ehrlich)在对"环境服务""自然服务"等相关概念进行梳理的基础上,首次提出生态系统服务(ecosystem services)的概念。罗伯特·科斯坦萨(Robert Costanza)等把生态系统服务界定为人类直接或间接地从生态系统功能中获得的收益。MEA对生态系统服务的定义基本上采用了Costanza等的观点,并把生态系统服务划分为四大类,即生态系统在提供食物和水等方面的供给服务(provisioning services),在调控洪水和疾病等方面的调节服务(regulating services),在提供精神、消遣和文化收益等方面的文化服务(cultural services),以及在养分循环等方面维持地球生命条件的支持服务(supporting services)。目前,国内外已普遍采用MEA对生态系统服务的定义[22]。

生态系统功能与生态系统服务是两个不同的概念,但两者又紧密相关。生态系统功能侧重于反映生态系统的自然属性,即使没有人类的需求,生态系统功能依旧存在;生态系统服务则基于人类的需求和偏好,反映了人类对生态系统功能的利用。如果没有人类需求,生态系统服务也就无从谈起。生态系统功能是维持生态系统服务的基础,其多样性对于持续提供产品与服务至关重要。生态系统服务是由生态系统功能产生的，是生态系统功能满足人类需求的一种表现。两者之间有一定的对应关系，但并非一一对应。一种生态系统服务可能由两种或以上功能共同产生，一种功能可能同时参与两种或以上的生态系统服务的产生过程。

3.2.1 生物圈和生态系统的关系

生态资产是生产生态产品的基础和"制造厂"，从生态功能区划和生态产品定义解析，与生态产品对应的资产是国土空间规划划定主要提供生态功能的区域，从物理空间和构成要素分析，这些区域表征的是体现各自区域环境特征的生态系统。可见，生态系统是存在空间阈值的，而生物圈是广义的。

生物圈(biosphere)是指地球上所有生态系统的统合整体，是地球的一个外层圈。它包括地球上有生命存在和由生命过程变化和转变的空气、陆地、岩石圈和水。从地质学的广义角度来看，生物圈是结合所有生物以及它们之间的关系的全球性的生态系统，是一个封闭且能自我调控的系统。一般认为生物圈是从35亿年前生命起源后演化而来的[23]。生物圈主要由生命物质、生物生成性物质和生物惰性物质三部分组成。生命物质又称活质，是生物有机体的总和；生物生成性物质是由生命物质所组成的有机矿物质相互作用的生成物，如煤、石油、泥炭和土壤腐殖质等；生物惰性物质是指大气低层的气体、沉积岩、黏土矿物和水。

生物圈包括海平面以上约10000米至海平面以下10000米处，包括大气圈底部（可飞翔的鸟类、昆虫、细菌等）、岩石圈的表面（一切生物的"立足点"）、水圈的全部（距离海平面150米内的水层）。生物圈为生物的生存提供了基本条件：营养物质、阳光、空气、水、适宜的温度和一定的生存空间。但是，大部分生物都集中在地表以上100米到水下100米的大气圈、水圈、岩石圈、土壤圈等圈层的交界处，这里是生物圈的核心。

生物圈里繁衍着各种各样的生命，为了获得足够的能量和营养物质以支持生命活动，在这些生物之间，存在着吃与被吃的关系，形成各种食物链或生命链，这就是生物圈的自我调节能力。

生物圈中的各种生物，按其在物质和能量流动中的作用，可分为生产者、消费者和分解者。

生产者：绿色植物，光合作用是主要生产过程。可以说，绿色植物的光合作用是生物圈中所有生命和能量来源的基础，它不仅满足了绿色植物自身生长、发育、繁殖的需要，而且为生物圈中的其他生物提供了基本的食物来源，是食物链的最底端。

消费者：消费者属异养型生物，包括草食动物和肉食动物。这些消费者不能直接利用太阳能来生产食物，只能通过直接或间接地以绿色植物为食获得能量。根据不同的取食地位，又可以分为直接依赖植物的枝、叶、果实、种子和凋落物为生的一级消费者，如蝗虫、野兔、鹿、牛、马、羊等食草动物；以草食动物为食的肉食动物为二级消费者，如黄鼠狼、狐狸、青蛙等；肉食动物之间存在着弱肉强食的关系，其中的强者成为三级和四级消费者。这些高级的消费者是生物群落中最凶猛的肉食动物，如狮、虎、鹰和水域中的鲨鱼等。有些动物既食植物又食动物，称为杂食动物，如某些鸟类和鱼类等。消费者在生态系统的物质和能量转化过程中处于中间环节。

分解者：主要指微生物，可将有机物分解为无机物。分解者是生态系统中将动植物残体、排泄物等所含的有机物质转换为简单的无机物的生物。主要包括细菌、真菌、原生动物、小型无脊椎动物、异养生物。分解者的作用在生态系统中的地位极其重要，如果没有分解者，动植物残体、排泄物等无法循环，物质将被锁在有机质中不能被生产者利用，生态系统的物质循环终止，整个生态系统会崩溃。

这三类生物与其所生活的无机环境一起，构建起物质、能量循环，形成一个完整的生态系统：生产者从无机环境中摄取能量，合成有机物；生产者被一级消费者吞食以后，将自身的能量传递给一级消费者；一级消费者被捕食后，再将能量传递给二级、三级，直至食物链的顶级；当有机生命死亡以后，分解者将它们再分解为无机物，把来源于环境的，再复归于环境。这就是一个生态系统完整的物质和能量流动。只有当生态系统内生物与环境、各种生物之间长期的相互作用下，生物的种类、数量及其生产能力都达到相对稳定的状态时，系统的能量输入与输出才能达到平衡；反过来，只有能量达到平衡，生物的生命活动才能相对稳定。所以，生态系统中的任何一部分都不能被破坏，否则就会打乱整个生态系统的秩序。

就生物圈物质循环而言，似乎消费者可有可无，因为只要有生产者和分解者就能完成闭环。但从化石记录来看，生物进化史的几次大灭绝，都和消费者的种群大小有着不可分割的关系。地球历史上出现的几次冰河时期一般都认为是光合植物的过度增殖，过度的光合作用释放的氧气打破了大气成分的平衡，二氧化碳等温室气体被消耗及被氧气替代而造成全球性大降温，并导致冰河期极其惨烈的生物灭绝。也正是动物的出现，才把冰河期的间隔拉长，把冰河期对生物圈的破坏降至最低。

由此可见，消费者并不是可有可无的，仅靠分解者难以竞争过生产者，只有消费者的加入，生物圈的物质循环才会实现动态平衡。同样的道理，消费者的过度强大，也会打破这种平衡。随着现代人口的膨胀和工农牧业的发展，过度消费导致二氧化碳排放加大，生态的破坏使生产者不断被抑制，直接结果是大气环境温度不断升高，冰川融化加速海平面提升，全球变暖的生态危机已引起全球高度重视，碳汇成了当今全球的热门话题。

人是生物圈中占统治地位的生物，能大规模地改变生物圈，使其为人类的需要服务。然而，人类毕竟是生物圈中的一个成员，必需依赖于生物圈提供的一切资料生活。人类对生物圈的改造应有一定限度，超过限度就会打破生物圈的动态平衡，造成严重后果。在地球上出现人类以后大约 300 万年的时间里，人类与其周围的生物和环境处于相对合理的平衡之中，即使局部平衡被打破，也可以通过自然的调节机制重新构建平衡，最典型的就是生态危机，通过这种机制迫使人类迁徙、改变行为准则等。

所以说，研究生态产品价值实现不是泛生态，而是站在实现生物圈可持续发展和稳定的宏观视域下，研究如何引导生物圈的生态系统提供更多更好的产品服务于人类的美好生活。这种生态产品是有一定限定或承载一定目标性的狭义生态产品。

3.2.2 生态系统及主要功能

生物圈存在几大主要生态系统，不同的分类角度有所区别，为了与生态产品总值核算保持一致，本研究参照《生态产品总值核算规范》中的生态系统分类，将生物圈的生态系统分为森林、草地、农田、湿地、荒漠、城市、海洋七大生态系统。

3.2.2.1 森林生态系统

根据《森林生态系统定位研究站建设技术要求》(LYT 1626—2005)定义，森林生态系统(forest ecosystem)是以乔木为主体的生物群落(包括植物、动物和微生物)，具有随时间和空间不断进行能量交换、物质循环和能量传递的有生命及再生能力的功能单位。从其定义可以分析出，涉及能源交换、物质循环和能量传递，必然包涵了与其相关的非生物环境的光、热、水、气、土壤等要素，也就是说，森林生态系统是由生物群落和非生物环境综合组成的生态系统。

在地球陆地上，森林生态系统是最大、生物总量最高的生态系统，对陆地生态环境有决定性的影响。与其他陆地生态系统相比，森林生态系统有着最复杂的组成、最完整的结构，且能量转换和物质循环最旺盛，因而生物生产力最高，生态效应最强。具体体现在空间广度、物种多样性和生产力几个方面。

(1) 森林占据空间大，林木寿命延续时间长，生态系统稳定性相对较好

一是森林的水平分布面积广，截至2022年，中国森林面积2.2亿公顷，森林覆盖率达到23.04%，北起大兴安岭，南到南海诸岛，东起台湾地区，西到喜马拉雅山，在广阔的国土上到处都有森林分布。二是森林垂直分布高度差大，中国陆地植被分布的最低海拔在吐鲁番盆地，低至-154.31米。植被分布高海拔一般可以达到终年积雪的下限，在低纬度地区分布可以高达4200米~4300米。三是森林群落高度高于其他植物群落。生长稳定的森林，群落高度一般在30米左右，热带雨林和环境优越的针叶林，其高度可达70~80米。有些单株树木，高度甚至可以达100多米。而草原群落高度一般只有20~200厘米，农田群落高度多数在50~100厘米之间。森林的主要组成是乔木，大多形成乔灌草混交林，结构相对稳定。乔木生长期长，千年古树屡见不鲜。据资料记载，苹果树能活到100~200年，梨树能活300年，核桃树能活300~400年，榆树能活500年，桦树能活600年，樟树、栎树能活800年，松、柏树的寿命可超过1000年。从生物质产品收获的角度看，好像不如农作物的贡献大。但从生态产品的公益性或公共性角度看，却能够长期起到覆盖地面、改善环境的作用。正因为森林生态系统在空间和时间上具有这样的优势，总体而言，生物圈中森林对环境的影响面最大，持续期最长，防护作用不可替代，综合效益最为显著。

(2) 森林是物种宝库，生物生产量高

森林环境里繁衍着众多的森林植物种类和动物种类。据有关资料说明，地球陆地

植物有90%以上存在于森林中,或起源于森林;森林中的动物种类和数量,也远远大于其他陆地生态系统。而且森林植物种类越多,发育越充分,动物的种类和数量也就越多。多层林、混交林内的动物种类和数量,比单纯林要多得多;成熟林比中、幼林又多。研究资料表明,在海拔高度基本相同的山地森林中,混交林比单纯林的鸟类种类要多70%~100%;成熟林中的鸟类种类要比幼林多1倍以上,其数量多4~6倍。在森林分布地区的土壤中,也有着极为丰富的动物和微生物。主要的生物种类有藻类、细菌、真菌、放线菌、原生动物、线形虫、环节动物、节足动物、哺乳动物等。据统计,1平方米表土中,有数百万个细菌和真菌,数千只线形虫。在稍深的森林土层中,1立方米土体就有蚯蚓数百条乃至上千条。森林有很高的生产力,加之森林生长期长,又经过多年的积累,其生物量比其他任何生态系统都高。因此,森林除了是丰富的物种宝库,还是最大的能量和物质的贮存库,是名副其实的"粮库、水库、碳库、钱库",这都是生态产品的源泉。

(3) 森林是可以更新的资源,繁殖能力强,生产力水平高

老龄林可以通过自然繁殖进行天然更新,或者通过人工造林进行人工更新。森林只要不受人为或自然灾害的破坏,在林下和林缘不断生长幼龄林木,形成下一代新林,并且能够世代延续演替下去,不断扩展。在合理采伐的森林迹地和宜林荒山荒地上,通过人工播种造林或植苗造林,可以使原有森林恢复,生长成新的森林。森林的多种树木,繁殖更新能力很强,而且繁殖的方式随着树种的不同而又多种多样。有用种子繁殖的,叫有性繁殖;有用根茎繁殖的,叫无性繁殖。树木种子还长成各种形态和具备多种有利于其传播繁殖的功能,如有的种子带翅,有的外披绒毛,甚至还有被称为"胎生"的。种子或幼体依靠自然力传播的方式有风播、重力播、水播和鸟兽传播等。小粒种子主要靠风播,如马尾松、黄山松、云杉等树种的种子,可以借助于风力传播到距离母株100~300米远的位置。生翅或带毛的柳树、桦木等树种的种子,可飞散到1~2千米的地方。因此,这些树种往往能在远离原森林或母树的荒山荒地繁殖成林。大粒种子或果实,多半依靠自身的重力传播,如麻栎、板栗、银杏等大树周围,往往有成群的幼树生长。但是,如果母树生长在坡地上,重力作用也能使种子滚到10~30米以外。种子随水漂浮扩散的树种有柳、枫杨、椰子、红树等,但红树的不同点是:先在母体上萌发生"根"(下胚轴),而后再随水漂到浅滩,所以能立即扎根生长。随水漂流最远的椰子可以在数百千米外的海滩上安身。有些树种的种子和果实是被鸟兽啄食、搬运而得到传播的,如红松种子常常作为松鼠贮备的食物遗留在土中而在远处繁殖起来;有些果树的果实如桑椹等,经过鸟兽啄食以后将种子丢弃,或种子随排泄物落地,而散播到别处。无性繁殖的树种很多,杨树可用茎干繁殖;杉木、桦树等的根颈部能萌芽更新;泡桐的根可再发新苗;竹类的地下鞭茎冬春发苗成竹。

森林不仅能够为人类提供大量的木材、林副等生物质类产品和调节服务产品,而且在维持生物圈的稳定、改善生态环境等方面起着重要作用。

地球上森林生态系统的主要类型有四种,即热带雨林、亚热带常绿阔叶林、温带

落叶阔叶林和北方针叶林。

森林生态系统具有丰富的物种多样性、结构多样性、食物链、食物网及功能过程多样性等特点，形成了分化、分层、分支和交汇的复杂的网络特征。生态系统的格局和过程是认识和揭示复杂的森林生态系统的自组织、稳定性、动态演替与演化、生物多样性的发生与维持机制、多功能协调机制，以及森林生态系统的经营管理与调控的基础。森林生态系统的组成与结构的多样性及其变化，涉及从个体、种群、群落、生态系统、景观、区域等不同的时空尺度，其中交织着相当复杂的生态学过程，且在不同时空尺度、复杂过程中又会溢出相应的生态产品。生态系统的格局、过程和尺度具有点对点的特征，即在单一尺度上的观测结果只能反映该观测尺度上的格局与过程，在一个尺度上得到的结果，应用于另一个尺度上时，往往展示出不同的效果，从而表征出森林景观的丰富性。这些内在机理奠定了森林生态系统生态产品核算方法的内在逻辑，同时也决定生态产品价值核算的范围只能是大、中尺度上，应尽量规避掉微观阈值的变化性。

因此，在有关生态资产和生态产品的核算中，应立足当地特定区域和生态环境要素划分计量范围，一般以属性相对完整的特定区域或生态系统为核算单元，以时段设定，以及样方或抽样核查为方法，评判一定尺度空间生态产品的计量或核算依据。

3.2.2.2 草地生态系统

依据《中华人民共和国草原法》规定，草原是指天然草原和人工草地，其中天然草原包括草场、草山和草坡，人工草地包括改良草地和退耕还草地。在实际应用中，草原和草地是同义词。

草地生态系统(grassland ecosystem)是指以草本植物和食草动物为主体的生物群落与其非生物环境相互作用形成的功能整体。一般指在中纬度地带大陆性半湿润和半干旱气候条件下，由多年生耐旱、耐低温、以禾草占优势的植物群落的总称，是以多年生草本植物为主要生产者的陆地生态系统。草地生态系统具有防风、固沙、保土、调节气候、净化空气、涵养水源等生态功能。草地生态系统是自然生态系统的重要组成部分，对维系生态平衡、地区经济、人文历史具有重要地理价值。

生产者：草地生态系统中的生产者的主体是禾本科、豆科和菊科等草本植物。其中优势植物以禾本科为主。如针茅属具有"草原之王"的称谓。禾本科植物的叶片能够充分利用太阳光能，能忍受环境的激烈变化，对营养物质的要求不高，还具有耐割、耐旱、耐放牧等特点。这些草本植物是草地生态系统中其他生物的食物来源，也是草地生态系统进行物质循环和能量循环的物质基础。气候对草地生态系统的生产者组成有明显的影响。温带草原以耐寒、耐旱的多年生草本植物占优势，如针茅属、羊茅属等，并混生耐旱的小灌木；高山高原草地生态系统以非常耐寒的矮生草本植物占优势，并常混生一些垫状植物和其他高山植物；热带亚热带稀树草原生态系统以黍族禾草为主，并混生一些耐旱的乔木和灌木。

消费者：为草地生态系统中的异养生物。直接或间接依赖于生产者生产的有机物质为营养来源。按其在营养级中的地位和获得营养的方式不同可分为：①草食动物，是直接采食草类植物来获得营养和能量的动物，如一些草食性昆虫（如蝗虫、草地毛虫）、啮齿类动物（如黑线仓鼠、达乌尔鼠、莫氏田鼠、五趾跳鼠等）和大型食草哺乳动物（如野兔、长颈鹿、黄牛、牦牛、绵羊、山羊、野马、野驴、骆驼、斑马等）。食草动物又被称为一级消费者或初级消费者。②食肉动物，是以捕食食草动物来获得营养和能量的动物，以捕食为生的猫头鹰、狐狸、鼬、蛙类、狼、獾等占优势。这些以食草动物为食物的动物又被称为二级消费者或次级消费者。

分解者：亦为异养生物，其作用是把动植物残体的复杂有机物分解为简单无机化合物供给生产者重新利用，并释放出能量。草地生态系统中的分解者是一些细菌、真菌、放线菌和土壤小型无脊椎动物，如蚯蚓、线虫等。它们在草地生态系统的物质循环中起着非常重要的作用。

非生物环境：指无机环境，是草地生态系统的生命支持系统，包括：草地土壤、岩石、砂、砾和水等，构成植物生长和动物活动的空间；参加物质循环的无机物和化合物；连接生物和非生物成分的有机质（如蛋白质、糖类、脂肪和腐殖质等）；气候或温度、气压等物理条件。

草原生态系统中能量沿食物链而流动的情况，用弗兰克·B. 戈利（F. B. Golley）1959 在美国密歇根地区对禾草草原的研究例子说明。生产者为禾草，第一级消费者为田鼠及蝗虫，第二级消费者为黄鼠狼。植物对太阳能的利用率约为 1%，田鼠消费植物总净初级生产力约为 2%，由田鼠转移给黄鼠狼约 2.5%。大部分能量损失于呼吸消耗。在热带稀树草原上，植物组成的饲用价值不高，植物中含有大量粗纤维和二氧化硅，氮（N）、磷（P）含量很低，N 约 0.3%~1%，P 约 0.1%~0.2%。因此，初级生产量虽高，但草原动物生物量仍很低。如非洲坦桑尼亚稀树草原上，主要草食动物为野牛、斑马、角马、羚羊与瞪羚，当植物量为每公顷 24 吨时，食草动物量仅每公顷 7.5 千克。

一般所说的草地主要指地带性草原，是地球上草地的主要类型。草原生态系统是重要的畜牧业生产基地及重要的生态屏障。世界草原总面积约 2400 万平方千米，为陆地总面积的六分之一，大部分地段是天然放牧场。

根据草原的组成和地理分布。可分为温带草原与热带草原两类。前者分布在南北两半球的中纬度地带，如欧亚大陆草原、北美大陆草原和南美草原等。这里夏季温和，冬季寒冷，春季或晚夏有一明显的干旱期。由于低温少雨，草群较低，其地上部分高度多不超过 1 米，以耐寒的旱生禾草为主，土壤中以钙化过程与生草化过程占优势。后者分布在热带、亚热带，其特点是在高大禾草（常达 2~3 米）的背景上常散生一些不高的乔木，故被称为稀树草原或萨王纳（Savanna）。这里终年温暖，雨量常达 1000 毫米以上，在高温多雨影响下，土壤强烈淋溶，以砖红壤化过程占优势，比较贫瘠。但一年中存在一个到两个干旱期，加上频繁的野火，限制了森林的发育。

中国的草原生态系统是欧亚大陆温带草原生态系统的重要组成部分。其主体是东北—内蒙古的温带草原。根据自然条件和生态学区系的差异,我国的草原生态系统分为三个类型:草甸草原、典型草原、荒漠草原。

综观世界草原,虽然从温带分布到热带,但它们在气候坐标轴上却占据固定的位置,并与其他生态系统类型保持特定的联系。在寒温带,年降雨量150~200毫米的地区已有大面积草原分布,而在热带,这样的雨量下只有荒漠分布。水分与热量的组合状况是影响草原分布的决定因素,低温少雨与高温多雨的配合有着相似的生物学效果。概言之,草原处于湿润的森林区与干旱的荒漠区之间。靠近森林一侧,气候半湿润,草群繁茂,种类丰富,并常出现岛状森林和灌丛,如北美的高草草原、南美潘帕斯草原、欧亚大陆温性草甸草原及非洲的稀树草原。靠近荒漠一侧,雨量减少,气候变干,草群低矮稀疏,种类组成简单,并常混生一些旱生小半灌木或肉质植物,如北美的矮草草原、我国的荒漠草原,以及俄罗斯、东欧的半荒漠等。总的来看,草原因受水分条件的限制,其动植物区系的丰富程度及生物量均较森林为低,但显著比荒漠高。值得指出的是,如与森林和荒漠比较,草原动植物种的个体数目及较小单位面积内种的饱和度相对丰富。

草原的净初级生产力变动较大,对温带草原而言,从荒漠草原每年每公顷0.5吨到草甸草原每年每公顷15吨;热带稀树草原生产力高一些,一般每年每公顷2~20吨,平均可达每年每公顷7吨。在草原生物量中,地下部分常常大于地上部分,气候越是干旱,地下部分所占比例越大。草原的土壤微生物的生物量通常很高,如加拿大南部草原当植物生物量为每平方米434克时,30厘米土层内土壤微生物量达每平方米254克;我国内蒙古草原土壤微生物的取样分析结果也与之相近。

草原生态系统有着丰富的生态产品。草原上不仅生活着大量的牧草和牲畜,还生活着许多其他动植物和微生物。草原上的动物种类繁多,由于气候干旱,草原上鱼类、两栖类和爬行类动物较少,但却是许多昆虫、鸟类和哺乳类,尤其是啮齿类动物的乐园,也分布着许多珍稀动物。草原生态系统在水土保持和防风固沙等方面起着重要作用。与干旱少雨的气候条件相适应,草原植被的根系发达,对土壤有较强的固着作用;茂密的茎叶能够阻挡风雨对土壤的侵蚀;土壤中动物和微生物的活动使土壤多孔而疏松,能够吸纳雨水,减少地表径流,进而保持水土。草原是人类的畜牧业基地,草原上的牲畜不仅能够为人类提供大量的肉和奶等食品,还能为人类提供重要的工业原料。

3.2.2.3 农田生态系统

农田生态系统(Farmland ecosystem)是指以农作物为主体的生物群落与其非生物环境相互作用形成的功能整体。人类在以作物为中心的农田中,利用生物和非生物环境之间,以及生物种群之间的相互关系,通过合理的生态结构和高效生态机能,进行能量转化和物质循环,并按人类社会需要进行物质生产的综合体。它是农业生态系统中的一个主要亚系统,是一种被人类驯化了的生态系统。农田生态系统不仅受自然规律的制约,还受人类活动的影响;不仅受自然生态规律的支配,还受社会经济规律的支配。

(1) 农田生态系统的组分

与自然生态系统一样，农田生态系统也包括生物与环境两大组分。与自然生态系统不同的是，农田生态系统的两大组分都受人为的支配和干预。

生物组分：农田生态系统的生物，按功能区分可以分成以绿色作物为主的生产者，以动物为主的大型消费者和以微生物为主的小型消费者。然而在农田生态系统中，占据主要地位的生物是经过人工驯化的农作物、人工林木等，其次是一些人工放养于农田的某些动物，以及与这些农业生物关系密切的生物种群，如专食性害虫、寄生虫、根瘤菌等。由于人类有目的地选择与控制，其他的生物种类和数目一般较少，生物多样性显著低于同一地区的自然生态系统。

环境组分：农田生态系统的环境组分包括自然环境组分和人工环境组分两部分。自然环境组分是从自然生态系统中继承下来的部分，但都不同程度地受到了人类的调节与控制，如作物群体内的温度、光照、土壤的理化特性等。人工环境组分主要指对农田生态系统的各种社会资源的投入。如施肥、灌溉、防治病虫害、设施栽培等。人工环境组分是自然生态系统中不存在的，通常以间接的方式对生物施加影响。

(2) 农田生态系统的基本结构

农田生态系统的基本结构包括时间结构、空间结构、营养结构。

时间结构：随着季节变化而种植不同作物形成的结构。在农田生态系统中时间结构反映各物种在时间上的相互关系，同时也反映每个物种所占的时间位置。如农田生物类群有不同的生长发育阶段、生态类型和季节分布类型，适应不同季节的作物按人类需求可以实行复种、套作或轮作，占据不同的生长季节，这是提高复种指数的有效手段之一。

空间结构：空间结构是指农田生态系统中各个组成成分的空间配置，又分为水平结构与垂直结构。水平结构是指一定区域内，水平方向上各种农田生物类群的组合与分布，即由农田中多种类型的景观单元所组成的农田景观结构。在水平方向上，常因地理原因而形成环境因子的纬向梯度或经向梯度，如温度的纬向梯度、湿度的经向梯度，农田生物会因为自然和社会条件在水平方向的差异而形成带状分布、同心圆式分布或块状镶嵌分布。如农田生产中采用的间作、套种就是典型的水平结构。垂直结构是指农田生物类群在同一土地单元内，垂直空间上的组合与分布。在垂直方向上，环境因子因地理高度、水体深度、土壤深度和生物群落高度而产生相应的垂直梯度，如温度的高度梯度、光照的水深梯度，农田生物也因适应环境的垂直变化而形成立体结构。在农业生产上，人们利用生物在形态上、生态上、生理上的不同而创建复合群体，实行高矮相间的立体种植或深浅结合的立体养殖，以及种养结合的立体种养方式，形成了多种多样的人工立体结构。

营养结构：又称食物链结构，是指农田生物以营养为纽带而形成的若干条链状营养结构。在农田生态系统中，营养结构反映各种生物在营养上的相互关系，同时也反映每一种生物所占的营养位置。农田生态系统不仅具有与自然生态系统相同的输入、输出途径，还有人类有意识的输入和强化了的输出。有时，人类为了扩大农田生态系统的生产力和经济效益，常采用食物链加环①来改造营养结构；为了防止有害物质沿食物链富集而危害人类的健康与生存，而采用食物链"解链"法中断食物链与人类的连接从而减少对人类的健康危害。

(3) 农田生态系统的功能

农田生态系统通过由生物与环境构成的有序结构，可以把环境中的能量、物质、信息和价值资源，转变成人类需要的产品。农田生态系统具有能量转换功能、物质转换功能、信息转换功能和价值转换功能，在这种转换之中形成相应的能量流、物质流、信息流和价值流。

能量流：农田生态系统不但可利用太阳能和其他能源，如风能、水势能等，并可通过食物链在生物间进行传递，形成能量流。为提高生产力，农田生态系统还可利用人力和畜力，以及机械作业中的煤、石油等矿物提供的能量为动力而进行的农机生产、化肥和农药生产、田间排灌、栽培操作等。从而形成辅助能量流。

物质流：以各种化学元素为基础的物质，如氮、磷、钾、碳、氧、氢等，在农田生态系统中被转换到不同形态的分子中，传递到不同的组分里，形成连续的物质流。农田生态系统物质流中的物质不但有天然元素和化合物，而且有大量人工合成的化合物。

信息流：每个信息过程都包括产生、传送和接收三个环节。多个信息过程相连就会使系统形成信息网，而当信息在信息网中不断被转换和传递时，就形成了信息流。自然生态系统中，生物体通过产生和接收形、声、色、气、味、压、磁、电等信号，并以气体、土体、水体为介质，频繁地转换和传递信息，形成一个无形的信息网。与自然生态系统一样，农田生态系统中也有这种信息网存在。与自然生态系统不同的是，调节农田生态系统的生产者，不但要利用自然信息，还需要利用各种社会信息；不但靠自然过程获得信息，也靠社会渠道（如广播、电视、出版物、计算机网络等）获取信息，从而形成一个有形的人工信息网。

价值流：价值可在农田生态系统中转换成不同的形式，并且可以在不同的组分间转移。以实物形态存在的农业生产资料的价值，在人类劳动的参与下，转变成生产形态的价值，最终以增值了的产品价值形态出现。价格是价值的表现形式，以价格计算的资金流是价值流的外在表现。

农田生态系统是一种比较特殊的生态系统，由于农田生态系统的能量流、物质流、信息流和价值流之间相互交织，能量、信息和价值依附于一定的物质形态，物质流、信息流和价值流都要依赖能量的驱动，信息流在较高的层次调节着物质流、能量流和价值流。因此，农田生态系统的多种要素以农作物为载体，与人类利益或需求发生关系的物质流、能量流和信息流与价值变化和转移相交织，最终表征于产出的粮食价值上。这就导致了农田生态系统价值核算的界定难题，一方面农田的主要国土功能是生

---

① 食物链加环：以人工生物种群代替自然生物种群，达到废弃物的多级综合利用，抑制物质和能量损失的生物工艺过程。

产粮食，农作物产出的粮食、蔬菜等属于农产品，把农产品价值核算为生态产品价值就会存在不同产品系列重叠核算的问题。显然，按照一般的价值核算理论并不能清晰地解决这个问题，但是按照生态产品功能融合与价值额外性特征，通过本研究提出的"有无"对比法，通过核算有农田防护林网等生态系统的农田生态系统综合价值比无农田防护林网生态系统时综合价值的增量，间接地核算出农田林网生态系统溢出的贡献，就很好地解决了农田生态系统溢出的生态产品价值核算问题。

3.2.2.4 湿地生态系统

湿地生态系统属于水域生态系统。其生物群落由水生和陆生组成，物质循环、能量流动，以及物种迁移与演变活跃，具有较高的生态多样性、物种多样性和生物生产力。

(1) 定义与范围界定

研究湿地生态系统生态资产和生态产品，要先明晰核算边界。由于有关湿地的定义比较多，不同定义的边界存在比较大的差异。

湿地(wetlands)一词最早出现于1956年美国鱼和野生动物管理局《39号通告》中，通告将湿地定义为"被间歇的或永久的浅水层覆盖的土地。"1979年，美国为了对湿地和深水生态环境进行分类，对湿地内涵进行了重新界定，认为"湿地是陆地生态系统和水生生态系统之间过渡的土地，该土地水位经常存在或接近地表，或者为浅水所覆盖……"。1971年在拉姆萨尔通过了《关于特别是作为水禽栖息地的国际重要湿地公约》(以下简称《湿地公约》)，该公约将湿地定义为："不问其为天然或人工、长久或暂时之沼泽地、湿原、泥炭地或水域地带，带有静止或流动、或为淡水、半咸水或咸水水体者，包括低潮时水深不超过6米的水域。"

我国对湿地的定义也存在一个演变过程，在实践中形成了具有中国特色的湿地分类系统。林业行业标准《国家湿地公园评估标准》(LY/T 1754—2008)定义湿地为"天然或人造、永久或暂时之死水或流水、淡水、微咸或咸水沼泽地、泥炭地或水域，包括低潮时水深不超过6米的海水区。"国家标准《湿地分类》(GB/T 24708—2009)及国家林业局发布的《全国湿地资源调查技术规程(试行)》，将湿地划分为5类34型，各湿地类、型及其划分标准如表3-1。从定义和划分内容看，基本与《湿地公约》界定一致。

表3-1 湿地类、型及划分标准

代码	湿地类	代码	湿地型	划分技术标准
I	近海与海岸湿地	I1	浅海水域	浅海湿地中，湿地底部基质为无机部分组成，植被盖度<30%的区域，多数情况下低潮时水深小于6m。包括海湾、海峡。
		I2	潮下水生层	海洋潮下，湿地底部基质为有机部分组成，植被盖度≥30%，包括海草层、海草、热带海洋草地。
		I3	珊瑚礁	基质由珊瑚聚集生长而成的浅海湿地。
		I4	岩石海岸	底部基质75%以上是岩石和砾石，包括岩石性沿海岛屿、海岩峭壁。
		I5	沙石海滩	由砂质或沙石组成的，植被盖度<30%的疏松海滩。

(续)

代码	湿地类	代码	湿地型	划分技术标准
Ⅰ	近海与海岸湿地	Ⅰ6	淤泥质海滩	由淤泥质组成的植被盖度<30%的淤泥质海滩。
		Ⅰ7	潮间盐水沼泽	潮间地带形成的植被盖度≥30%的潮间沼泽,包括盐碱沼泽、盐水草地和海滩盐沼。
		Ⅰ8	红树林	由红树植物为主组成的潮间沼泽。
		Ⅰ9	河口水域	从近口段的潮区界(潮差为零)至口外海滨段的淡水舌锋缘之间的永久性水域。
		Ⅰ10	三角洲/沙洲/沙岛	河口系统四周冲积的泥/沙滩,沙州、沙岛(包括水下部分)植被盖度<30%。
		Ⅰ11	海岸性咸水湖	地处海滨区域有一个或多个狭窄水道与海相通的湖泊,包括海岸性微咸水、咸水或盐水湖。
		Ⅰ12	海岸性淡水湖	起源于潟湖,与海隔离后演化而成的淡水湖泊。
Ⅱ	河流湿地	Ⅱ1	永久性河流	常年有河水径流的河流,仅包括河床部分。
		Ⅱ2	季节性或间歇性河流	一年中只有季节性(雨季)或间歇性有水径流的河流。
		Ⅱ3	洪泛平原湿地	在丰水季节由洪水泛滥的河滩、河心洲、河谷、季节性泛滥的草地以及保持了常年或季节性被水浸润内陆三角洲所组成。
		Ⅱ4	喀斯特溶洞湿地	喀斯特地貌下形成的溶洞集水区或地下河/溪。
Ⅲ	湖泊湿地	Ⅲ1	永久性淡水湖	由淡水组成的永久性湖泊。
		Ⅲ2	永久性咸水湖	由微咸水/咸水/盐水组成的永久性湖泊。
		Ⅲ3	季节性淡水湖	由淡水组成的季节性或间歇性淡水湖(泛滥平原湖)。
		Ⅲ4	季节性咸水湖	由微咸水/咸水/盐水组成的季节性或间歇性湖泊。
Ⅳ	沼泽湿地	Ⅳ1	藓类沼泽	发育在有机土壤的、具有泥炭层的以苔藓植物为优势群落的沼泽。
		Ⅳ2	草本沼泽	由水生和沼生的草本植物组成优势群落的淡水沼泽。
		Ⅳ3	灌丛沼泽	以灌丛植物为优势群落的淡水沼泽。
		Ⅳ4	森林沼泽	以乔木森林植物为优势群落的淡水沼泽。
		Ⅳ5	内陆盐沼	受盐水影响,生长盐生植被的沼泽。以苏打为主的盐土,含盐量应>0.7%;以氯化物和硫酸盐为主的盐土,含盐量应分别大于1.0%、1.2%。
		Ⅳ6	季节性咸水沼泽	受微咸水或咸水影响,只在部分季节维持浸湿或潮湿状况的沼泽。
		Ⅳ7	沼泽化草甸	为典型草甸向沼泽植被的过渡类型,是在地势低洼、排水不畅、土壤过分潮湿、通透性不良等环境条件下发育起来的,包括分布在平原地区的沼泽化草甸,以及高山和高原地区具有高寒性质的沼泽化草甸。
		Ⅳ8	地热湿地	由地热矿泉水补给为主的沼泽。
		Ⅳ9	淡水泉/绿洲湿地	由露头地下泉水补给为主的沼泽。

(续)

代码	湿地类	代码	湿地型	划分技术标准
V	人工湿地	V1	库塘	为蓄水、发电、农业灌溉、城市景观、农村生活为主要目的而建造的，面积不小于8公顷的蓄水区。
		V2	运河、输水河	为输水或水运而建造的人工河流湿地，包括灌溉为主要目的的沟、渠。
		V3	水产养殖场	以水产养殖为主要目的而修建的人工湿地。
		V4	稻田/冬水田	能种植一季、两季、三季的水稻田或者是冬季蓄水或浸湿的农田。
		V5	盐田	为获取盐业资源而修建的晒盐场所或盐池，包括盐池、盐水泉。

2013年3月28日，国家林业局公布了国家林业局令第32号《湿地保护管理规定》，其定义为：湿地是指常年或者季节性积水地带、水域和低潮时水深不超过6米的海域，包括沼泽湿地、湖泊湿地、河流湿地、滨海湿地等自然湿地，以及重点保护野生动物栖息地或者重点保护野生植物原生地等人工湿地。对比发现，对人工湿地的界定做了比较大的调整，将一般的水库、池塘、水田等人工湿地划出了范围。

2021年12月24日，第十三届全国人民代表大会常务委员会第三十二次会议通过的《中华人民共和国湿地保护法》（以下简称《湿地保护法》）的定义为：指具有显著生态功能的自然或者人工的、常年或者季节性积水地带、水域，包括低潮时水深不超过6米的海域，但是水田，以及用于养殖的人工水域和滩涂除外。国家对湿地实行分级管理及名录制度。江河、湖泊、海域等的湿地保护、利用及相关管理活动还应当适用《中华人民共和国水法》《中华人民共和国防洪法》《中华人民共和国水污染防治法》《中华人民共和国海洋环境保护法》《中华人民共和国长江保护法》《中华人民共和国渔业法》《中华人民共和国海域使用管理法》等有关法律的规定。

生态产品价值核算涉及湿地范围界定时，以《湿地保护法》的定义为准，实际工作中，涉及人工水域的可结合国土空间规划对其功能定位灵活把握。

（2）湿地生态系统的特征

湿地生态系统具有鲜明的特征。湿地具有生物多样性、脆弱性、高生产力、易变性等显著特征，生态产品综合效益显著。

系统的生物多样性：由于湿地是陆地与水体的过渡地带，同时兼具丰富的陆生和水生动植物资源，形成了其他任何单一生态系统都无法比拟的天然基因库和独特的生物环境，特殊的土壤和气候提供了复杂且完备的动植物群落，它对于保护物种、维持生物多样性具有难以替代的生态价值。

系统的生态脆弱性：湿地水文、土壤、气候相互作用，构成了湿地生态系统主要环境因素。每一因素的改变，都或多或少地导致生态系统的变化，特别是水文，当它受到自然或人为活动干扰时，必然会影响生物群落结构。

生产力高效性：湿地生态系统初级生产力比其他任何生态系统都高。如，湿地生态系统每平方米每年平均生产蛋白质9克，是陆地生态系统的3.5倍。

生态系统的易变性：易变性是湿地生态系统脆弱性表现的特殊形态之一，当水量减少至干涸时，湿地生态系统演替为陆地生态系统，当水量增加时，该系统又演化为湿地生态系统，水文决定了系统的状态。

(3) 湿地生态系统生态产品

湿地生态系统溢出的生态产品丰富。湿地具有多种生态功能，丰厚的生态资源孕育着丰富的生态产品，被人们称为"地球之肾"、物种贮存库、气候调节器等，在保护生态环境、保持生物多样性及发展经济社会中，具有不可替代的重要作用。湿地既具有调蓄水源、调节气候、净化水质、保存物种、提供野生动物栖息地等调节服务功能，也具有为工业、农业、能源、医疗业等提供大量生产原料的物质供给类功能，同时还有作为物种研究和教育基地、提供旅游等文化服务功能。

3.2.2.5 荒漠生态系统

荒漠生态系统（desert ecosystem）是指由旱生、超旱生的小乔木、灌木、半灌木和小半灌木，以及与其相适应的动物和微生物等构成的群落，与其生境共同形成物质循环和能量流动的动态系统。因所处环境降水稀少、气候干燥、风大沙多、植被稀疏，是陆表过程中最为脆弱的一种生态系统。荒漠生态系统具有独特的结构和功能，蕴藏着大量珍稀、特有、孑遗物种，以及珍贵的野生动植物基因资源，富存多种人类社会发展不可或缺的矿产资源。荒漠有石质、砾质和沙质之分。人们习惯称石质和砾质的荒漠为戈壁，沙质的荒漠为沙漠、沙地。

温带荒漠生态系统分布在干旱缺水、植被不郁闭、生命活动受限制的地区，主要位于亚热带和温带的干旱区域。从北非的大西洋岸起，向东经撒哈拉沙漠、阿拉伯半岛、伊朗、印度和阿富汗的塔尔沙漠，再到中亚荒漠和我国新疆及内蒙古地区的大戈壁，构成了世界上最为广阔的亚非沙漠区。此外，在南北美洲和澳大利亚也有较大面积的沙漠，为热带荒漠类型。全球著名的大荒漠中，有的寒冷，有的灼热，有的有很深的峡谷，有的覆盖着沙子，千姿百态。不算南极洲，荒漠占地球土地面积的30%左右。

(1) 荒漠生态系统的特征

荒漠生态系统的环境相对严酷，具有以下特点：a. 终年少雨或无雨，年降水量一般少于250毫米，降水为阵性，愈向荒漠中心愈少。b. 气温、地温的日较差和年较差大，多晴天，日照时间长。c. 风沙活动频繁，地表干燥、裸露，沙砾易被吹扬，常形成沙暴，冬季更多。

荒漠生物数量相对稀少，但生物多样性很高。沙漠的植物种群主要包括：灌木丛、仙人掌属、滨藜和沙漠毒菊。大多数荒漠植物都耐旱、耐盐，故被称为旱生植物。许多荒漠物种使用C_4光合途径或景天酸代谢途径，这在干旱、高温、缺少氮和二氧化碳的情况下要优于大部分C_3植物。另外，荒漠植物的叶子表面有很厚的蜡质，以防止水分损失。有些植物在其树叶、根系、枝干处存水。其他荒漠植物发展出广阔的根系，可以吸收更广、更深范围内的水。即使如此，在荒漠水源较充足地区依然会出现绿洲，其独特的生态环境利于生活与生产。

(2)荒漠生态系统结构与功能

干旱是荒漠中的主要制约因素,存在于年降雨量少于200毫米或年降雨量较多但季节分布不均匀的炎热地区,组成荒漠生态系统的生产者和消费者必须具有对干旱的适应能力,否则将无法生存;在热带和亚热带荒漠中还必须能抵抗过热的胁迫。

①生产者。荒漠生态系统的生产者以荒漠植物为主,但植被极度稀疏,有的地段大面积裸露。按照适应特点的不同,荒漠植被主要分为3种生活型。a. 荒漠灌木及半灌木:具有发达根系和小而厚的叶子,茎秆多灰白色以反射强光,如霸王花、白刺、红砂等属的一些种。b. 肉质植物:多分布在南美及北非的荒漠中,如仙人掌科、大戟科与百合科的一些种。c. 短命植物与类短命植物:前者为一年生,后者系多年生,在较湿润的季节迅速完成其生活周期,以种子或营养器官渡过不利时期。

②消费者。荒漠生态系统的主要消费者包括爬行类、啮齿类、鸟类及蝗虫等。各自进化出不同的方法来适应极度缺水的环境。如某些啮齿类动物能以干种子为生而不需要饮水,也不需要水调节体温。爬行类和一些昆虫都有相对不为水渗透的体被和干排泄物(尿酸和嘌呤)。据英国生态学家研究,沙漠昆虫是防水的,具有一种在高温下能保持不透水的物质。

③分解者。以适应干旱、高温或炎热的各种微生物,以及食腐的动物,土壤线虫和蚯蚓等为主,这类生物负责将死亡的动植物分解,并还原为其他生物可以利用的物质。细菌、放线菌和真菌等构成荒漠生态系统的主要分解者,细菌以无芽孢杆菌为主,假单胞菌占优势;真菌均以青霉菌为主。此外,荒漠微生物中固氮菌占39%～54%,氨化菌占48%～60%,硝化菌和纤维素分解菌为数甚少。固氮菌除了分解有机碳,还可利用大气中的氮素,为贫瘠的荒漠提供营养。

④生产力元素。循环荒漠生态系统的初级生产力非常低,低于每年每平方米0.5克。生产力和降雨量之间呈线性函数关系。由于初级生产力低,严重限制了能量流动和物质循环的规模,荒漠动物不是特化的捕食者,仅依靠一种类型的食物,无法维持生存,因此必须寻觅可能利用的各种能量来源。即使在荒漠中最肥沃的地方,绝大多数营养物质也只限于土壤表层10厘米左右。由于植物生长缓慢,动物也具有较长的生活史,造成了极低的物质循环速率。

(3)荒漠生态系统的生态与生产功能

荒漠生态系统是陆地生态系统一个重要的子系统,也是最为脆弱的生态系统类型之一。如果没有地球上的少水和炎热环境,水气循环和风就很难形成。荒漠生态系统发展的限制因子是水,有了水,环境就会改变,生产力会有很大提高,但不适当的利用反而会事半功倍。因此对荒漠的开发利用必须十分谨慎。我国西部某些地区,为了实施"三北"防护林和京津风沙源治理工程曾大面积栽种乔木以试图固沙并减少地面蒸发,但乔木的吸水量和蒸腾强度很大,短期内使局部地下水位下降,以致地表草类和灌木先后死亡,促使流动沙丘重新形成。由于荒漠生态系统这种脆弱性,如果利用不合理,很容易导致土地沙化、土壤次生盐渍化等一系列的生态问题。

可见，在开展荒漠生态系统溢出的生态产品价值核算时，应针对荒漠生态系统的特点设计核算因子，综合考量其生态系统生产力水平，以可持续利用为原则，侧重评估其生态调节类生态产品。

背景 3-1　中国荒漠化生态系统基本情况

中国是受土地沙化危害最为严重的国家之一。国家林业和草原局组织开展的第六次全国荒漠化和沙化调查工作的调查结果显示，截至 2019 年，全国荒漠化土地面积 257.37 万平方千米，约占国土总面积的 26.81%；沙化土地面积 168.78 万平方千米（25.32 亿亩），约占国土总面积的 17.58%。沙区生态状况呈"整体好转、改善加速"态势，荒漠生态系统呈"功能增强、稳中向好"态势。2019 年沙化土地平均植被盖度为 20.22%，植被盖度大于 40% 的沙化土地呈现明显增加的趋势，5 年间累计增加 791.45 万公顷。2019 年风蚀总量为 41.79 亿吨，比 2000 年减少 40%。截至 2021 年，我国石漠化土地面积为 722.32 万公顷（1.08 亿亩），与 2016 年相比净减少 333.08 万公顷。尽管历经几十年的荒漠化治理和防沙治沙工作已取得巨大成就，但目前现实依然严峻，至 2020 年底，我国重度和极重度沙化土地面积 10515.42 万公顷（15.77 亿亩），林草植被盖度低于 30% 的沙化土地面积为 10970.44 万公顷（16.46 亿亩），具有明显沙化趋势[①]土地面积 2791.54 万公顷（4.19 亿亩），塔克拉玛干沙漠南缘局部仍在扩展，腾格里、乌兰布和沙漠的流动沙丘侵入黄河，西北许多工矿企业、交通道路、居民点等周边的沙化危害仍然较重，保护、治理形势紧迫、任务依然艰巨。

一、中国荒漠化土地分布及防治单元区划情况

《全国防沙治沙规划（2021—2030 年）》将我国沙化土地划分为 5 大类型区、23 个防治区域。

（一）干旱沙漠及绿洲类型区

该区位于贺兰山以西，祁连山和阿尔金山、昆仑山以北，划分为塔克拉玛干沙漠、古尔班通古特沙漠、河西走廊荒漠、阿拉善高原诸沙漠等 4 个治理区。涉及内蒙古、甘肃、新疆（含新疆生产建设兵团）等省的 129 个县（含 119 个重点县），现有沙化土地面积 10778.76 万公顷（16.17 亿亩），占全国沙化土地总面积的 63.9%。据"三调"数据显示，区域耕地面积 41.10 万公顷（617 万亩），种植园用地面积 7.57 万公顷（114 万亩），林地面积 895.81 万公顷（1344 万亩），草地面积 2886.61 万公顷（4.33 亿亩）。该区属大陆性干旱气候，年降水量多在 200 毫米以下，部分地区不足 50 毫米，年蒸发量 2000 毫米以上，干旱少雨，水资源匮乏，风大沙多，植被稀疏，沙漠、戈壁分布广泛，生态极其脆弱，是北方主要沙尘源区。

---

① 根据《全国荒漠化和沙化监测技术规定》，具有明显沙化趋势土地是指由于过度利用或水资源匮乏等因素导致的植被严重退化，土壤表层土质破损，偶见流沙斑点出露或疹状灌丛沙堆分布（<10%），但无明显流沙堆积的土地。具有明显沙化趋势土地亟须严格保护，否则极易发展为沙化土地。

(二)半干旱沙化土地类型区

该区位于贺兰山以东、长城沿线以北、大兴安岭以西,划分为库布齐沙漠、毛乌素沙地、浑善达克沙地、乌珠穆沁沙地、科尔沁沙地、呼伦贝尔沙地等治理区,阴山北麓沙化草原修复区,京津冀山地丘陵沙地、东北平原沙地等综合治理区,共9个防治区域。涉及北京、天津、河北、山西、内蒙古、辽宁、吉林、黑龙江、陕西、甘肃和宁夏等省(自治区、直辖市)的193个县(含121个重点县),现有沙化土地面积2428.51万公顷(3.64亿亩),占全国沙化土地总面积的14.4%。据"三调"数据显示,区域耕地面积171.74万公顷(2576万亩),种植园用地面积3.17万公顷(48万亩),林地面积618.21万公顷(9273万亩),草地面积1498.61万公顷(2.25亿亩)。该区属大陆性季风气候,冬春干旱多风,年降水量200~400毫米,东南部可达500毫米,西北部仅200毫米左右,年蒸发量1100~2700毫米,植被类型主要有草甸草原、典型草原、荒漠草原,是影响京津冀的沙尘源区。

(三)青藏高原高寒沙化土地类型区

青藏高原高寒沙化土地类型区划分为江河源沙地、柴达木盆地沙漠、共和盆地沙地、藏北高原荒漠等治理区,以及"两江四河"8河谷沙地综合治理区,共5个防治区域。涉及四川、西藏、甘肃、青海等省(自治区、直辖市)的97个县(含72个重点县),现有沙化土地面积3370.07万公顷(5.06亿亩),占全国沙化土地总面积的20.0%。据"三调"数据显示,区域耕地面积3.04万公顷(45万亩),种植园用地面积4.97万公顷(75万亩),林地面积62.30万公顷(935万亩),草地面积2313.34万公顷(3.47亿亩)。该区属高原大陆性干旱气候,高寒、干旱、风大、光照强,除柴达木盆地年降水量不足100毫米外,其他地区多在200毫米以上,年蒸发量1000~3000毫米。生态系统脆弱,植被一旦被破坏极难恢复。

(四)黄淮海平原半湿润、湿润沙化土地类型区

该区位于太行山以东、燕山以南、淮河以北的黄淮海平原地区,划分为海河平原沙地、黄河故道沙地2个综合治理区。涉及北京、天津、河北、江苏、安徽、山东、河南等省(直辖市)的189个县,沙化土地面积204.87万公顷(3073万亩)。该区大部分属温带季风气候,年降水量450~900毫米。沙化土地主要由河流改道或河流泛滥形成,其中以黄河故道及黄泛区的沙化土地分布面积最大。

(五)沿海沿江湿润沙化土地类型区

该区主体位于秦岭、淮河以南的华东、华中、华南及西南广大地区,划分为西南高山峡谷沙地、长江中下游河湖沙地、海岸带沙地3个综合治理区。涉及天津、河北、辽宁、江苏、浙江、福建、江西、山东、湖北、湖南、广东、广西、海南、重庆、四川、贵州、云南等省(自治区、直辖市)的312个县,现有沙化土地面积96.02万公顷(1440万亩)。该区大部分属亚热带季风气候,降水充沛,年降水量多在800~1600毫米。除局部地区有少量集中连片的流动、半流动沙丘外,大部分地区的沙化土地多呈带状、斑块状零星分布。

二、中国荒漠化生态系统主要构成

不考虑石漠化地区，中国荒漠生态系统主要由八大沙漠、四大沙地①构成。根据 2009 年科学出版社出版的《中国荒漠化和沙化土地图集》和第六次全国荒漠化和沙化调查成果，截至 2019 年，总面积 71.76 万平方千米，占国土陆域总面积的 7.48%，其中，八大沙漠总面积 56.99 万平方千米，四大沙地总面积 14.77 万平方千米。

①塔克拉玛干沙漠，位于南疆的塔里木盆地中心，是中国最大的沙漠，也是世界第十大沙漠，同时亦是世界第二大流动沙漠，仅次于阿拉伯半岛的鲁卜哈利沙漠（65 万平方千米），沙丘最高达 200 米。整个沙漠东西长约 1000 千米，南北宽约 400 千米，海拔高程 800~1500 米，面积 33.76 万平方千米。平均年降水不超过 100 毫米，最低只有 4~5 毫米；而平均蒸发量却高达 2500~3400 毫米。行政范围包括新疆维吾尔自治区的阿克苏、喀什、和田、巴州的部分地区。在维吾尔语中，塔克拉玛干就是"走得进，走不出"的意思。如今，中国陆续在塔克拉玛干沙漠中建起了沙漠公路、绿色长廊，沙漠面积有所控制。

②古尔班通古特沙漠，属温带干旱荒漠。位于新疆北部准噶尔盆地中央，玛纳斯河以东及乌伦古河以南，是中国第二大沙漠，同时也是中国面积最大的固定、半固定沙漠，目前总面积 4.88 万平方千米，海拔 300~600 米，水源较多。古尔班通古特沙漠由西部的索布古尔布格莱沙漠、东部的霍景涅里辛沙漠、中部的德佐索腾艾里松沙漠、北部的阔布北—阿克库姆沙漠 4 片沙漠组成。和很多沙漠的干旱不同，它是一个水源比较多的沙漠，沙漠中很多地方都可以看到梭梭、红柳、胡杨等，是一个治理条件比较好的沙漠，经过 10 年治理减少了 0.8 万平方千米沙漠（2009 年统计数据沙漠面积为 5.68 万平方千米，2019 年调查面积为 4.88 万平方千米）。行政范围包括新疆维吾尔自治区的昌吉和阿勒泰。

③巴丹吉林沙漠，位于我国内蒙古自治区阿拉善盟阿拉善右旗北部，雅布赖山以西、北大山以北、弱水以东、拐子湖以南。2009 年，巴丹吉林沙漠的面积为 4.43 万平方千米，2019 年面积却达到了 5.50 万平方千米，10 年时间沙漠面积增加了 1.17 万平方千米，面积比古尔班通古特沙漠面积还要大。沙漠化增长主要原因是流动沙丘难以治理。这个区域的沙漠中，大部分是沙山沙丘、风蚀洼地、剥蚀山丘、湖泊盆地，大约有 83.0% 都是流动沙丘。流动沙丘一般高 200~300 米，最高近 500 米，是我国最高大的流动沙丘。沙漠海拔高程为 1200~1700 米，以复合型沙山为主，因西北风的强大影响呈北 30°~40° 东方向排列。高大沙山的周围为沙丘链，一般高为 20~50 米。沙丘和沙山上长有稀疏植物，西部以沙拐枣、籽蒿、麻黄为主；东部主要为籽蒿和沙竹，沙拐枣、麻黄等逐渐减少。边缘生长芦苇、芨芨草等，为主要牧场。在极度干旱的巴丹吉林沙漠却有着沙山和湖泊共存的奇观，高大沙山间的低地有 144 个内陆小湖，主要分布在沙漠的东南部。由于蒸发强烈，湖泊积聚大量盐分，湖水大多不能饮用或灌

---

① 一般将干旱区的流沙堆积称为沙漠，半干旱区的流沙堆积称为沙地。从沙漠、沙地的分布上可以看出，干旱、半干旱区的分别。

溉。东南部一些湖泊的边缘生长芦苇、芨芨草等，可供牧业利用。行政区包括额济纳旗和阿拉善右旗的部分地区。

④腾格里沙漠，是中国四大沙漠之一，位于内蒙古自治区阿拉善左旗西南部和甘肃省中部边境，南靠长城，东抵贺兰山，西至雅布赖山。2019年沙漠面积为4.30万平方千米，比2009年增加0.3万平方千米，沙漠化增长主要原因是流动沙丘难以治理。腾格里沙漠以流动沙丘为主，是我国流动速度最快的沙漠。沙漠海拔1200~1400米，沙漠中沙丘占70.0%以上，沙丘常年向东南方向移动，沙漠中大小湖盆约有400多个，多为淡水湖，湖泊周边植物生长茂盛，是中国主要的沙漠观光旅游地，如面积有30公顷的沙漠高地湖泊高墩湖，湖里不但有鲤鱼，湖上还有野鸭、天鹅等几十种鸟类。腾格里沙漠范围涉及甘肃、内蒙古、宁夏三个省区。

⑤柴达木沙漠，中国第五大沙漠，2019年面积为3.49万平方千米，比10年前增加0.03平方千米，增长的主要原因一是保护盐湖资源，二是大面积山丘不适合植树。柴达木沙漠位于青藏高原东北部的一个巨大的内陆盆地柴达木盆地的腹地，以流动沙丘为主。其分布比较零散，多与戈壁相间，多新月形沙丘，高5~10米，少数高20~50米。海拔2500~3000米，是中国沙漠分布最高的地区，也是中国目前管理得比较好的沙漠，沙漠中有30多个盐湖，有一条横跨盐湖的32千米长的盐公路从中穿过，这条公路全是用盐修成的，素称"万丈盐桥"。干旱程度由东向西增大，东部年降水量为50~170毫米，干燥度为2.1~9.0；西部年降水量仅10~25毫米，干燥度为9.0~20.0。盆地中呈现出风蚀地、沙丘、戈壁、盐湖及盐土平原相互交错分布的景观。

⑥库姆塔格沙漠，位于新疆南部东端，罗泊湖以南、以东，阿尔金山以北，目前总面积为2.20万平方千米。在新疆东部、甘肃西部、罗布泊以南。多流动沙丘，快速向西南移动，有与塔克拉玛干沙漠汇合的趋势。中国第六大沙漠，约53.0%的面积在新疆，47.0%的面积在甘肃，沙漠中不仅包括雅丹地貌、格状沙丘、新月形沙丘、蜂窝状沙丘、金字塔形沙丘等，它还是世界上唯一一个拥有"羽毛状"沙丘的沙漠。如今，库姆塔格沙漠中已经建立了3个国家级保护区，主要保护目标为野生双峰驼。

⑦库布齐沙漠，是中国第七大沙漠，也是距北京最近的沙漠。位于鄂尔多斯高原脊线的北部，内蒙古自治区伊克昭盟杭锦旗、达拉特旗和准格尔旗的部分地区。总面积约1.86万平方千米，长400千米，宽50千米。以流动沙丘为主，沙丘高为10~60米，像一条黄龙横卧在鄂尔多斯高原北部，横跨内蒙古三旗。截至2020年，该沙漠已经成功绿洲化，是全球首个变绿洲的沙漠。库布齐沙漠是中国防沙、治沙重点治理区域，经近30年的努力，沙漠的面积缩水了约三分之一，数十万沙民在沙漠中找到了独属于沙漠的产业化治沙发展方式。

⑧乌兰布和沙漠，位于内蒙古巴彦淖尔市和阿拉善盟东北部，河套平原的西南部，北至狼山，东近黄河，南至贺兰山麓，西至吉兰泰盐池，属中温带干旱气候，干旱少雨，昼夜温差大，季风强劲。2019年面积为1.0万平方千米，比10年前减少15万公顷。该沙漠以流动沙丘为主，高10~30米，最高部可达50~100米。沙漠南部多流沙，

中部多垄岗形沙丘，北部多固定和半固定沙丘。乌兰布和沙漠日照丰富，可以引黄河水自流灌溉，湖池广布，有发展农、牧、林、渔业的良好条件。这也是中国近代治沙的主战场之一，从1950年起开始在乌兰布和沙漠中治沙，经过几十年的努力，已多年呈现人进沙退局面。

⑨科尔沁沙地，是我国面积最大的沙地，位于西辽河流域，行政区域涉及内蒙古赤峰和通辽两市、吉林西部、辽宁西北部，面积为6.36万平方千米，已基本实现"绿化"。以固定半固定沙丘为主，高10~20米，最高达50米。库伦旗流动沙丘特别高大，蒙古族称作"塔敏查干"，意为魔鬼居住的地方。科尔沁沙地处于大兴安岭和冀北山地之间的三角地带。地势是南北高，中部低；西部高，东部低。西辽河水系贯于其中。地貌最显著的特点是沙层有广泛的覆盖，丘间平地开阔，形成了坨甸相间的地形组合，当地人称它为"坨甸地"。沙丘多是西北—东南走向，在沙岗上广泛分布着沙地榆树疏林。西辽河上游老哈河流域还有沙黄土堆积，植被以虎榛子灌丛和油松人工林为主。科尔沁沙地西部翁牛特旗松树山及附近沙地分布有油松林，沙地东南部大青沟内分布有水曲柳林。

⑩毛乌素沙地，亦称鄂尔多斯沙地，位于鄂尔多斯高原东南部，面积为5.55万平方千米，目前已基本实现"绿化"。以固定半固定沙丘为主，多新月形沙丘，高5~10米，个别的高10~20米。自定边孟家沙窝至靖边高家沟乡的连续沙带称小毛乌素沙带，是最初理解的毛乌素范围。由于陕北长城沿线的风沙带与内蒙古鄂尔多斯（伊克昭盟）南部的沙地是连续分布在一起的，因而将鄂尔多斯高原东南部和陕北长城沿线的沙地统称为"毛乌素沙地"。行政区域涉及内蒙古鄂尔多斯市，陕西榆林市，宁夏银川市（兴庆区）、石嘴山市和吴忠市。

⑪浑善达克沙地，位于内蒙古锡林郭勒高原中部，主要涉及内蒙古锡林郭勒盟、赤峰市克什克腾旗和河北省承德市围场县的一部分，距北京直线距离180千米，是离北京最近的沙源。浑善达克沙地面积为2.14万平方千米，东西长约450千米，平均海拔为1100多米，是内蒙古中部和东部的四大沙地之一，以固定半固定沙丘为主，其南部多伦县流沙移动较快，故又称小腾格里沙地。该沙地已基本实现"绿化"。浑善达克沙地是中国著名的有水沙地，在沙地中分布着众多的小湖、水泡子和沙泉，泉水从沙地中冒出，汇入小河。这些小河大部分流进了高格斯太河，也有的只流进水泡子里，还有的只是季节性河流。浑善达克沙地水草丰美，景观奇特，风光秀丽，有人称它为"塞外江南"，也有人称它为"花园沙漠"，野生动植物资源比较丰富，它还是候鸟的产卵繁育地，还有很多珍稀的植物和药材。

⑫呼伦贝尔沙地，位于内蒙古东北部呼伦贝尔高原，主要分布在呼伦贝尔市的鄂温克族自治旗、新巴尔虎左旗、新巴尔虎右旗、陈巴尔虎旗、海拉尔区境内。东部为大兴安岭西麓丘陵漫岗，西对达赉湖和克鲁伦河，南与蒙古相连，北达海拉尔河北岸，地势由东向西逐渐降低，且南部高于北部。呼伦贝尔沙地面积约0.72万平方千米，东西长270千米，南北宽约170千米，多固定半固定沙丘，高5~15米，以满洲里至海拉

尔铁路沿线最为典型。由于人们过度放牧，使得呼伦贝尔陈巴尔虎旗草原开始退化，从而形成中国的第四个沙地。呼伦贝尔沙地的气候具有半湿润、半干旱的过渡特点，沙地境内的河流、湖泊、沼泽较多，水分条件优越，年平均气温较低，年降水量多集中于夏、秋季。沙地土壤中含沙量较大，一般多为中、细沙。风沙土主要分布在沙带及其外围的沙质平原上，在固定的风沙土中，发育着有机质含量较高的黑沙土。呼伦贝尔沙地是四个沙地中自然资源状态最良好的一个，早已实现"绿洲化"，且主要形成天然牧场。

3.2.2.6 城市生态系统

城市生态系统(urban ecosystem)是指由城市居民、生活在其中的动植物与其非生物环境相互作用形成的功能整体。城市生态系统与自然生态系统存在明显的差异性，城市生态系统注重的是城市人类和城市环境的相互关系。城市生态系统有广义和狭义之分，城市生态系统生态产品价值核算主要指狭义的城市生态系统。

广义的城市生态系统是指城市人类与周围生物和非生物环境相互作用而形成的一类具有一定功能的网络结构，也是人类在改造和适应自然环境的基础上建立起来的特殊的人工生态系统。在广义城市生态系统看来，它是由自然系统、经济系统和社会系统所组成的复合系统。城市中的自然系统包括城市居民赖以生存的基本物质环境，如阳光、空气、淡水、土地、动物、植物、微生物等；经济系统包括生产、分配、流通和消费的各个环节；社会系统涉及城市居民社会、经济及文化活动的各个方面，主要表现为人与人之间、个人与集体之间，以及集体与集体之间的各种关系。这三大系统之间通过高度密集的物质流、能量流和信息流相互联系，其中人类的管理和决策起着决定性的调控作用。

狭义的城市生态系统是指市域内以改善城市生态环境为主，促进人与自然协调，满足社会发展需求，以乔灌草植被类绿地和湿地及其所处的人文自然环境所构成的生态系统。其范围包括城市区域内通过人工拟自然化改造而构建的城市森林、草地和湿地三大生态系统的总和。其典型是近年推进的森林城市系统。城市森林与城市园林相比较，城市森林的概念内涵理论上更加重视城市所在地区的自然生态条件和整体环境背景，更加重视郊区绿化在改善城市整体生态环境中的作用，更加强调城乡一体、林水结合。

城市是人类社会—经济—自然复合生态系统，经历了游牧部落时代、农业经济时代、早期工业化时代，以及现代大工业城市化时代的4个历史阶段，现在正在进入信息化、智能化时代。其固有的一些自然属性和最优化机制正逐渐被社会属性和人的意志所取代。具体体现在以下几个方面。

(1)物质循环系统基本上是线状的而不是环状的，即缺少分解环节，如不另增加工艺流程对废弃物资加以利用，物质可能走向盲端。

(2)其结构不仅包括自然生产结构，还包括社会结构和经济结构，它们的关系类似于一个金字塔图形，每层均以其下层为基础，沿塔向上，从以物质流动为主转向以信息流动为主。

（3）能量的高度储存，体现在结构性（如工程建筑、名胜古迹等）和信息性（如科技情报、文化艺术、基于物联网的智能感知等）上。

（4）最优化动力不是自然选择而是人工选择，选择中存在忽视长远的生态效益而偏重近期和局部经济效益的缺点。由于受自然地理条件、经济技术力量和社会生产关系的约束，物质和能量利用方面都存在着大量可以挖掘的潜力。

（5）系统关系以正反馈超过负反馈为特征，对不可再生资源的强烈依赖性以及系统结构的单调性，决定城市生态系统是不稳定的人工生态系统。

森林植被是城市之"肺"，具有较强的和不可替代的吐故纳新功效。在国际上，城市林业的发展始于20世纪60年代，美国和加拿大的专家提出了"城市森林（urban forest）"和"城市林业（urban forestry）"的概念。各国政府对城市化过程中的生态环境问题十分重视，通过立法和政策支持，大大推动了城市森林的建设和城市林业的发展。我国城市林业起步较晚，20世纪80年代末期，林业主管部门和园林部门不约而同地提出了发展城市林业和建设生态园林的思路。

城市生态系统的生态产品对维持城市安全作用独特。国内外的相关研究指出，城市森林植被的光合作用能较好地保持大气中二氧化碳与氧气的平衡，对太阳辐射有较好反射与吸收能力，是气温和地温的"调节器"、太阳辐射的"吸收器"，能有效缓解城市热岛效应和温室效应；树木等绿色植物能稀释、分解、吸收和固定大气中的有毒、有害物质，许多植物还能分泌挥发性植物杀菌素，消灭或抑制空气中的病菌，达到净化空气、杀菌抑菌的目的；城市森林植被对声波有散射、吸收功能，是减轻城市噪音和电磁波污染的最有效方法。推进以城市森林为主要特征的森林城市创建对城市生态系统的发展意义重大。

背景3-2　中国森林城市发展背景

森林城市建设是借鉴发达国家经验，适应我国国情和发展阶段，推进我国城乡生态建设的一种创新实践。其实质是围绕"让森林走进城市、让城市拥抱森林"的主题，对以森林为主体的城乡自然生态系统的修复和完善。

20世纪90年代开始，世界各国逐渐开始重视城市发展进程中生态环境的变化，2003年我国提出了可持续发展林业战略，把城市林业发展上升为国家战略。

2004年，在全国关注森林活动组委会的倡导下，全国绿化委员会、国家林业局启动了国家森林城市创建活动。时任中共中央政治局常委、全国政协主席的贾庆林为首届中国城市森林论坛作出"让森林走进城市，让城市拥抱森林"重要批示，成为中国城市森林论坛的宗旨，也成为保护城市生态环境，提升城市形象和竞争力，推动区域经济持续健康发展的新理念。

2016年1月26日，习近平总书记主持召开中央财经领导小组第十二次会议时，强调森林关系国家生态安全，提出要着力开展森林城市建设，搞好城市内绿化，使城市适宜绿化的地方都绿起来；搞好城市周边绿化，充分利用不适宜耕作的土地开展绿化造林；搞好城市群绿化，扩大城市之间的生态空间。进一步表明国家对建设森林城市的肯定与支持。同年9月，国家林业局印发了《关于着力开展森林城市建设的指导意见》，明确了森林城市建设的指导思想、基本原则、发展目标和主要任务、保障措施。

2018年发布的《全国森林城市发展规划（2018—2025年）》提出了国家森林城市建设新的目标，到2020年，建成6个国家级森林城市群，200个国家森林城市。到2025年，以森林城市群和森林城市为主的森林城市建设体系基本建立，建成300个国家森林城市。到2035年，森林城市群和森林城市建设全面推进，城市森林结构与功能全面优化，森林城市质量全面提升，城市生态环境根本改善，森林城市生态服务均等化基本实现，全民共享森林城市建设的生态福利。

2019年4月8日，习近平总书记在参加首都义务植树活动时强调，要践行绿水青山就是金山银山的理念，推动国土绿化高质量发展，统筹山水林田湖草系统治理，因地制宜深入推进大规模国土绿化行动，持续推进森林城市、森林乡村建设，着力改善人居环境，做到四季常绿、季季有花，发展绿色经济，加强森林管护，推动国土绿化不断取得实实在在的成效。这既是习近平总书记对森林城市建设工作的充分肯定，也是对深入开展森林城市建设提出的更高要求。

2021年3月，《中华人民共和国国民经济和社会发展第十四个五年规划和2035年远景目标纲要》的发布，提出了要把"推动绿色发展 促进人与自然和谐共生"作为"十四五"时期的重大任务，立足新发展阶段，贯彻新发展理念，构建新发展格局，加强生态文明建设，实现人与自然和谐共生的现代化。"十四五"期间，我国要加快推动发展方式绿色转型，全方位、全过程推行绿色规划、绿色设计、绿色投资、绿色建设、绿色生产、绿色流通、绿色生活和绿色消费，使发展建立在高效利用资源、严格保护生态环境、有效控制温室气体排放的基础上。森林城市的建设正是推动区域绿色发展，实现人与自然和谐共生的良好途径之一。

2021年4月，习近平总书记在出席领导人气候峰会并发表重要讲话时指出，大自然孕育抚养了人类，人类应该以自然为根，尊重自然、顺应自然、保护自然。自然遭到系统性破坏，人类生存发展就成了无源之水、无本之木。我们要像保护眼睛一样保护自然和生态环境，推动形成人与自然和谐共生新格局。开展森林城市建设对保护自然和生态环境，构建人与自然和谐共生新格局有着重要作用。

党的十八大以来，中央提出建设生态文明和美丽中国，要加强森林生态安全建设，着力推进国土绿化，着力提高森林质量，着力开展森林城市建设，着力建设国家公园。各地各部门认真贯彻落实党和国家的决策部署，坚持高位推动、多措并举，推进森林城市建设，取得了实实在在的成效，为推动城乡绿色发展、满足人民对良好生态环境需求、建设生态文明和美丽中国作出了积极贡献。截至2022年，全国已有219个城市获得"国家森林城市"称号，22个省份开展了森林城市群建设。全国开展国家森林城市建设的城市达441个，开展国家园林城市建设的城市100余个，全国各地建设"口袋公园"3520个，并全面推进生态宜居美丽乡村建设。开展村庄清洁行动，鼓励开展农村庭院和"四旁"绿化，持续改善农村人居环境。随着森林城市建设步伐不断加快，建设成效日益凸显，森林城市已成为建设生态文明和美丽中国的生动实践，改善生态环境、增进民生福祉的有效途径，弘扬生态文明理念、普及生态文化知识的重要平台。许多资源型城市和老工业城市，如辽宁本溪、江西新余、广西柳州、山东枣庄，都通过创建国家森林城市，增加了城市的绿色基调，培植起以森林为依托的生态旅游、休闲康养、自然教育等绿色产业，有力促进了城市转型升级和绿色发展。

3.2.2.7 海洋生态系统

海洋生态系统（marine eco-system）是指由海洋中的生物群落与其非生物环境相互作用形成的功能整体。根据《海洋调查规范》(GB/T 12763.9—2007)第9部分：海洋生态调查指南定义，海洋生态系统是指一定海域内生物群落与周围环境相互作用构成的自然系统，具有相对稳定功能并能自我调控的生态单元。广义而言，全球海洋是一个大生态系，其中包含许多不同等级的次级生态系。每个次级生态系占据一定的空间，由相互作用的生物和非生物，通过能量流和物质流形成具有一定结构和功能的统一体。海洋生态系的分类，尚无定论，按海区划分，一般分为沿岸生态系、大洋生态系、上升流生态系等；按生物群落划分，一般分为红树林生态系、珊瑚礁生态系、藻类生态系等。

（1）海洋生态系统组成

海洋生态系统由海洋生物群落和海洋环境两大部分组成，每一部分又包括众多要素，主要有自养生物、异养生物、分解者、有机碎屑物质、参加物质循环的无机物质、水文物理状况6类。

①生产者，主要指那些具有绿色素的自养生物，包括生活在真光层的浮游藻类、浅海区的底栖藻类和海洋种子植物。浮游植物具有小的体型和对悬浮的适应性，最能适应海洋环境，并直接从海水中摄取无机营养物质；有不下沉或减缓下沉的功能，可停留在真光层内进行光合作用；有快速的繁殖能力和很低的代谢消耗，以保证种群的数量和生存。海洋中的自养性细菌，包括利用光能和化学能的许多种类，也是生产者。如在加拉帕戈斯群岛附近海域等处发现的海底热泉周围的一些动物，由寄生或共生体内的硫磺细菌提供有机物质和能源。硫磺细菌从海底热泉喷出的硫化氢（H_2S）等物质中摄取能量把无机物质转化为有机物质，这种独特的生态系，完全以化学能替代日光能而存在。

②消费者，主要是一些异养的动物。以营养层次划分，可分为一级、二级、三级消费者等：一是初级消费者，又称一级消费者，即植食性动物。如同大多数初级生产

者一样，大多数初级消费者的体型也不大，而且也多是营浮游生活[①]的。这些浮游动物多数属于小型浮游生物，体型都在1毫米左右或以下，如一些小型甲壳动物、小型被囊动物和一些海洋动物的幼体。有一些初级消费者属于微型浮游生物，如一些很小的原生动物。初级消费者与初级生产者同居在上层海水中，它们之间有较高的转换效率，一般初级消费者和初级生产者的生物量往往属于同一数量级。这是与陆地生态系很不同的一个特点。二是次级消费者，包括二级、三级消费者等，即肉食性动物。它们包含有较多的营养层次。较低层的次级消费者一般体型仍很小，约为数毫米至数厘米，大多营浮游生活，属大型浮游生物或巨型浮游生物。不过，它们的分布已不限于上层海水，许多种类可以栖息在较深处，并且往往具有昼夜垂直移动的习性，如一些较大型的甲壳动物、箭虫、水母和栉水母等。较高层的次级消费者，如鱼类，则具有较强的游泳动力，属于另一生态群——游泳动物。游泳动物的垂直分布范围更广，从表层到最深海都有一些种类生活。在海洋次级消费者中，还包括一些杂食性浮游动物（兼食浮游植物和小浮游动物），它们有调节初级生产者和初级消费者数量变动的作用。

③有机碎屑物质，海洋中有机碎屑物质的量很大，一般达浮游植物现存量的10倍以上，所起的作用也很大。这是海洋生态系不同于陆地生态系的又一个重要特点。它们来源于生物体死亡后被细菌分解过程中的中间产物（最后阶段是无机化），未完全被摄食和消化的食物残余，浮游植物在光合作用过程中产生的分泌在细胞外的低分子有机物，以及陆地生态系输入的颗粒性有机物。另外，海洋中还有比颗粒有机物多好几倍的有机溶解物，以及其聚集物。它们在水层中和底部都可以作为食物，直接为动物所利用。在海洋生态系统中，除了一个以初级生产者为起点的植食食物链和食物网以外，还存在一个以有机碎屑为起点的碎屑食物链和食物网。许多研究结果表明，后者的作用不亚于前者。因此，在海洋生态系统的结构和功能分析中，应当把有机碎屑物质作为一个重要组分，它们是联结生物和非生物之间的一项要素。

④分解者，包括海洋中异养的细菌和真菌。它们能分解生物尸体内的各种复杂物质，成为可供生产者和消费者吸收、利用的有机物和无机物。因而，它们在海洋有机和无机营养再生产的过程中起着一定的作用（如海洋细菌）。而且，它们本身也是许多动物的直接食物。以细菌为基础的食物链为第三类食物链，称为腐食食物链。

⑤参加物质循环的无机物质，如碳、氮、硫、磷、二氧化碳、水等。

⑥水文物理状况，如温度、海流等。

(2) 海洋生态系统类型划分

海洋生态系统的划分比陆地生态系统要困难得多。陆地生态系统的划分，主要是

[①] 营浮游生活是指一些生物在水域中没有游泳能力或游泳能力弱，只能悬浮于水中随水流移动的生活方式。这些生物包括细菌、浮游植物（如硅藻、甲藻等）和浮游动物（如水母、腹足纲软体动物的翼足类、异足类等）。它们可能终生营浮游生活，也有些仅在生活史的某个阶段营浮游生活，还可能有些原非浮游生物，但在浮游生物中被水流冲荡而出。

以生物群落为基础。而海洋生物群落之间的相互依赖性和流动性很大,缺乏明显的分界线。但是海洋环境有不同的分区,各分区也都有各自的特点。

海洋生态系统是指发生在咸水中或附近的任何生态系统,这意味着海洋生态系统遍布世界各地,从滨海带到沙滩到浅海再到海洋最深处,覆盖了地球生物圈的71%,可见海洋生态系统构成了地球的大部分。海洋生态系统具有独特的结构和功能,从海岸带到深海其构造包括:海岸带生态系统、浅海生态系统、深海生态系统。

①海岸带生态系统,是指处于浅海与陆地交界区域的生态系统。海岸带生态系统可分为岩石海岸生态系统和沙滩生态系统。从自然系统的角度看,海岸带是陆地、海洋、大气相互作用最活跃的地带。从人文地理的角度看,地球表面8%的海岸带提供了全球28%的生物生产,集中了全球50%的人口,是人类经济活动最频繁的区域,是全球经济持续发展最富有生命力的地带。

a. 岩石海岸生态系统。有岩石悬崖,有潮汐池,有低潮和高潮之间的区域。在岩石海岸的海洋生物包括:海藻、地衣、鸟类、无脊椎动物(如螃蟹、龙虾、海星、海胆、贻贝、藤壶、蜗牛、帽贝、海鞘、海葵)和鱼、海豹和海狮等。

b. 沙滩生态系统。由于海水冲刷及潮汐作用,沙子和岩石处于活动状态,沙滩生态系统中的海洋生物可能会在沙子中挖洞,或者需要迅速移动到海浪够不到的地方。沙滩的海洋生物包括:海龟,可能在海滩上筑巢;鳍足类动物,如海豹和海狮,可能会在海滩上休息;沙滩常住生物:藻、浮游生物、无脊椎动物,如片脚类、等足目动物、沙元、螃蟹、蛤蜊、蠕虫、蜗牛、苍蝇;鱼类,包括鳐鱼、鲨鱼和比目鱼(可以在海滩的浅水区找到);鸟类,如鸻、沙鸢、神鹭、苍鹭、海鸥、燕鸥、鸥。

②浅海生态系统,一般指水深200米以内海域的大陆架范围。这一区域分布着红树林、盐沼、海草床、海藻场、珊瑚礁、牡蛎礁、海湾与河口等生态系统,世界主要经济渔场几乎都位于浅海生态系统。

a. 红树林生态系统。红树林是耐盐植物,根部垂入水中。这些植物形成的森林为各种海洋生物提供了庇护所,是年轻海洋动物的重要育苗区。这些生态系统通常位于北纬32度和南纬38度之间的温暖地区。红树林是热带、亚热带海岸带海陆交错区生产能力最高的海洋生态系统之一,在净化海水、防风消浪、维持生物多样性、固碳储碳等方面发挥着极为重要的作用。红树林是生物的理想家园,红树林是与海草床和珊瑚礁相连的生态系统的一部分,为许多物种提供重要的多样化栖息地,蕴藏着丰富的生物资源和物种多样性。红树林是候鸟的重要的中转站和越冬地。据统计,每年在深圳湾红树林湿地停歇和觅食的冬候鸟及过境鸟约有10万只,超过190种。红树林是天然的海岸防护林,红树植物的根系十分发达,盘根错节屹立于滩涂之中。红树林对海浪和潮汐的冲击有着很强的适应能力,可以护堤固滩、防风浪冲击、保护农田、降低盐害侵袭,对保护海岸起着重要的作用,为内陆的天然屏障,有"海岸卫士"之称。红树林可净化海水,吸收污染物,降低海水富营养化程度,防止赤潮发生。红树林在海滩上形成了一道樊篱,发达的支柱根加速了淤泥的沉积作用,随着红树群落向外缘发展，陆地面积也逐渐扩大。红树林为海岸线社区创收，更替的木材用于建筑和其他用途，水草、树叶等是动物的饲料。红树林是最具特色的湿地生态系统，兼具陆地生态和海洋生态特性，其特殊的环境和生物特色使得红树林成为自然的生态研究中心，对科普教育、发展生态旅游业也有积极作用。

b. 盐沼生态系统。盐沼为海洋生物、鸟类提供栖息地，是鱼类和无脊椎动物的重要育苗区，通过缓冲波浪作用和在涨潮和风暴期间吸收水分来保护海岸线。盐沼是受周期性潮汐运动影响的覆盖有草本植物的滨海或岛屿边缘区域的滩涂。简单来说，就是含有大量盐分的湿地。其中，海滨盐沼分布在河口或海滨浅滩，由海水浸渍或潮汐交替作用而成。几乎没有什么生态系统能像盐沼一样，支持这么多种类的野生动物。许多鸟类和鱼类进入潮汐区，以那里的各种动植物为食。上部沼泽只在月潮和极端天气时被淹没，主要的植物是潮汐灌木，是多种鸟类的栖息地。高沼泽区只在春潮时才会被淹没，被盐草属植物覆盖，众多的鱼类和无脊椎动物生活在这片缠结的草甸和水潭中。低沼泽区在所有涨潮时都会被淹没，又高又密的植物为小鱼提供避难所。淹没区一直被淹没，是鱼类、蟹类、蛤蜊和海藻的主要栖息地。

c. 海草床生态系统。海草床是中、低纬度海域潮间带中、下区和低潮线以下数米乃至数十米浅水区海生显花植物(海草)和草栖动物繁茂的平坦软相地带。生产力相当高的海草床既是重要的渔业育苗生境，也是众多鱼类、贝类和大型海洋生物如绿海龟、儒艮的觅食地和庇护所。数以千计的物种依赖海草而生，包括鱼类、海洋哺乳动物、鸟类和无脊椎动物，其中一些是濒临灭绝的物种，如儒艮和海龟。海草床支持数以千计的海洋物种，储存碳，改善水质，保护海岸线，循环营养物质，在珊瑚礁和红树林之间建立生境走廊。海草支持一个多样化的食物网，其包括从吃草和藻类的食草动物到捕食它们的食肉动物和消耗已经死亡的有机物质的分解者。

海草通过光合作用为需要呼吸的海洋物种提供氧气。海草根部捕获和稳定沉积物，帮助改善水质和减少海岸侵蚀。海草床在不同的栖息地之间建立生态联系，使物种能够在它们之间移动。许多物种依靠海草作为育苗区，在海草成熟时为它们的幼崽提供庇护。海草床吸收水体中营养盐，并通过光合作用释放氧气，能够促进氮、磷的吸收和转化。海草从海水中移除碳，进行光合作用和生长，这有助于减少气候变化的影响。海草床生态系统气候调节能力强，海草可以在更温暖的水域生存，并在气候变化导致海温上升时继续提供栖息地。不仅渔业越来越依赖海草，渔业和海洋旅游业也依赖海草生境。

d. 海藻场生态系统。沿岸潮间带下区和潮下带水深30米以内浅硬质底区的大型底栖藻类与其他海洋生物群落共同构成的一种典型近岸海洋生态系统，广泛分布于冷温带以及部分热带和亚热带海岸。形成海藻场的大型藻类生长迅速，分布密集，往往形成如陆地森林般的环境，给许多海洋生物提供了觅食、栖息、躲藏与繁殖的空间。

e. 珊瑚礁生态系统。由活珊瑚、死亡珊瑚的骨骼及其他礁区生物共同堆积组成的聚集体。是小丑鱼、海鳝、砗磲等上百种海洋生物的家园。珊瑚礁还是天然的海岸屏障，具有防浪护岸和环境调节的生态功能。

f. 牡蛎礁生态系统。由活体牡蛎、死亡牡蛎的壳及其他礁区生物共同堆积组成的聚集体，称为牡蛎礁。牡蛎礁作为重要的海岸带栖息地之一，在我国温带和亚热带海区的潮间带和浅水潮下带有着广泛分布，不仅能为众多的海洋生物提供栖身之所，还能保护海岸线免受侵蚀并减轻海洋灾害损失。

g. 海湾与河口生态系统。海湾是指被陆地环绕且面积不小于以口门宽度为直径的半圆面积的海域。河口是指半封闭的海岸水域，向陆地延伸至潮汐水位变化影响的上界，有一条或多条通道与外海或其他咸水的近岸水域相通。多数海湾兼具河口的特点。河口生态系统，咸淡水交汇，陆海域邻接，通常被认为是河流到海洋的过滤器。这里生活着不同类型的初级生产者，包括浮游植物、盐沼地植物、红树林、沉水海草以及海底藻类。

③深海生态系统。深海中缺乏阳光，静水压力大，形成黑暗、低温和高压的环境。由于不能进行光合作用，这里没有进行光合作用的植物，没有植食性动物，只有碎食性和肉食性动物、异养微生物和少量滤食性动物。目前人类发现的深海生态系统有深海热液区生态系统、冷泉生态系统、冷水珊瑚林生态系统、海山生态系统、深渊带生态系统、极地生态系统。

a. 深海热液区生态系统。不依赖太阳光能，由化能自养微生物支撑的典型黑暗生态系统。硫化物烟囱体是深海热液区的代表性特征结构，由喷发的超高温还原性热液与低温富氧海水混合造成的矿物沉淀聚集形成。热液区具有代表性的生物是管状蠕虫，它们大多在10~22摄氏度的环境中生活，身长能达到1~2米。管状蠕虫有性别，有心脏，但没有嘴和消化系统，在管状蠕虫的体内聚集着数以亿万计的共生菌，这些细菌从热液中获取硫离子，并从海中获得氧气。正是在这些细菌的"供养"下，管状蠕虫才得以生存。

b. 冷泉生态系统。"冷泉"是海底之下的甲烷、硫化氢和二氧化碳等气体在地质结构或压力变化驱动下，渗漏溢出海底进入海水的活动。它在海底的形态类似陆地上的泉口，周围温度一般在3~5摄氏度。在深海中，很少有生物能生存在缺乏光线和温度的条件下。而在甲烷"冷泉"周围则有从海底菌席等微生物到双壳类、多毛类、虾蟹类、冷水珊瑚等高等生物的一个完整的生态系统。因此，冷泉生态系统是深海中的绿洲。

c. 冷水珊瑚林生态系统。冷水珊瑚林是除海底冷泉、热液之外的深海第三大生态系统。与浅海暖水珊瑚依赖共生光合藻类不同，深海冷水珊瑚主要以水中的浮游生物和从表层沉降下来的有机质颗粒为食。这些冷水珊瑚不是形成岩石般的珊瑚礁，而是形成树木、羽毛、柱状或扇形的小树丛，海绵、海葵、海参、虾蟹等生物依附其生活。

d. 海山生态系统。海山通常指海洋中位于海面以下，突出海底1000米以上的隆起，广义的海山指在深度超过200米的深海，高度差大于100米的海底隆起。作为深海大洋中的独特地貌，海山孕育着独特的生态系统，被称为研究海洋物理和生物过程相互作用的天然实验室。这里常见的栖息生物有海绵、珊瑚、海鳃、水螅、海百合等。

e. 深渊带生态系统。指深海中深度大于 6000 米的区域。深渊带是地球上最不为人知的生态系统。据统计，地球上共有 46 个深渊带，其中 33 个是海沟，13 个是海槽。深渊带平均深度达 8216 米，最深处是 11000 米的马里亚纳海沟。

f. 极地生态系统。在地球的两端。在南极海洋生态系统中，最主要的生物是南极磷虾，它们主要以海洋浮游生物为食物，是部分鱼类、企鹅、海鸟、鲸、海豹等生物的饵料。在北极海洋生态系统中，海冰则起到了非常重要的作用，冰底密密麻麻地生长着很多藻类，是整个生态系统的主要食物来源。海冰生物群落影响着海洋和陆地物种的丰度、分布、季节性和相互作用。其独特之处在于其在部分分布中完全季节性消失。这一年度缺席期的延长以及冰层范围、厚度和稳定性的整体下降将对这些物种及其相互作用产生巨大影响。

(3) 海洋生态系统特点

世界海洋是一个连续的整体。虽然人们把世界海洋划分为几个大洋和一些附属海，但是它们之间并没有相互隔离。海水的运动（海流、海洋潮汐等），使各海区的水团互相混合和影响。这是与陆地生态系统不同的一个特点。

大洋环流和水团结构是海洋的一个重要特性，是决定某海域状况的主要因素。由此形成各海域的温度分布带——热带、亚热带、温带、近极区（亚极区）和极区等海域，暖流和寒流海域，水团的混合，水团的垂直分布和移动，上升流海域等，都对海洋生物的组成、分布和数量有重要影响。

太阳光线在水中的穿透能力比在空气中小得多，日光射入海水以后，衰减比较快。因此在海洋中，只有在最上层海水才能有足够强的光照保证植物的光合作用过程。在某一深度处，光照的强度减弱到可使植物光合作用生产的有机物质仅能补偿其自身的呼吸作用消耗，这一深度被称为补偿深度。在补偿深度以上的水层被称为真光层。真光层的深度（即补偿深度）主要取决于海域的纬度、季节和海水的混浊度。在某些透明度较高的热带海区，深度可达 200 米以上。在比较混浊的近岸水域，深度有时仅有数米。

海水的比热比空气大得多，导热性能差。因此，海洋中海水温度的年变化范围不大。两极海域全年温度变化幅度约为 5 摄氏度，热带海区小于 5 摄氏度，温带海区一般为 10~15 摄氏度。在热带海区和温带海区的温暖季节，表层水温较高，但往下到达一定深度时，水温急剧下降，很快达到深层的低温，这一水层被称为温跃层。温跃层以上叫作混合层，因为这一层的海水可以有上下混合。温跃层以下的海水则十分稳定。

海水含盐量比陆地水高，约为 35‰，且比较稳定。

3.2.3 以生态系统为视域的生态产品分类

从生态系统角度研究其生产或溢出的生态产品，按照层级思维逻辑，从产业链底端竖向展开，顺序导向产业链顶端，梳理出生态产品和类型。

3.2.3.1 森林生态系统生态产品构成分析

森林生态系统最显著的特点是具有粮库、水库、钱库、碳库"四库"的功能。其中，粮库凸显的是森林生态系统的物质供给能力，水库展示的是森林生态系统溢出的水源涵养、土壤保持等服务功能，钱库充分概括了"两山转化"逻辑的综合效益，碳库突出了森林在"双碳"战略中无可替代的独特作用。为便于生态产品产业体系建立，可从产品属性开展归类，将森林生态系统生态产品分类为物质供给类、调节服务类和文化服务类三大类别，其产品构成详见图3-2。

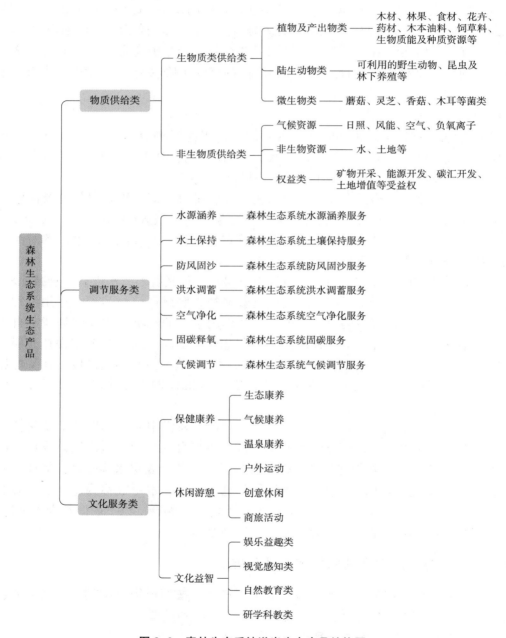

图3-2 森林生态系统溢出生态产品结构图

（1）以"粮"为典型代表的生物质供给类生态产品

森林是人类食物的主要来源。人类的文明史，就是从森林中走出来后逐步发展起来的，森林曾经赋予了人类进化过程中的多种食物来源。人体必需的三大营养物质——碳水化合物（糖类）、脂肪和蛋白质，均可以从森林中获取。森林中多种多样的植物中，蕴藏着丰富的食物来源，森林植物的果实、种子或叶子中，含有人体所需的各种营养成分，可以满足身体的需要。更重要的是，森林提供的木本食物受气候、降雨等自然条件影响小，是人类食物来源的重要补充。在战争年代和饥荒年代，森林食物曾经救过不少人的生命。比如在抗日战争时期，东北地区的橡子面曾挽救过抗联战士和老百姓的生命；河南、陕西、山东等地在饥荒年代，许多老百姓都曾靠吃榆树皮和茅栗、大枣等度过饥荒。因此，在大食物观思想的指导下，研究利用、深入开发森林食品，向森林要食物，大力发展木本粮油，在端牢我们自己饭碗方面具有巨大潜力。同时，开发利用昆虫等森林动物食品，增加和丰富人类的食谱，也是一个重要方向。

截至 2022 年，全国以森林种植、养殖、采集等为主的林下经济年产值已超过 9000 亿元，且尚有很大的潜力可挖掘。据统计，我国森林中仅木本植物就有 8000 多种。其中，已被人类所开发利用的只是极少的一部分。能生产木本粮油的树木被人们形象地称为"铁杆庄稼"。

①木本粮食树种，一是板栗和茅栗，属壳斗科栗属，我国有 3 种，分布很广。种实炒熟后味美可口，尤以板栗在我国栽培最广。种仁中含蛋白质 10.7%、脂肪 7.4%、糖及淀粉 70.1%、粗纤维 2.9%，营养非常丰富。我国从云南到辽宁均有大面积种植。二是榛子。其属榛科榛属，我国有 8 种。种子富含蛋白质、脂肪、淀粉和维生素，作为干果食用，味道鲜美可口，是重要的干果。三是栎类果实。其属壳斗科，该科树木不光是良好的绿化用材树种，其中大部分种类圆球状的种实中含有丰富的淀粉，其次是脂肪，可作为人类碳水化合物的重要来源，如栲属有 70 多种，石栎属有 90 多种，青冈属有 70 种，栎属有 60 多种。其中，栎属的几个种在我国东北被老百姓叫柞树，结的种实叫橡子，其个体大，淀粉含量高，用种实磨成的面粉被称为橡子面。这些壳斗科树木的种实有些可直接炒熟食用，如青钩栲、钩栲、包果石栎、饭甑青冈、黄山栎等，或直接用于饲喂家禽、家畜。大部分种类种实中的淀粉需加工去单宁等苦味后方可食用。

木本油料树种也很丰富，主要有油茶、元宝枫、核桃、油橄榄、山桐子等。

a. 油茶。油茶又称山茶，属山茶科山茶属，是我国特有的木本油料树种，用它的种子榨取的食用油被称为山茶油，色清味香，营养丰富，是我国南方山区人民爱吃的食用油。山茶油中不饱和脂肪酸含量高达 90%，远远高于菜籽油、花生油和豆油，与橄榄油相比，维生素 E 含量高一倍，还含有橄榄油所没有的具有特殊生理活性的山茶苷、山茶皂苷、茶多酚等化合物，具有很高的营养价值。经过 10 多年的推广种植，截至 2020 年，全国油茶种植面积达到 6800 万亩，高产油茶林 1400 万亩，茶油产量 62.7 万吨，油茶产业总产值达 1160 亿元。

b. 元宝枫。元宝枫是槭树科槭属的乔木树种。元宝枫种子可以榨油，是品质上乘的食用油。油中除含有丰富的不饱和脂肪酸外，维生素 E 的含量也很高，抗氧化能力强，是最稳定的液态植物油。更为奇特的是，元宝枫籽油里含有神经酸。神经酸是目前国际上科学家们公认的、唯一能修复疏通受损大脑神经通路神经纤维并促使神经细胞再生的双效神奇物质，对于老年痴呆症、帕金森病、脑瘫、脑萎缩、抑郁症等疾病有良好的预防和治疗效果。另外，元宝枫叶子中还含有多种活性物质，可提取医用黄酮素、绿原酸、强心苷、SOD、儿茶素、槲皮素等活性物质。元宝枫的木材材质上乘，是制作高档家具的好原料，因而被列为我国储备林建设的优选树种。元宝枫还是良好的荒山造林、园林绿化树种，自然分布地区很广，从云南到黑龙江都有天然分布，内蒙古科尔沁沙漠中有一片 6 万多亩的天然元宝枫林，树龄多在百年以上。秋天元宝枫树叶变为红色，十分美观。元宝枫树冠大、扎根深，枝叶浓密，在保持水土、涵养水源方面具有良好的生态效益。

c. 核桃。核桃为我国重要干果之一，我国是核桃原产地之一，早实类核桃类群起源于中亚和新疆地区，目前在新疆天山的西端，伊犁谷地的前山峡谷中，仍有大面积的野生核桃林。由于核桃富含营养，具有较高的食用价值和医疗价值，很符合人们的养生观念，因而迅速在全国许多地方得到推广，中国作为核桃生产大国，核桃收获面积及产量逐年平稳增加，呈现良好的增速发展趋势，2020 年中国核桃产量达 479.59 万吨。我国比较常见的有秋子核桃(一种野生核桃，主要产在东北。特征是有明显的六条横杆，用于食用和文玩)、麻核桃(半野生核桃，主要在华北的山西河北一带，主要用于文玩，价格也比较贵)、铁核桃(南方的核桃品种，表面有近似花生皮样的纹路)、棉核桃(食用的品种，皮薄，仁大，表面较平整，纹路很浅很浅)几大类，具体核桃品种上百个。核桃种仁含油量高达 70% 且具有丰富的营养素，每百克含蛋白质 15~20 克，碳水化合物 10 克，脂肪含量也比较高，并含有人体必需的钙、磷、铁等多种微量元素和矿物质，以及胡萝卜素、核黄素等多种维生素，是深受老百姓喜爱的坚果类食品之一，可榨油食用，亦可生食。核桃仁中含有的亚油酸可预防和治疗老年人血管疾病。另外，核桃树树体高大，根系发达，是良好的国土绿化和水土保持树种。目前，全国核桃栽培面积很大，在山区农民脱贫致富中发挥了很大作用。

d. 油橄榄(*Olea europaea*)。油橄榄是木犀科木犀榄属的油料树种，原产地为地中海沿岸的西班牙、意大利、希腊、葡萄牙等国家，我国自 1964 年起开始引种。橄榄油是用油橄榄成熟鲜果的果肉压榨而成的食用油，在世界上被誉为"植物油皇后"。目前，橄榄油作为世界上食用油中的上品受到人们的青睐，被欧美国家选作食用油首选。橄榄油不仅营养丰富，还具有预防心脑血管病的功效，能防止、减缓动脉血管硬化和高血压、心力衰竭、肾衰竭、脑出血等并发症，减少血栓形成。我国虽然引种油橄榄已 50 多年了，但目前规模仍然很小，全国栽植面积约 120 万亩，而且产量普遍较低，年产油橄榄鲜果仅 3.6 万吨，生产的橄榄油大约 5000 吨，远远满足不了国内市场的需求。油橄榄具有良好的经济、生态和社会效益，很适合在我国中西部山区种植。中西部地区的甘肃、四川、重庆、陕西、云南、湖北、贵州等山区的自然环境,能够满足油橄榄的生长条件,而且生产出的橄榄油品质完全可以与原产地的相媲美。

e. 山桐子(*Idesia polycolpa*)。山桐子是大风子科山桐子属的乔木树种,树高达8~21米,是优质高产的野生木本油料树种。其果实、种子均含油,果肉含油量43.6%,种子含油量22.4%~25.9%,平均含油量36.3%。油中亚油酸含量高达58%~81%,被誉为"树上油库"。我国四川山区群众将其作为食用油食用已有多年的历史。其油具有特殊的醇香味,而且山桐子是山地营造速生混交林和经济林的优良树种,其花多芳香,是良好的蜜源植物,而且树形优美。

(2)以"水"为基础的功能服务类生态产品

森林发挥着"产水""净水""拦洪""补枯"等公益性生态功能。依靠林冠截留蒸发和树干径流,对垂直降雨再分配;通过改善土壤结构,提高土壤蓄水能力,还可以改善洪水、枯水的负面影响,净化水质,提高水资源的利用效率。因"水"而进一步衍生的功能除了水源涵养外,还有滋养森林植被溢出的土壤保持、防风固沙、洪水调蓄、空气净化、水质净化、固碳释氧、调节局部气候等功能。

森林生态系统分布在湿润或较湿润的地区,其主要特点是动物种类繁多,群落的结构复杂,种群的密度和群落的结构能够长期处于稳定的状态。森林中的植物以乔木为主,也有少量灌木和草本植物。森林中还有种类繁多的动物。森林中的动物由于在树上容易找到丰富的食物和栖息场所,因而营树栖和攀缘生活的种类特别多,如犀鸟、避役(变色龙)、树蛙、松鼠、貂、蜂猴、眼镜猴和长臂猿等。森林不仅能够为人类提供大量的木材和众多林副业产品等物质供给类生态产品,而且在维持生物圈的稳定、改善生态环境等方面起着重要的作用。例如,森林植物通过光合作用,每天都消耗大量的二氧化碳,释放出大量的氧,这对于维持大气中二氧化碳和氧含量的平衡具有重要意义。又如,在降雨时,乔木层、灌木层和草本植物层都能够截留一部分雨水,大大减缓雨水对地面的冲刷,最大限度地减少地表径流。枯枝落叶层就像一层厚厚的海绵,能够大量地吸收和贮存雨水。因此,森林在涵养水源、保持土壤方面起着重要作用,有"绿色水库"之称。

反映森林生态系统服务功能的一个成功案例是退耕还林工程。国家发展改革委组织的工程后评价结果表明,工程区生态效益显著提升[24]:以2020年为基准,一期退耕还林工程可带来年生态效益1.6万亿元,其中涵养水源和保肥固土效益2270亿元,防风固沙效益7431亿元,每年产生的直接经济效益可达740亿元左右。

背景3-3 第一轮退耕还林工程及其后评价结论

退耕还林工程建设范围涉及25个省(自治区、直辖市)和新疆生产建设兵团,共1897个县级地方。第一轮退耕还林工程实施期为1999~2015年,实施面积2982万公顷(折合44728.7万亩)。工程总投入4071.97亿元,其中中央预算内投入283.30亿元,财政专项资金3788.66亿元。退耕还林工程造林面积占同期全国林业重点工程造林总面积的一半以上,相当于再造了一个东北、内蒙古国有林区,占国土面积82%的工程区森林覆盖率平均提高3个多百分点,西部地区有些市县森林覆盖率提高了十几个甚至几十个百分点,陕西省森林覆盖率由退耕还林前的30.92%增长到37.26%,净增6.34个百分点,陕北地区森林植被向北延伸了400千米。陕西省吴起县从1999—2012年,完成退耕还林15.8万公顷,林草覆盖度由1997年的19.2%提高到2012年的65%。

(1) 减少了水土流失

退耕还林增加了地表植被覆盖度,涵养了水源,减少了土壤侵蚀,提高了工程区的防灾减灾能力。据贵州省对10个重点退耕还林县的连续监测,年土壤侵蚀模数由退耕前的3325吨/平方千米减少到931吨/平方千米,下降了72%。贵州省遵义县松林镇丁台村,退耕还林前5口水井成了枯井,老百姓需远距离挑水吃,2000年退耕还林80公顷后,5口水井都涌出了清泉,解决了村民的吃水难题。据四川省定位监测,通过实施退耕还林工程,10年累计减少土壤侵蚀3.2亿吨、涵养水源288亿吨,减少土壤有机质损失量0.36亿吨、氮磷钾损失量0.21亿吨,境内长江一级支流的年输沙量大幅度下降,年均提供的生态服务价值达134.5亿元。湖南省湘西土家苗族自治州,由于长期毁林开垦、刀耕火种,造成严重的水土流失,付出了沉重的生态代价。到2010年,湘西累计完成退耕还林工程建设任务27.07万公顷,其中退耕地还林13.2万公顷,荒山荒地造林和封山育林13.87万公顷,全州森林覆盖率提高15个百分点。湖南省吉首市退耕还林效益监测点的监测结果表明,2010年土壤侵蚀模数由退耕前的每平方千米3150吨下降到1450吨,生态面貌发生了根本性变化。据长江水文局监测,年均进入洞庭湖的泥沙量由2003年以前的1.67亿吨减少到2017年的0.38亿吨,减少77%。重庆通过退耕还林共治理水土流失面积1.67万平方千米,土壤侵蚀模数由实施退耕还林前的年均5000吨/平方千米降低到了2017年的3642吨/平方千米,减少了23.9%,每年减少土壤侵蚀2765万吨。长江水利委员会的专家认为,长江输沙量减少,退耕还林工程功不可没。陕西通过退耕还林治理水土流失面积达9.08万平方千米,黄土高原区年均输入黄河泥沙量由原来的8.3亿吨减少到4.0亿吨。宁夏实施退耕还林以来,年均治理水土流失面积超过1000平方千米,水土流失初步治理程度接近40%,每年减少流入黄河的泥沙4000多万吨。

(2) 减轻了风沙危害

北方地区在退耕还林中,选择生态区位重要的风沙源头和沙漠边缘地带,采用根系发达及耐风蚀、干旱、沙压等的防风固沙能力强的树种,林下配置一定的灌草植被,营造防风固沙林,取得了良好效果。退耕还林为我国沙化土地由20世纪末每年扩展3436平方千米转变为工程后每年减少1283平方千米的逆转发挥了重要作用,特别是京津风沙源区,通过长期实施退耕还林工程,有效减少了沙化面积、减轻了风沙危害,实现了由"沙逼人退"向"人进沙退"的历史性转变。内蒙古自治区是全国退耕还林总任务及配套荒山荒地造林任务最多的省份,工程区林草覆盖度由15%提高到70%以上,退耕地的地表径流量减少20%以上,泥沙量减少24%以上,地表结皮增加,水土流失和风蚀沙化得到遏制,扬尘和风沙天气减少,局部地区小气候形成,生态状况明显改善。鄂尔多斯市伊金霍洛旗有林地面积由退耕前的17.8万公顷增加到23.8万公顷,森林覆盖率由27.4%提高到38.1%,沙化状况实现了根本性转变,并进入了治理利用的新阶段。河北退耕还林工程实施以来,全省沙化土地减少9.59万公顷。陕西北部沙区每年沙尘暴天数由过去的66天下降为24天,延安的平均沙尘日数由1995~1999年的4~8天减少到2005~2010年的2~3天。宁夏退耕还林以后,治理沙化土地33.33万多公顷,全区沙化土地总面积比1999年减少25.8万公顷,实现治理速度大于沙化速度的历史性转变;地处毛乌素沙漠南缘的盐池县植被覆盖度由退耕前的5.95%提高到了35%。

(3) 提高了工程区防灾减灾能力

退耕还林增加了大量林草植被,改变了区域小气候,一些地区自然灾害得到了明显缓解,防灾减灾能力也得到明显增强。如湖南湘西地区在退耕还林前,干旱、缺水、河水浑黄不堪、石漠化加剧,洪涝灾害上可谓"十年九灾",干旱出现频率为73%~92%,退耕还林后旱涝灾害出现频率降为42%~53%,洪涝、干旱等气象及衍生灾害明显减少。贵州普定县猴场乡马儿坝水库因周边大量坡耕地实施了退耕还林,2010年发生西南特大旱灾期间水位仍然保持了正常水平,成为周边群众的重要饮水水源。黑龙江通过实施退耕还林工程改善了农田小气候,提高了土地的蓄水保肥能力,抵御自然灾害的能力大大增强,2007年在遭受了历史罕见旱灾的情况下,全省粮食总产量仍达到了约4000万吨的较好水平。

退耕还林前,陕西省延安市是全国水土流失最为严重的区域之一,干旱、洪涝、冰雹等自然灾害经常发生,尤其是十年九旱,农业基本上靠天吃饭。水土流失面积占国土总面积的77.8%,年入黄河泥沙2.58亿吨,约占黄河泥沙总量的六分之一。退耕还林工程的实施,让延安实现了"由黄到绿"的历史性转变,植被覆盖度从2000年的46%提高到2014年的67.7%,水土流失得到有效遏制,输沙量减少了58.4%。2013年7月,延安市发生了自1945年有气象记录以来过程最长、强度最大、暴雨日最多且间隔时间最短的持续强降雨,超过百年一遇标准,由于退耕还林大部分林木已成林,林下附着物一般都在20~30毫米,对水的吸纳性非常强,大雨并没有造成大的汛情和洪涝灾害。

(4) 生物多样性得到保护和恢复

退耕还林保护和改善了野生动植物栖息环境,丰富了生物多样性。工程区野生动物种类和数量不断增加,特别是一些多年不见的飞禽走兽重新出现,生物链得到修复。陕西在退耕还林工程实施后,朱鹮、大熊猫、羚牛、褐马鸡等珍稀濒危野生动物栖息地范围不断扩大,种群数量逐年增加。根据第四次大熊猫调查显示,秦岭大熊猫野外种群由2005年的273只增加到345只,增幅、密度均居全国首位。朱鹮种群数量由1981年发现的7只,2015年的2000余只,发展壮大到目前的5000余只。目前,羚牛数量近5000头,金丝猴数量超过5000只。一些地方消失多年的狼、狐狸等重新出现,退耕还林第一县吴起县还于 2009 年建立了首家退耕还林森林公园。贵州退耕还林工程监测区植物种类由退耕前的 17 个科，增加到 73 个科。湖北实施退耕还林工程后，退耕还林地区的植物物种数明显增多，随着林木的生长和郁闭度增加，退耕还林地草灌层物种组成发生变化，耐阴性植物逐渐代替喜光植物，如灌木优势种火棘、悬钩子、野蔷薇、黄荆条、马桑等已逐渐恢复生长。安徽省合肥市依托退耕还林建立了我国首个退耕还林生态修复的国家级森林公园（滨湖国家森林公园），2012 年 8 月以来，公园建成自然生态和历史人文两大主题游览区，城、湖、岛交相辉映，成为环巢湖旅游的"绿色明珠"，园内植物种类也从十多种增加到 281 种。

(3) 以"钱"为衡量标准的生态产品综合价值

森林是陆地生态系统的主体，是最大的绿色经济体[25]。森林是钱库，是"绿水青山就是金山银山"的通俗说法，其主要是指森林可以向人类持续提供多种产品，除了前述的服务功能类生态产品外，森林生态系统尤其能生产物质供给类生态产品，一方面，能生产茶叶、花卉、药材等近自然种植业，林下养殖畜牧产品，包括木材、能源物质、林药林菜林果等林副产品、化工医药资源等森林产品，自然水域生产的水产品及水生食品、药材及原料类等，构成了丰富的生物质类生态产品系列。另一方面，能生产包括良好的空气、干净的水源以及土地增值、地下矿产资源等在内的非生物质类生态产品；以及良好的森林生态环境，叠加优美的自然风景和人文历史，涌现众多的风景名胜区，溢出的文化服务类生态产品成为各地旅游业强劲发展的策源地，成为第三产业发展的主阵地。所有这一切构成了"绿色 GDP"的核心内容，也是生态产品价值实现的主要途径。

①森林衍生林业一二三次产业。林业产业是一个涉及国民经济第一、第二和第三产业多个门类，涵盖范围广、产业链条长、产品种类多的复合产业群体，具有国民经济基础性、产品绿色生态性、产业和产品多样性等独特优势和显著特点，在促进乡村振兴、繁荣区域经济、增进民生福祉等方面发挥着重要作用。党的十八大以来，我国林业产业进入一个新的发展期，林业产业总产值年平均增速达 12.1%，保持了全球林产品生产、贸易第一大国地位。发展林业产业既是实现绿色发展的潜力所在，又是实现协调发展、创新发展、共享发展的重要领域，对加快实现"绿水青山就是金山银山"的战略构想意义重大。据统计，2020 年全国林业产业总产值达 7.55 万亿元，其中一产 2.36 万亿元、二产 3.38 万亿元、三产 1.81 万亿元，形成了经济林产品种植与采集、木材加工及木竹制品制造、林业旅游与休闲服务三个年产值超过万亿元的支柱产业。行业产品供给能力持续提升，产出了与人们衣食住行密切相关的 10 万多种产品。林产品进出口贸易额达 1600 亿美元，带动 3400 多万人就业。可见，森林生态林产品（一产初级产品）是林业二产的基础产业，依托森林生态系统溢出的水源涵养等众多服务功能类生态产品及衍生的清新的空气、洁净的水源、丰富的负氧离子等非生物质供给类生态产品，支撑了保健康养、休闲游憩、文化益智等文化服务类生态产品的生产，极大地促进了旅游等第三产业的发展。

②以木材为基础的国民经济基础产业。木材加工业、人造板、制浆是国民经济三大基础产业，为国民经济发展提供木材、板材和纸浆三大基础材料。人类自从诞生以来，就一直离不开森林提供的木材资源，木材仍然是当今世界四大材料之一，全球森林每年为人类提供约 30 亿立方米以上的木材，其中为中国提供的木材达到 5 亿立方米。在距今 7000 年前，人们就开始依靠森林获取木材、建造房屋，在屋中躲避风雨和严寒，躲避猛兽的袭击。直到今天，地球上的许多人仍然喜欢住在木制的房屋里，木制家具仍然是当今人们最喜欢的家具之一。此外，一些轮船、火车、汽车的部件仍然采用木材。胶合板、刨花板、纤维板等三大人造板材及其加工成的各种木制产品，以及以木竹等植物纤维为原料的纸浆及其生产的纸和纸板，以植物纤维为原料生产的黏胶纤维及其制作的布料和衣服等，均是在森林生态产品的基础上形成的业态。据《中国林业和草原统计年鉴》，2021 年，我国涉林二产制造业产值达 3.86 万亿元，占林业总产值的 44%。其中，木材加工和木、竹、藤、棕、苇制品制造 1.4 万亿元，木、竹、苇浆造纸和纸制品 0.75 万亿元，林产化学产品制造 469 亿元；木结构建筑需求逐年增加，从休闲农业、旅游地产、木质景观到木别墅、多层木结构住宅、大型公共建筑，应用越来越广，相关产业蓬勃发展。

③新型绿色能源业的重要基础。生物质能源是人类用火以来，最早直接应用的能源。日常生活中，生物质资源众多，包含农作物、树木、粮食、饲料作物的残体以及树木、动物粪便和其他有机废弃物，是唯一可再生的碳资源。生物质资源利用技术的主要产品有生物质气体燃料、生物质发电、生物质液体燃料、固体成型燃料、生物基材料和化学品等。开发利用生物质能的物质基础可以说取之不尽、用之不竭。据统计，生物质能潜力巨大，地球上的植物每年通过太阳能光合作用生成的生物质能总量约为 1440~1800 亿吨，大约等于现在世界能源消耗总量的 10 倍左右。作为唯一能够转化为液体燃料的可再生资源，生物质已以其产量巨大、可储存和碳循环等优点引起全球的广泛关注。日本的"阳光计划"，印度的"绿色能源工程"，巴西的"酒精能源计划"等，都将生物质能作为国家战略推进。2021 年发布的《3060 零碳生物质能发展潜力蓝皮书》指出，当前，我国主要生物质资源年产生量约为 34.94 亿吨，生物质资源作为能源利用的开发潜力为 4.6 亿吨标准煤。截至 2020 年，我国可利用的林业剩余物总量 3.5 亿吨，能源化利用量为 960.4 万吨。生物质能源技术的推广应用，对于农林生物质能源化高效利用，减少农林废弃物资源对环境的影响，具有显著的经济、社会和生态效益，是生态产品价值实现的重要途径之一。

④巨大生态调节服务价值是满足人类高质量生活的基石。林草生态调节服务功能主要有水源涵养、土壤保持、防风固沙、洪水调蓄、固碳、空气净化、局部气候调节等，是具有公益性的生态产品。我国曾长期受森林不足带来的风沙肆虐、水土流失、江河淤积等生态危害的影响。例如山西右玉，新中国成立前土地沙化、水土流失严重，常年风沙肆虐。如今，通过持之以恒的植树造林、恢复生态，森林覆盖率从 0.3% 增长到 33.3%，森林碳汇增加 100 倍以上，粮食产量增长 6 倍，牛羊存量增长 10 倍以

上；再如河北塞罕坝地区，曾经"飞鸟无栖树，黄沙遮天日"，一片荒凉。如今，塞罕坝是一面抵御风沙的墙，是一汪绿意葱茏的海，保卫京津，滋养滦河、辽河。塞罕坝林场建场60年来，森林碳汇储备增加1830万吨，增长30倍。塞罕坝的森林生态系统每年可涵养水源、净化水质1.37亿立方米，固碳74.7万吨，提供的生态服务价值超过120亿元。此外，我国还涌现出福建长汀、贵州毕节、宁夏毛乌素沙地、陕西黄土高原等一批森林恢复和修复的典型。我国农田防护林体系建设实现了林粮互促、林茂粮丰。实施三北防护林、天然林保护、退耕还林、京津风沙源治理等生态工程，开展全民义务植树运动等，为大江南北、长城内外披上绿装。结合第九次全国森林资源连续清查结果、中国森林资源核算结果和中国林业统计年鉴相关统计结果，测算平均每亩森林的效益显示，全国平均每亩森林年涵养水源量192.34吨、年吸收大气污染物量12.1千克、年释氧量315千克。全国森林生态系统提供的生态服务总价值约为15.88万亿元。随着社会文明程度的提高和人们生态环境意识的增强，走进大自然、到大森林中观光游憩成为越来越多人的愿望与需求。森林的这些生态服务价值也就随着森林旅游、森林康养、自然教育、森林文化等新业态的产生，转化成为巨大的商业价值。2019年，国家林草局联合国家卫健委等部门出台了《关于促进森林康养产业发展的意见》，联合教育部推出了10家全国中小学生研学实践教育基地，全国现有国家林下经济示范基地550个、国家森林康养基地96个。连续多年成功举办森林旅游节，生态旅游吸纳社会投资总额达1400亿元。从2017年开始，森林旅游创造社会综合产值超过万亿元，成为林草业三大支柱产业之一。2019年，我国森林旅游游客量达到18亿人次，创造社会综合产值1.75万亿元。2021年，国家林草局发布第三期中国森林资源核算研究成果，其中首次发布了"中国森林文化价值评估研究"项目成果。评估显示，全国森林文化价值约为3.1万亿元。

（4）以"碳"为关键要素的生态产品

碳库是地球上储存碳的地方[26]。大气、陆地和海洋等碳库中储存了大量的碳，且在"陆—气"和"海—气"界面存在频繁的碳交换。"碳汇"是相对于大气而言的，即从大气中吸收储存或清除二氧化碳的过程、活动和机制。2020年联合国粮农组织《全球森林资源评估报告》指出，全球森林总碳储量达到6620亿吨碳，主要储存在森林生物质（约44%）、森林土壤（约45%）以及凋落物（约6%）和死木（约4%）这些碳库中。根据联合国粮农组织2020年全球森林资源评估结果，全球森林的碳储量约占全球植被碳储量的77%，森林土壤的碳储量约占全球土壤碳储量的39%，森林是陆地生态系统最重要的"碳库"。森林碳汇主要基于自然的过程，这相比工业碳捕捉减排，具有成本低、易施行、兼具其他生态效益等显著特点。森林吸收固定的碳大部分储存在林木生物质中，具有储存时间长、年均累积速率大等明显优势，而且，林木收获后的木产品也可以长时间储存碳。

中国政府高度重视碳减排问题，并将林业碳汇列为重要手段。2007年，在发展中国家中率先发布《中国应对气候变化国家方案》。2014年，印发《国家应对气候变化规划(2014—2020年)》。2021年,《中共中央国务院关于完整准确全面贯彻新发展理念做好碳达峰碳中和工作的意见》提出,要持续巩固提升生态系统碳汇能力,到2025年森林覆盖率达到24.1%,森林蓄积量达到180亿立方米;到2030年,森林覆盖率达到25%左右,森林蓄积量达到190亿立方米。

我国于1998年签署并于2002年核准了《京都议定书》。在此背景下,森林碳汇问题开始受到关注。2003年,国家林业局成立碳汇管理办公室。2004年,在广西、内蒙古、云南、四川、山西、辽宁6省区启动林业碳汇试点项目。其中,广西碳汇项目成为全球首个清洁发展机制下的林业碳汇项目。2009年中央一号文件要求各地"建设现代林业,发展山区林特产品、生态旅游业和碳汇林业",这是中央文件中首次提及"碳汇"概念。同年6月召开的中央林业工作会议做了明确定位:在贯彻可持续发展战略中,林业具有重要地位;在生态建设中,林业具有首要地位;在西部大开发中,林业具有基础地位;在应对气候变化中,林业具有特殊地位。这个特殊地位,很大程度上说就是林业的碳汇功能。《国家应对气候变化规划(2014—2020年)》明确要求"增加森林及生态系统碳汇"。2020年我国做出"双碳"承诺后,森林和其他生态系统碳汇日益受到重视。党的二十大报告强调,积极稳妥推进碳达峰碳中和,提升生态系统碳汇能力。

碳汇是有价值的,因此,森林碳汇是一种新的生态产品,只是其价值实现的机制和一般的生态产品不同,是通过人为设定一套认证、计量和交易规则来实现——以森林为核心的碳汇项目清洁发展机制。通俗解释是通过改进森林经营创造新的二氧化碳排放空间,再通过特定程序将二氧化碳排放空间商品化,实现排放空间价值的货币化交换。尽管这种机制是人创造的一种新概念,但依然遵循商品的价值规律,碳汇产品的理论基础是劳动价值和效用价值。

劳动价值:劳动价值的核心在于价值是凝结在商品中的一般的、无差别的人类劳动,商品的价值量是由生产商品所消耗的社会必要劳动时间决定,而不是由生产商品所消耗的个别劳动时间决定。从大气中二氧化碳浓度急剧增加来看,自然的二氧化碳排放空间(二氧化碳环境容量)已经不存在,未来的二氧化碳排放空间,只能通过人类劳动的成果来实现——增加植被固碳和通过技术手段减少排放,这里仅阐释林业碳汇,其表征的就是森林碳汇或者二氧化碳排放权。

效用价值:效用即指商品的有用性,也抽象地称其为使用价值。"效用"使得不同使用价值的商品或同一商品的不同使用价值方面有了较为统一的衡量标准,也就是说效用理论强调的是人与商品之间的关系。即根据消费者需求与否及其需求量的大小,决定某种商品是否具有使用价值,有多大使用价值,这正是效用理论的核心观点。森林经营活动提高生态系统的生产能力,固碳的额外性增加是森林碳汇的基础,通过碳汇获取的二氧化碳排放空间为其他工业化生产和社会行为所需的碳排放权形成了对价交换途径,随着调控气候变化的共识达成,二氧化碳排放空间(碳汇)将具有越来越广泛的需求,并且这种需求具有全社会性、全球性和长时期性。

3.2.3.2 草地生态系统生态产品构成分析

草原是我国最大的陆地生态系统和重要的自然资源,具有"水库、钱库、粮库、碳库"四大重要功能，在维护国家生态安全、边疆稳定、民族团结和促进经济社会可持续发展、农牧民增收等方面具有基础性、战略性作用。草原土壤水分涵养能力强，草原碳储量占我国陆地生态系统碳储量的32%，草原牛羊肉占我国牛羊肉的30%左右。草地生态系统生态产品分类为物质供给类、调节服务类和文化服务类三大类别，草地生态系统溢出生态产品结构见图3-3。

国家林业和草原局草原管理司有关负责人在阐释草原"四库"功能时指出，草原不仅在维护国家生态安全方面发挥着基础性、战略性作用，对保障食物安全也具有重要作用。

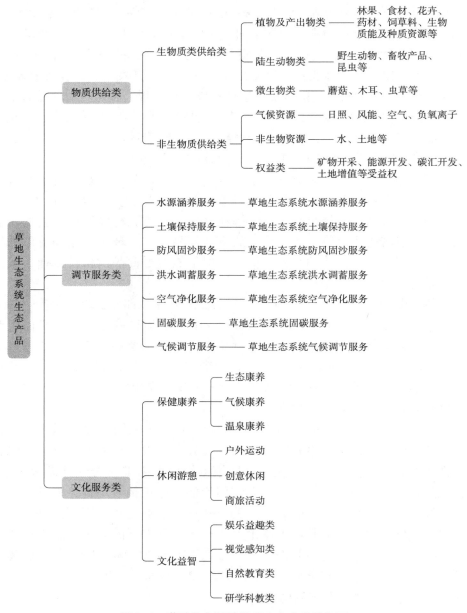

图3-3 草地生态系统溢出生态产品结构图

(1)以"粮"为核心的物质供给类草地生态产品

草原是草食畜产品的重要生产基地。草原牧区提供的畜牧产品对满足我国畜产品需求增长发挥着越来越重要的作用。加强草原保护修复，提高草原生产力，提供更多优质牧草，促进草食畜牧业持续健康发展，对减少饲料和牛羊肉进口依赖、更好保障国家食物安全意义重大。据农业农村部统计，2020年全国人均猪肉消费比例为52.6%，比2016年的62.8%下降了10.2个百分点；牛羊肉人均消费量从2016年的13.0%增加到2020年16.3%，提高了3.3个百分点。由此可见，草食畜产品在居民食物结构中的比重不断提高，在保障食物安全方面发挥着越来越重要的作用。草原是我国草食畜产品的重要生产基地。《中国畜牧业年鉴》显示，我国牧区、半牧区县牛羊肉供给量占全国牛羊肉供给量的比例大幅增加，2020年，我国牧区、半牧区牛存栏量占全国牛存栏量50%，比1998年提高了32.8个百分点；牛出栏量占全国牛出栏量26.4%，比1998年提高了12.5个百分点；牛肉产量占全国牛肉产量39%，比1998年提高了27.5个百分点。2020年，我国牧区、半牧区羊存栏量占全国羊存栏量38.1%，比1998年提高了10.8个百分点；出栏量占全国羊出栏量30.4%，比1998年提高了2.1个百分点；羊肉产量占全国羊肉产量35.1%，比1998年提高了13.9个百分点。2020年，我国牧区、半牧区提供的奶产品产量占全国奶产品产量的20%左右。

农区草业是保障食物安全的重要一环。牧草生产以收获营养体为目的，不需要籽粒成熟，不需要完整生育期，能够更充分利用气候和土地资源，生产出更多的有机质产品。从饲料利用的角度来看，如果以单位面积营养物质产量核算，同样气候条件下，全株青贮玉米的营养物质收获量是单纯玉米籽实的1.5~2倍。

我国草原是重要农作物和栽培牧草野生近缘种的基因库。许多栽培牧草的野生祖先在我国草原上也有广泛分布。充分利用这些野生种质资源来改良和培育栽培牧草品种，提高栽培牧草品质和抗逆性，对促进草业发展也十分重要。当今，人类栽培的作物有2300余种，栽培作物均起源于野生植物，其中粮食作物大多来源于草原野生植物。我国草原上分布的植物种类多样，其中许多植物是小麦、水稻等农作物的野生近缘种。这些野生近缘种普遍具有抗旱、耐寒、耐瘠薄、抗虫、抗病等优良抗逆基因。有效保护和充分挖掘这些优良基因，用于改良和培育农作物新品种，有利于保障国家粮食安全。

(2)以"水"为代表的草地生态系统功能产品

草原是名副其实的"水库"。黄河水量的80%、长江水量的30%、东北河流水量的50%以上均直接来源于草原地区。草原不仅是众多江河的发源地和水源涵养区，还孕育了数以千计的湖泊和冰川。

草原具有强大的水土保持功能。草原植物抗逆性强，能适应恶劣的生态环境，是恢复植被、改善生态环境的先锋物种，是保持水土的"卫士"。草原植被贴地面生长，可以很好地覆盖地面，能够有效阻截降水，减少地面径流和水分蒸发，在防止水土流失和土地荒漠化方面有着不可替代的作用。草原植物根系发达，纵横交错，形成紧密的根网，能够显著提高土壤渗透率，防止土壤水蚀和风蚀，减少土壤有机质流失。研究表明，植被稀疏的地区在地表径流的冲刷下，会出现风蚀、水蚀，不仅能带走土壤中的有机质和各类营养物质，而且对生态平衡破坏极大。草地比裸地的含水量高20%以上，在大雨状态下草原可减少地表径流量47%～60%，减少泥土冲刷量75%。此外，草原植被枯落物经微生物分解后，不仅能够显著提高土壤有机质含量，还能有效改善土壤结构，提高土壤层水分渗透性能，提高土壤持水能力。

草原是众多大江大河的发源地和水源涵养区。青藏高原是世界屋脊，被誉为"亚洲水塔"。青藏高寒草原区是世界上河流发育最多的区域，长江、黄河、澜沧江等河流大都发源于此。青藏高原水源涵养生态系统以高寒草甸为主，约占高原面积的60%。长江、黄河上中游流域面积251.6万平方千米，主要为天然草原植被覆盖，草原面积10.2万平方千米，占流域总面积的43.79%。据测算，青藏高原水资源量约为5.7万亿立方米，占全国水资源总量的20%，是保障我国乃至东南亚国家水资源安全的重要战略基地。祁连山地处青藏、黄土两大高原和蒙新荒漠的交汇处，丰富的草原资源孕育了黄河水系的庄浪河与大通河，以及石羊河、黑河、疏勒河三大内陆河。据统计，发源于祁连山地的大小河流有58条。内蒙古东部草原区河流湖泊众多，是松花江、嫩江、额尔古纳河等河流重要的水源涵养区，仅呼伦贝尔境内就有大小河流3000多条，其中流域面积在100平方千米以上的河流就有550条，是我国东北、华北区域重要的水源上游地，对我国北方水生态安全有着重要影响。东北边陲，黑龙江、松花江和乌苏里江分别从北、东、西蜿蜒而来，造就了三江平原，孕育了松嫩羊草草原，这里有大小河流57条，分属黑龙江和乌苏里江两大水系。

草原孕育了众多湖泊和冰川。青藏高寒草原区分布着数量最多的高原内陆湖群，湖泊星罗棋布，总面积达3万多平方千米，约占全国湖泊总面积的46%。仅西藏境内的湖泊总面积就超过2.4万平方千米，约占全国湖泊总面积的30%。内蒙古东部草原区分布着500多个湖泊，东北松嫩羊草草原上的湖泊也多达204个。这些湖泊与河流血脉相连，与草原相依相伴，共同维护着祖国北疆的水安全，为东北大粮仓提供了生态安全屏障。我国冰川储量约为5590亿立方米，年平均冰川融水量为563亿立方米，其中90%以上的冰川分布在草原地区。祁连山地区现有大小冰川2859条，总面积达1972.5平方千米，储水量811.2亿立方米，多年平均冰川融水量高达10亿立方米。

（3）草地生态系统的生态和文化服务价值充实了"钱"库

草原作为我国重要的生态系统类型，是生态、生产、生活"三生"空间的集合体，是绿水青山与金山银山合二为一的有机体，具有把绿水青山转化为金山银山的天然优势。草原资源的生态服务价值、经济价值、社会价值和文化价值都可以换算成"钱"，彰显金山银山的"钱库"作用。

草原具有重要的生态服务价值。草原是以多年生草本植物为主要生产者的陆地自然生态系统，具有涵养水源、保持水土、防风固沙、固碳释氧、调节气候、净化空气、维护生物多样性等重要功能，能够提供多样的、高价值的生态产品。a. 草原植物作为生态系统的初级生产者，通过光合作用，将太阳能和无机物转化为有机物，提供初级产品供草食动物消费，对维持生态系统物质循环和能量流动、维护生态系统良性循环发挥着基础性作用。2021年，全国天然草原鲜草总产量近6亿吨，折合干草1.9亿吨。内蒙古锡林郭勒盟天然打草场产草量18万吨，按照每吨1000元计算，天然草原打草价值可达1.8亿元。b. 草原是黄河、长江、澜沧江、怒江、雅鲁藏布江等江河的发源地和水源涵养区，能够对降水进行截留、吸收、贮存和净化，减少地表径流和水分蒸发，对维护国家水安全发挥着重要作用。c. 草原植物贴地面生长，根系发达，根冠较大，根部生物量一般是地上生物量的几倍乃至几十倍。草原植物根系及枯落物不仅能够显著增加土壤有机质，改善土壤结构，提高土壤肥力，还能有效减少土壤水蚀和风蚀，对土壤发挥着重要的保护作用。d. 草原植被通过释放氧气和负氧离子，以及阻挡、过滤、吸附、滞留空气中悬浮颗粒物，发挥着净化空气、优化空气质量的作用。

草原生态产品具有巨大的经济价值。草原生态资源是具有多功能性的可再生自然资源，其经济价值体现在草原畜牧业、野生动植物、草原生态旅游、能源资源等方面。牲畜采食饲草，将草转化为畜产品，供人类消费利用，农牧民通过饲养牲畜获取生活资料和经济收入。我国六大牧区牧业产值占农业总产值的50%左右，草原牧区的牛肉、羊肉、牛奶等总产量占比较高，羊毛、羊绒产量占全国总产量的60%以上。据测算，我国草原单位面积畜产品产值为每公顷770元，全国近2.7亿公顷（合40亿亩）草地每年畜牧业产值可达2000多亿元。我国草原畜牧业生产力还有巨大潜力，目前草原单位面积畜产品产值仅相当于美国的1/4，澳大利亚的1/6和新西兰的1/8。

我国草原植物资源丰富。据不完全统计，草原植物有254科、4000多属、1.5万种左右，包括饲用植物、药用植物、沙生植物、芳香植物、观赏植物等。我国有饲用植物6704种。丰富的饲用植物资源为发展草原畜牧业奠定了重要的物质基础，也为野生动物生存繁衍提供了食物来源。我国天然草原上分布的药用植物近千种，代表药材有甘草、黄芪、防风、柴胡等。在自然界，冬虫夏草、雪莲等只能在草原上生长。2021年，青海省冬虫夏草总产值达201.6亿元，从事虫草采挖直接从业人员10万人，受益农牧民近216.5万人。草原还提供了多种珍稀的芳香材料，已被开发应用的草本芳香植物有艾蒿、百里香、薰衣草、薄荷等。草原还有很多观赏价值高的植物，比如金莲花、龙胆、杜鹃花等。

草原是野生动物繁衍生息的乐园，我国草原上生存繁衍的野生动物达2000多种，其中国家一级保护动物14种、二级保护动物30多种。

我国草原地区矿产种类繁多，能源资源十分丰富，非生物质类生态产品开发潜力巨大，包括化石能源、风能、太阳能。化石能源主要以煤、石油、天然气等为主。草原煤油气资源主要分布在陕西、内蒙古和新疆北部等煤炭富集区。草原地区石油资源量占全国可开采石油资源量三成左右。草原风能和太阳能资源极为丰富，具有无污染、可再生、分布广的特点。我国草原地区的风能资源占全国风能资源的50%以上。西藏、青海、新疆、甘肃、宁夏等省份的广大草原地区日照充足，属太阳能资源最丰富的地区。

草原具有独特的生态文化资产，文化服务类生态产品具有独特的价值。我国草原分布广泛，从东到西横跨几千千米，从南到北跨越热带、亚热带、温带、高原寒带等自然地带，形成了千姿百态的草原类型、草原景观、草原历史和草原文化。千百年来，生活在草原上的蒙古族、藏族、哈萨克族等草原民族都形成了各自世代延续的草原民俗文化。这些草原文化在与农耕文化碰撞、交会和融合过程中形成了中华文化。悠扬的草原歌曲、优美的草原舞蹈、独特的民风民俗都是人民群众喜闻乐见的草原文化表现形式，敬畏自然、尊重自然、顺应自然、保护自然的理念也是草原文化的突出特点，草原生态旅游已成为全国旅游观光业发展的新增长点。

(4) 以"碳"为特征的生态产品

草原是我国仅次于森林的第二大碳库。据测算，我国草原碳总储量占我国陆地生态系统的16.7%，我国的草原生态系统碳储量占世界草原生态系统的8%左右。典型草原和草甸蓄积了全国草原有机碳的三分之二。我国草原碳汇潜力巨大，合理的草原政策和科学的草原保护修复措施能够显著提高草原增汇减排功能，在完成碳达峰和碳中和目标方面发挥重要作用。

草地生态系统通过光合作用吸收大气中的二氧化碳，将二氧化碳储藏在生态系统内。草原生态系统碳库主要包括植被碳库和土壤碳库两部分。草原的碳蓄积主要分布在土壤碳库，土壤一旦遭到破坏，其储存的大量碳将重新回到大气中。自20世纪90年代以来，国内专家学者利用不同方法对我国草原的生物量碳库和土壤碳密度进行了估算，其中草原植被碳储量在10.0亿~33.2亿吨，草原土壤碳储量在282亿~563亿吨。

草原的碳汇功能主要集中在土壤层中，土壤碳库约占草原生态系统碳库总量的90%以上。我国高寒草甸和高寒草原面积较大，但由于受高寒和干旱气候条件制约，植被碳密度较低，但土壤碳储量巨大，对全国总生物量碳储量的贡献最大。沼泽草原、山地草原和亚热带-热带草丛由于优越的生长条件，地上部分生物量碳密度最大，但由于面积较小而总储量并不大。地下根系生物量碳储量与地上部分具有趋同性，沼泽草原、山地草原和亚热带-热带草丛的根系生物量碳储量较高。高寒草甸和亚热带-热带草丛碳储量对全国草原生物量碳储量贡献最大。

综合比较来看，草原固碳更为稳定、成本更低，草原固碳的成本是森林固碳的44%。从经济效益上来讲，草原的碳库功能将更节约成本，良性循环的草原生态系统可以增加碳储量，带来更大的固碳效果，发挥更有效的碳汇功能。由于过度放牧等不合理的开发利用和气候变化等因素的影响，我国70%的天然草原发生了不同程度的退化。对于增汇而言，退化草原恢复具有极大的碳汇潜力和碳汇价值。

优化草原管理方式是增强碳汇功能最有效的方法，具体措施主要包括降低放牧压力、围栏封育和人工种草等。2000年以来，我国开展了一系列草原生态修复工程项目，通过实施重点生态工程和草原保护建设工程，大幅提升草原固碳能力。我国从2011年起建立了草原生态保护补助奖励机制，以禁牧和草畜平衡政策为主要内容，目的在于降低放牧强度，恢复草原生产力，发挥生态功能。

3.2.3.3 农田生态系统生态产品构成分析

农田生态系统与森林、草地等生态系统存在明显的差异。农田的土地性质是耕地，产出物是粮食，不属于生态产品。

在核算物质供给类生态产品时，仅考虑配建了农田林网的情况，且只计入农田林网溢出的产品，如林网更新生产的木材，林网管护和维护中产生的生物质原料等。

农田林网的非生物质供给类生态产品包括两种情况，一是因农田林网改善了局部气候带来的农作物增产等综合效益的增加值，二是在林网开展了碳汇认证情况下产生的碳汇收益。

对农田生态系统是否存在文化服务类生态产品存在不同的看法。严格来讲，乡村旅游不属于生态系统的溢出效应，一般意义上的相关文旅、康旅等活动，不应计入生态产品价值核算范畴。但是，如果周边良好的森林、湿地、草地等生态环境对乡村开展各种休闲、康旅、文旅起了积极作用的，应将因生态环境改善带动乡村游收益的增加值计入核算范畴。比较可行的核算方法是以年度为计量单元，采取有无对比法进行核算。农田生态系统溢出生态产品详见机构见图3-4。

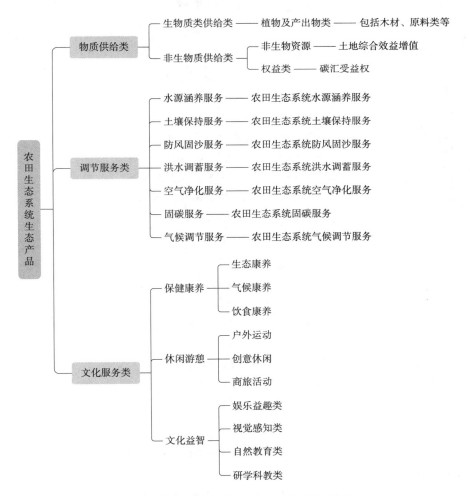

图3-4 农田生态系统溢出生态产品结构图

3.2.3.4 湿地生态系统生态产品构成分析

湿地广泛分布于世界各地，拥有众多野生动植物资源，是重要的生态系统。湿地处于陆生生态系统和水生生态系统之间的过渡性地带，在水湿特定环境下，生长着丰富的湿地植物。很多珍稀水禽的繁殖和迁徙离不开湿地，因此湿地被称为"鸟类的乐园"。湿地具有强大的生态净化作用，因而又有"地球之肾"的美名。湿地生态系统溢出的物质供给类、调节服务类和文化服务类三大类生态产品，尤其是调节服务类生态产品十分丰富。湿地生态系统溢出生态产品详见结构图3-5。

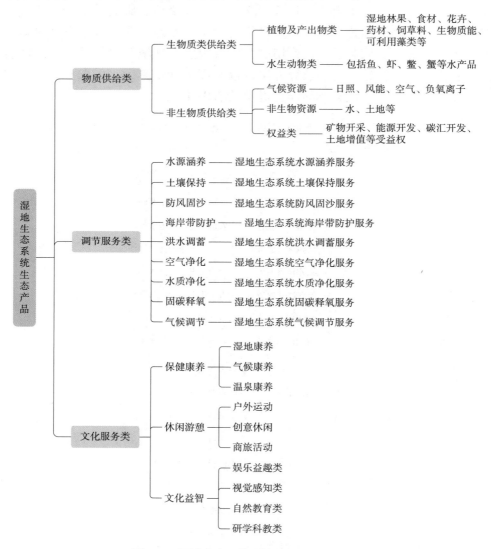

图3-5 湿地生态系统溢出生态产品结构图

（1）物质供给类

湿地生态系统具有物质供给潜力，包括生物质和非生物质两大类。生物质物质供给类生态产品包括工业原料、林果、食材、花卉、药材、饲草料、生物质能、可利用藻类等。非生物质物质供给类包括日照、风能、空气、负氧离子等气候资源类产品,清洁水源、土地等非生物资源类产品,矿物开采、能源开发、碳汇开发、土地增值等受益权类产品。

(2)调节类生态产品

湿地生态系统调节类生态产品包括涵养水源、土壤保持、防风固沙、海岸带防护、调蓄洪水、净化空气、净化水质、固碳释氧、调节气候等,是生物多样性的重要发源地之一,因此也被誉为"天然水库"和"天然物种库"。

涵养水源:湿地之水,除了江河、溪沟的水流外,湖泊、水库、池塘的蓄水,都是生产、生活用水的重要来源。据估算,我国仅湖泊淡水贮量即达225亿立方米,占淡水总贮量的8%。某些湿地通过渗透还可以补充地下蓄水层的水源,对维持周围地下水的水位,保证持续供水具有重要作用。

保持土壤:湿地系统主要由水、土壤(或碎石)和生物(植物、微生物、底栖动物等)组成。在水流动的过程中,通过土壤(或碎石)、植物的吸附作用和生物的新陈代谢作用等吸收进入湿地生境的水所含氮、磷等养分,湿地生境中丰富的植物、微生物和细菌,对水有比较强的过滤作用,能促进悬浮物的沉降和改善基底的稳定性,从而达到改善水质和生境、保持土壤、防风固沙等目的。

湿地具有调节和净化水源及补充地下水的功能。湿地大部分集中于低洼地,与周边河流湖泊相通,在多雨季节可以蓄洪排涝,在降水少的季节可以向周边河流提供水源。

湿地为野生动物提供栖息地。自然湿地是动物的绝佳栖息地,是鱼类等的越冬场、产卵场和索饵场,自然湿地对于濒临灭绝的鸟类非常重要,鸟类通常会在湿地区域过冬、觅食和繁殖等,这些鸟类迁移的目的地大部分是湿地所在地。

洪水调蓄:每年汛期洪水到来,众多的湿地以其自身的庞大容积、深厚疏松的底层土壤(沉积物)蓄存洪水,从而起到分洪削峰、调节水位、缓解堤坝压力的重要作用。全国天然湖泊和各类水库调洪能力不下2000亿立方米。长江22个通江湖泊尽管面积锐减,容水量仍达600多亿立方米,洞庭、鄱阳两湖蓄洪能力不少于200亿立方米,对于调节长江洪水、消减洪灾依然起着关键作用。同时,湿地汛期蓄存的洪水,汛后又缓慢排出多余水量,可以调节河川径流,有利于保持流域水量平衡。

净化功能:大面积的湿地,通过蒸腾作用能够产生大量水蒸气,不仅可以提高周围地区空气湿度,减少土壤水分丧失,还可诱发降雨,增加地表和地下水资源。据一些地方的调查,湿地周围的空气湿度比远离湿地地区的空气湿度要高5%~20%以上,降水量也相对多。因此,湿地有助于调节区域小气候,优化自然环境,对减少风沙干旱等自然灾害十分有利。湿地还可以通过水生植物的作用,以及化学、生物过程,吸收、固定、转化土壤和水中营养物质含量,降解有毒和污染物质,净化水体,消减环境污染。

物种资源库：我国湿地分布于高原平川、丘陵、海涂等多种地域，跨越寒、温、热多种气候带，生境类型多样，生物资源十分丰富。据初步调查统计，全国内陆湿地已知的高等植物有1548种，高等动物有1500种；海岸湿地生物物种约有8200种，其中植物5000种、动物3200种。在湿地物种中，淡水鱼类有770多种，鸟类300余种。特别是鸟类在我国和世界都占有重要地位，据资料反映，湿地鸟的种类约占全国的三分之一，其中有不少珍稀种。世界166种雁鸭中，我国有50种，占30%；世界15种鹤类，我国有9种，占60%，在鄱阳湖越冬的白鹤，占世界总数的95%。亚洲57种濒危鸟类中，我国湿地内就有31种，占54%。这些物种不仅具有重要的经济价值，还具有重要的生态价值和科学研究价值。

湿地生态系统具有显著的固碳功能，是地球上最重要的碳库之一。一方面，湿地植物通过光合作用使无机碳（大气中的二氧化碳）转变为有机碳，并在湿地土壤中不断积累；另一方面，湿地中含有大量未被分解的有机物和有机碳，这些有机碳在湿地中也不断积累，这是导致湿地成为陆地上碳素积累速度最快的自然生态系统并形成陆地上巨大的有机碳库的主要原因。尽管全球湿地面积仅占陆地面积的4%~6%（5.3亿~5.7亿公顷），碳储量却达到3000亿~6000亿吨碳，占陆地生态系统碳储存总量的12%~24%。泥炭地、红树林、海草床等都储存了大量的碳。以泥炭湿地[①]为例，约30%~40%的植被净初级生产力储存在泥炭层中，年碳积累速率约为0.20吨~0.30吨碳/公顷，单位面积土壤有机碳密度高达600吨~1500吨碳，是全球土壤有机碳密度平均数的6~15倍。如果这些碳全部释放到大气中，则大气二氧化碳的浓度将增加约百万分之二百，全球平均气温将因此升高0.8~2.5摄氏度。

湿地有调节小气候的功能。在一定区域内可保持空气湿度，缩小温差，降低空气中含尘量等，使区域气候处于较温和状态。

(3) 文化服务

许多湿地自然环境独特，风光秀丽，也不乏人文景观，具有旅游、度假、疗养、科学研究、教学实习、科普宣传等方面的巨大价值。

3.2.3.5 荒漠生态系统生态产品构成分析

荒漠生态系统是陆地生态系统的重要组成部分，是我国西北地区的代表性生态系统类型。荒漠生态系统具有独特的结构和功能，不仅为生活在荒漠地区的人们提供着基本的赖以生存和发展的物质基础，也为维持社会稳定经济发展和区域乃至全球的生态安全提供了重要保障。同其他生态系统一样，荒漠生态系统也提供物质供给、调节服务和文化服务三大类生态功能服务，荒漠生态系统溢出生态产品详见结构图3-6。

(1) 物质供给类

荒漠生态系统具有不容忽视的物质供给潜力，包括生物质和非生物质两大类。

生物质类物质供给类生态产品是沙区和石漠化地区的特色产业，如沙棘、枸杞、

---

① 是指泥炭厚度至少为30厘米，或有机质含量超过50%的湿地，又被称为泥炭土、草碳，是由埋在地下湿地的植物的"遗体"，经过数千万年的堆积，在较低气温、雨水较少或缺少空气等条件下，缓慢分解而形成的特殊有机物。

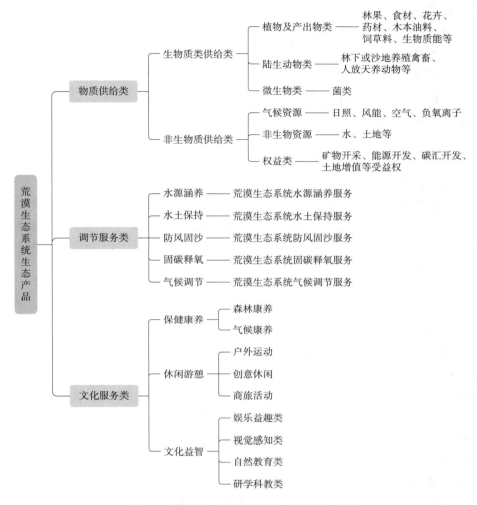

图 3-6 荒漠生态系统溢出生态产品结构图

肉苁蓉、杏、文冠果等特色沙产业。据 2019 年的统计，沙区年产干鲜果品 4800 万吨，约占全国总产量的 1/4，年总产值达 1200 亿元，约 1500 万人实现稳定脱贫，重点地区林果收入占农民纯收入的 50% 以上，新疆若羌、温宿等主产县达 60% 以上。

荒漠生态系统生物质类物质供给类生态产品可以归纳为 3 个方面。

一是植物及产出物类。西北沙化土地盛产核桃、红枣、巴旦木、开心果、山杏、大扁杏、红松、榛子、板栗、苹果、梨、杏、桃、李（美国李、西梅）、山楂、欧李、葡萄（鲜食、酿酒）、樱桃、石榴、桑、枸杞、黑果枸杞、沙棘、黑加仑、树莓、蓝靛果、忍冬、蓝莓等林果，沙葱、沙芥、沙米、扁桃、大樱桃等食材，肉苁蓉、甘草、砂生槐、藏红花、景天、阿魏、麻黄、杜仲、板蓝根、防风、蒲公英等药材，玫瑰、沙冬青、花棒、大花黄牡丹、杜鹃花、格桑花等花卉，文冠果、胡麻、元宝枫、油用牡丹、红松、榛子、长扁核桃等木本油料，苜蓿、沙打旺、柠条、油莎豆、无芒雀麦、羊草、沙枣、砂生槐等饲草料。在南方的石漠化地区，摸索出多种结合石漠化治理的融合发展模式，如在石漠化山地种植金银花等药材，油茶、油樟等木本油料，培育香樟、降香黄檀、格木等珍贵树种，尤其是充分利用西部荒漠化地区丰富的土地和灌木资源，发展生物质能发电等绿色能源产业，展示荒漠生态系统生物质供给类生态产品巨大的开发前景。

二是陆生动物类。荒漠(石漠化)地区具有畜禽养殖悠久历史，是牛羊等肉食和奶品(牛奶、羊奶、驼奶)的主要来源地之一。

三是菌类。沙漠(沙地)的肉苁蓉、锁阳，石漠化地区的木耳等菌类资源，开发潜力不可忽视。

非生物质供给类包括以下几个方面。

一是气候资源类生态产品，是一种天然的可再生能源资源。它与以煤炭、石油、天然气等化石燃料为基础的传统能源相比具有分布广、数量大、洁净少污染和利用率高等优点。气候资源的开发利用对抑制荒漠地区生态平衡的失调和沙漠化趋势，并通过改造现有沙漠和沙地等人工干预措施促进西部经济发展具有十分重要的意义。

①日照资源。对日照资源的利用包括将太阳能辐射直接转换成热能，这对于缺乏烧柴的沙漠地区来说可以有效节省燃料，并且可以发展太阳能发电。

②风能利用。我国风力发电已成为沙区边远农牧民解决生活、生产用电的主要方式之一。20多年来，风力发电业迅速发展，区域居民拥有风力发电机数量显著增加。为更充分挖掘利用风能资源，风力发电机的装机正由小型向规模型、由单体机向群体机的风电场发展。

③新鲜空气。主要在沙漠绿洲生态系统、石漠化复合生态系统等特定区域，良好的生态环境源源不断地提供人们所需的新鲜空气。

二是因自然景观或景点的优美环境使周边土地价值增值。旅游从传统观光时代迈入了升级阶段，除了观光、休闲、健体、益智等复合型需求逐步成为客观需求，在旅游景区开发过程中，围绕核心景观资源，从纵向和横向延伸内涵，并配套多方面的服务功能，追求城乡生活与旅游资源的互补互融，提升了景区周边土地的权益附加值，这种因优美环境带来的土地溢价，是生态产品价值的范畴。

三是碳汇收益权。碳汇是荒漠化生态系统生态产品价值实现的途径之一，生物防沙治沙、沙漠绿洲等乔灌木具有林业碳汇功能，且越来越得到社会的认同。

四是矿物开采、能源开发等收益权。沙化地区地下矿藏富集，荒漠化地区土地及风、光资源丰富，生态与风电、光伏的结合得到各级政府的高度重视，逐步成为沙化土地生态与产业融合的重要抓手。土地权属是重要的生产要素，可以在相关开发中参与要素分配，获取相应的受益。

(2) 调节服务类

我国的荒漠大部分属于温带荒漠，其一般的自然地理特征是：位于大陆性干燥气团控制下的中纬度地带的内陆盆地与低山；气候极端干旱，日照强烈，年降水少于250毫米，年蒸发量大大超过年降水量，干燥度达4以上；夏季酷热，冬季寒冷，昼夜温差大，多大风与尘暴，物理风化强烈，或受风蚀，或为积沙；土壤发育不良，土层薄、质地粗糙、缺乏有机质、富含盐分，尤其是碳酸钙与石膏。荒漠生态系统可划分为3种类型，即半荒漠、普通荒漠和极旱荒漠，其年降水量分别为100~200毫米、50~100毫米、50毫米以下。中国的南疆、东疆、河西走廊西北端属极旱荒漠，其西北（北疆）和东南（柴达木南部、河西走廊大部、阿拉善）属普通荒漠，宁夏、陇南、内蒙古巴盟一带属半荒漠。按植被类型可分为小乔木荒漠、灌木荒漠、半灌木荒漠、小灌木荒漠和垫状小半灌木高寒荒漠。荒漠生态系统还可根据基质划分为沙质荒漠（即沙漠，如中国的塔克拉玛干沙漠）、砾漠（即戈壁，如河西走廊戈壁）、壤漠（如天山北麓）、岩漠（如南疆麻扎塔格）和黏土荒漠或盐漠（如柴达木盆地及罗布泊周围地区等）[27]。荒漠植被虽然稀疏，生物量较低，但仍是荒漠生态系统的核心。由一些适应特殊荒漠生境的植物所构成的荒漠植被，既维持着荒漠区能量与物质运转的生命过程，又是防治风蚀和流沙，遏制进一步荒漠化的因素。因此，在对荒漠生态系统服务功能价值核算时，可以分为3个类型，沙漠类型：以沙质荒漠为主，无植被；戈壁类型：以砾漠为主，有少量的植被存在，覆盖度在1%~5%；绿洲类型：以小尺度范围下具有相当规模的生物群落为基础，构成相对稳定维持的、具有明显的小气候效应的荒漠类型。

①水源涵养功能。水是干旱区诸多生态系统过程的驱动力和关键的非生物限制因子。荒漠生态系统所在区域，年降水量一般在200毫米以下。荒漠生态系统总的水量平衡特点是，水分输入主要靠降水和土壤水分的水平运动补给，而土壤和植被蒸发散是系统的主要输出项。荒漠化生态系统水源涵养作用的主要来自以下几个方面：

一是下垫面植被类型和组合方式对水源涵养和水汽循环影响大。研究表明[28]，下垫面生物圈是大气水汽循环的重要参与者，在水汽循环中，植被在地下水-生物圈-水汽蒸散-水气混合体转移或降水的循环过程中处于关键环节。在荒漠化生态系统内部，决定水分效能和利用效率的是水循环效率。影响大气水分循环的主要因子是下垫面表面积和温度，而植物对表面积和温度的影响是非常重要的因素。植物从土壤中吸收水分，并以水汽形式向大气中散失，这一过程称为植物蒸腾。植物蒸腾过程是植物本身不同器官和它所在环境相互作用及反馈影响的结果。地表土壤-植被-大气系统中的蒸散是陆地水循环过程的重要子过程，决定了从土壤和植被进入大气水分的多少，及伴随着这一过程的潜热和感热的变化，从而显著影响下垫面的气候和环境条件，对于区域内动植物的生存、经济的可持续发展有着重要的意义。在干旱半干旱地区植被冠层内空气湿度的比湿变化在一天中呈现"M"型变化趋势，由于绿洲环流和植被的主动生理调节作用，当上午气温升到一定高度时，环流开始形成，带走部分绿洲上的水汽，而植被为了保证自身的蓄水量，蒸腾作用减弱而光合作用增强，通过气孔释放的水汽减少；当下午温度回落后，叶片气孔扩张，蒸腾作用增强，由绿洲向其他区域的水汽输送减少，因此冠层内空气湿度又开始上升直至达到峰值。有关冬小麦-夏玉米种植模式的农田水量平衡模拟以及入渗补给规律的研究结果表明，植物所吸收的大部分水分（98%~99%）均通过蒸腾作用以水蒸气的方式散失到大气中。当植物冠层不能够完全封闭陆地表面或地表裸露时，土壤中的水分和水汽则直接散发到大气中，称为土壤蒸发。植物蒸腾和土壤蒸发统称蒸散发（亦称腾发或蒸散）。乔灌草三个层次的植被均会发生蒸散效应，但蒸散量差别很大。由于干旱半干旱地区下垫面土壤含水量较少，尤其表土层长年处于干燥状态，裸露地表的蒸发水分非常有限，像西部地区，尽管年蒸发量超过2000毫米，但年降水仅几百毫米，甚至几十毫米，地表可蒸发到大气中的水分量很有限。但是，下垫面底层往往比较湿润，在没有植被的地方，因受地表层和地心层保护，地下水难以蒸发，可在有植被的地方，却因植被根系的吸水作用，通过植物组织将地下水转移到叶面，再通过植物蒸腾出去，从而增加水循环的数量，提高了水资源的利用效率。甘肃干旱半干旱区乔木薪炭林和乔木用材林生长期水分蒸散量，河西走廊区域分别为250~600毫米和450~850毫米，甘肃黄土高原区域分别为200~550毫米和370~700毫米；灌木林正常生长的水分蒸散量约为乔木的1/3~2/3，为170~390毫米。这表明，在荒漠化生态系统中，植被在水汽循环中起到关键作用，植被及混交类型对水源涵养效果的影响很大，最佳方式是灌草混交。

　　二是沙丘生境涵养水源作用大。长期观测表明，沙丘生境的地表蒸发量低于同期降水量的77%，比固沙植被区生长季节的蒸散量低至少3个百分点。由于土壤剖面3米深度内贮存的水分有限，土壤含水量始终保持在田间持水量的51.8%左右，约占年降水量24%~27%的水分不断下渗到沙层深处，无法被植物利用，这一观测在很大程度上揭示了高大沙丘具有蓄水的功能[29]。

　　三是荒漠生态系统中的生物土壤结皮能够改善土壤水分的有效性。对荒漠地区土壤微生境具有改善作用，其显著地改变了浅层土壤的水力特性，使土壤非饱和导水率的变化维持在相对平稳阶段，增强了土壤保持水分的能力，增大了土壤孔隙度，提高了水分有效性。不同类型的生物土壤结皮对地表蒸发的影响不同，随着地衣结皮和藓类结皮的形成，结皮层及其下的亚土层增厚，土壤质量密度下降，土壤持水能力增加。

　　②水土保持功能。荒漠生态系统保持土壤水分和养分的功能主要是指戈壁或绿洲中有植被生长的区域，通过植被的生长对土壤水分和养分具有的保持作用。风蚀是造成荒漠化土壤养分迁移的重要动力，而降尘对荒漠化表层土壤养分具有富集作用；如果降尘作用大于风蚀作用，土壤养分将增加。灌丛植物大量的根系分泌物以及根部的脱落物，均可增加土壤中碳、氮的含量，同时减轻地表裸露和降水时地表径流的侵蚀程度；土壤养分增加的同时也为根部微生物提供了丰富的营养，进而影响灌丛周围微环境，改善根部土壤状况。有研究指出荒漠生态系统中的灌丛具有"肥岛"效应，凋落物可以通过微生物活动回归土壤，这种微循环机制是形成和维持灌木"肥岛"现象的重要机理。大气降尘和植物叶子分泌物中的营养物质，由树冠截留的降雨形成的树干径流及其透冠雨输送到灌木基茎周围的土壤中，增加林下土壤的养分含量和土壤的湿度，也可形成"肥岛"现象。

③防风固沙功能。地处西部风沙地区的荒漠生态系统，严重的土壤风蚀给发生区域带来很大的危害，植被可以通过多种途径对地表形成保护，尤其是沙漠边缘的荒漠植被对防止荒漠化扩展具有重要作用。塔里木河下游不同覆盖度灌木防风固沙功能野外观测研究表明[30]，50%、25%、10%三种覆盖度灌木降低风速的观测结果表明，50%覆盖度灌木降低风速最明显，防风效能为49.21%；25%覆盖度灌木降低风速较明显，防风效能为24.44%；10%覆盖度灌木对风速降低有一定作用，防风效能为9.15%；在每秒7.7米的风速下，植被覆盖度为10%、25%的沙地输沙率分别是无植被覆盖沙地的62.44%和8.37%；在每秒10米风速下，植被覆盖度50%的沙地仅有轻微的风蚀。另外，灌木的蒸腾使周围空气的湿度增大，小颗粒的沙尘都容易降落，而且灌丛本身也可以阻挡沙尘的移动。

④固碳释氧功能。陆地生态系统含有大量的碳，其中73%以土壤有机质的形态储存于土壤中。据估计，土壤碳储量约为陆地生态系统植被碳储量的2.5~3.0倍，为大气碳库（以二氧化碳形态存在）的2~3倍，土壤有机碳库的微小变化将影响大气二氧化碳的浓度。刘冉等[31]采用涡度相关法并结合小气候观测，对荒漠生态系统净二氧化碳通量进行了连续3个生长季（2004~2006年）的观测，在观测期内，该区域均表现为二氧化碳的汇集，二氧化碳的净吸收量分别为236.18克/平方米、63.07克/平方米、91.97克/平方米；对于生长旺盛期，降水量丰富大的2004年碳吸收能力最强。张杰等[28]利用卫星遥感混合像元分解技术对干旱区植被进行光合作用植被和非光合作用植被区分和组分解析，构建了基于遥感与生态过程的干旱区适用的光能利用率模型（NPP-PEM），推算出1992年和1998年叶尔羌-喀什噶尔河流域的戈壁年碳吸收量分别为23.8万吨碳和25.6万吨碳。截至2020年，我国沙化土地面积16878.23万公顷（25.32亿亩），约占国土总面积的17.58%，充分挖掘荒漠生态系统的碳固定功能有着重要的意义。

⑤气候调节功能。荒漠生态系统分布在干旱地区，自然条件极为严酷，动植物种类稀少。这种恶劣气候和有限的生产者仅能维持一些有特殊适应能力的昆虫、爬行类、啮齿类和鸟类生存，大型哺乳类物种很少。但是，这种极端生境并不影响其对气候的调节服务。荒漠生态系统对局部气候调节的机制体现在砂石本身和下垫面植被两个方面。

一是沙漠本身对水汽的调节作用。除了植被通过叶面蒸散参与水汽调节作用外，还包括沙漠表层反射作用对地表温度的调节作用及表层结皮对地下水分蒸散阻降和低温时对地温的保护。中国科学院西北生态环境资源研究院沙坡头站以荒漠生态系统的重要组成-生物土壤结皮（BSC）作为模式研究对象，采用长期生态学研究手段，利用不同规格的开顶式增温箱和相关环境监测设备，以腾格里沙漠东南缘60年气候变化的特征为依据，通过12年的持续增温与减雨模拟与监测，揭示了BSC群落中2类关键种——地衣和藓类的长期响应特点：增温（0.5摄氏度和1.5摄氏度）和减雨（5%和8%）的叠加效应并没有引发两类关键种丰富度的改变，但藓类的覆盖度和生物量显著地降低，地衣则无变化。针对 BSC 群落中关键种的响应呈现不同的现象，研究进一步发现，增温和减雨的长期作用导致藓类结皮碳的固定量减少，其主要归因于减少了藓类的水合湿润时间，以致其固碳总量减少，而对其呼吸地碳损失影响不显著，因而造成"碳失衡"，但对同一群落中的地衣并没造成类似的影响。后者不显著的变化在一定程度上维持了它们在 BSC 群落中的相似功能，有利于最大限度地减缓气候变化对荒漠系统的影响，部分地维持其生态系统的多功能性。

二是荒漠植被对局部气候的调节作用，尤其是人工绿洲对局部气候的调节作用明显。人工绿洲是人类通过水利设施在天然绿洲基础上建立起来的灌溉绿洲，零星分布在荒漠中，人工绿洲一般以地表水和地下水灌溉为主维系。建设人工绿洲，大多在山前平原地区建设人工渠道代替自然河道，把天然河水引入灌区，发展灌溉农业。随着土地开发规模的扩大，上游引走的水量逐渐增多，河流一出山口，便被人工修建的永久性或半永久性引水枢纽引入总干渠，再输送到灌区，在灌区内又被干支斗农渠分散开，形成蛛式的人工水系。内蒙古磴口荒漠生态系统国家定位观测研究站 2018 年连续 12 个月监测的荒漠区、荒漠-绿洲过渡带和绿洲内部的气温、相对湿度、风速和风向等气象资料的研究结果表明[32]：由于近地层（0～50 米）具有明显的逆温现象，使得植被在气温较高季节发挥降温增湿作用，而冬季发挥保温作用；绿洲使年均相对湿度增加 1.31%～2.57%；就季节而言，夏、秋季，绿洲内的相对湿度较荒漠区和过渡带分别高 4.04%～6.17%和 0.93%～1.94%，春、冬季，由于近地层逆湿现象，绿洲内的相对湿度较荒漠区和过渡带分别低 0.37%～1.41%和 6.55%～8.71%；荒漠区和过渡带的风向多变，绿洲内风向较为集中，绿洲能够使年均风速降低 32.99%～37.05%。乌兰布和沙漠东北部过渡带植被和绿洲防护林体系对小气候具有很好的调节作用（降温、增湿、削减风速），研究区局地小气候主要体现在风速和夏秋季湿度上，而气温和冬春季湿度分别主要受逆温和逆湿的影响。

石河子垦区位于天山北坡经济带中部，过去几十年的农业开发与经济发展是天山北麓乃至整个新疆绿洲发展的缩影。垦区在一片荒漠和天然绿洲中建立起一个现代化的新型农业区，发展成为一个南接天山、北达古尔班通古特沙漠的大型绿洲经济带，成为新中国成立后新疆开垦建设的最大的新绿洲之一，是沙漠绿洲与生态农业融合发展的典型案例。其间，玛纳斯河流域水土资源得到全面开发，垦荒者们从内陆地区带来了先进的耕作技术，引进了优良生物物种，较显著地改变了流域的生物结构，与开发前相比，总生物量大大增加，社会经济取得了空前发展。伴随着农业开发的进行，石河子绿洲生态环境也发生了深刻的变化，人工绿洲协同天然绿洲替代了广袤的荒漠，过去分散的古老绿洲斑块联结成片，绿洲面积大幅扩张。生态系统结构改变引起系统功能的明显变化，研究结果表明[33]，1958—2010 年间，石河子绿洲生态功能明显改善，其生态系统服务功能价值由 14.64 亿元增加到 26.18 亿元，52 年间增加了 78.81%，各项单项服务功能价值也有不同程度的增加，总趋势持续上升。

（3）文化服务类

我国八大沙漠、戈壁面积占全国沙化土地面积 70.65%。据自然保护地整合优化初步结果,沙区现有自然保护地面积12092.36万公顷(18.14亿亩),保护沙漠、戈壁面积2434.72万公顷(3.65亿亩),占沙漠、戈壁总面积的20.57%。其中,依托国家公园保护沙漠、戈壁面积25.02万公顷(375万亩),自然保护区保护面积2303.57万公顷(3.46亿亩),各类自然公园保护面积106.13万公顷(1592万亩)。截至2021年底,全国累计建立封禁保护区108个,封禁保护面积达177.17万公顷(2658万亩),其中,保护沙漠、戈壁面积88.40万公顷(1326万亩),占沙漠、戈壁总面积的0.74%。

近年来,国家将生态功能重要、生态系统脆弱、自然生态保护空缺的区域规划为重要的自然生态空间,纳入自然保护地体系。将生态区位重要、人为活动较为频繁的沙漠周边和戈壁划为封禁保护区。如沙漠与绿洲过渡带,地表风蚀防护层(砾石、结皮)下有丰富沙物质的戈壁,具有特殊自然景观价值的沙丘、雅丹等地貌分布区等,这些区域分布着大量原生沙漠、戈壁等自然遗迹。西部是华夏文化的发源地,也是历史上多民族、多文化融合区,依托响沙、丹霞、雅丹等地质地貌的文化服务类生态产品荟萃,具有发展集休闲避暑、旅游观光、康养度假、冰雪运动等于一体的沙漠、森林、草原生态旅游的巨大潜力。

荒漠生态系统由于其独特的自然地理环境,生态系统类型多样,地貌形态典型,使其在景观上呈现独特性。这种自然景观给人以美的享受,使人身心放松、精神愉悦。荒漠生态系统还具有重要的科学、文化和历史价值,有些区域由于人类的存在,创造的文明和文化被传承下来,这些都具有重要的科学研究和历史价值。其生态产品包括三大类:一是利用局部良好的生态和气候条件提供保健康养类服务功能产品,二是结合设施资源打造户外运动、创意休闲、商旅活动等休闲游憩类产品,三是充分利用荒漠生态系统的风景历史文化等资源开发融娱乐益趣类、视觉感知类、自然教育类、研学科教类等服务于一体的文化益智类产品。

3.2.3.6 城市生态系统生态产品构成分析

城市生态系统与其他几大生态系统存在根本性的差别,与其他生态系统相对单一的结构不同,城市是大量人群的聚集地,城市环境空间包括人、社团组织等社会系统,以及阳光、空气、水、土壤、地形地貌、气候、机器、房屋、道路、管道网、车辆、电气、通讯、医疗、文教、公园风景区、游览区等与维持社会正常运转的生产和生活有关的设施;它是一个人造环境,生物以人为主体,包含了其他野生和培养的动植物。城市生态系统是既受自然生态等规律的影响,更受人制约的一个结构复杂、功能综合、因素众多的生态系统。它是人为条件造成的,属于人工生态系统,它的特征表现:城市生态系统是由自然环境和人造环境的综合统一体;城市生态系统的物质、能量与信息的传递、循环、平衡,主要受人的目的和愿望所控制;城市生态系统的生物链中消费者占的比例大,它的输出和输入的品种和数量特别多。

所以,从广义来讲,城市生态系统是最典型的自然、人和社会的共同体,是三位一体的复合生态体系,可以将其分解为自然生态系统和人居环境生态系统两大构成。但是,从生态产品的定义和内涵分析,生态产品价值核算的标的只涉及生态产品,分析城市生态产品构成应剔除非生态产品部分,也就是在广义的城市生态系统中,只局限于国土空间规划赋予其主要提供生态功能的生态系统,是狭义的城市生态系统。换个说法就是指城市内部能够为人类提供服务的绿色基础设施[34],即植被与水体,包括公园、墓地、庭院花园、部分园地、森林、乔木个体与群落、湿地、溪流、河流、湖泊、池塘,以及这些生态区域内的生态、景观、环境、历史与文化等。

确定了范围,目标也就明确了,城市生态系统生态产品核算的路径也就清晰了。以国土空间规划为底图,梳理出具体城市的主体功能为生态的区域,进而通过对每一个区域的生态系统进行解构和分析,确定其分属的森林、湿地、草地等子生态系统,再根据子系统分析其生态产品目录构成,核算其提供物质供给、调节服务和文化服务三大类生态功能服务。城市生态系统溢出生态产品详见结构图3-7。

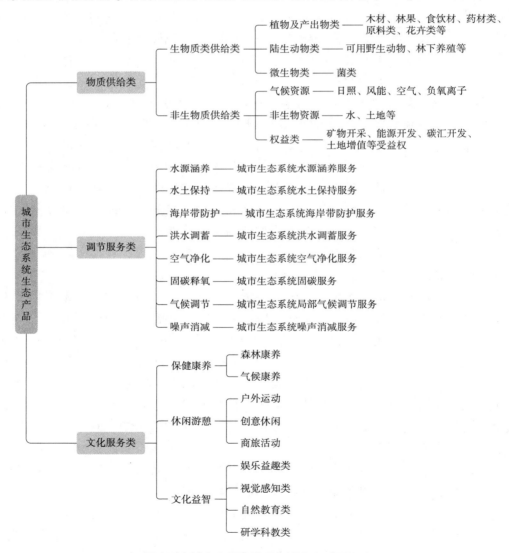

图3-7 城市生态系统溢出生态产品结构图

城市是在人类不断改造自然、适应自然的过程中形成的人工-自然复合生态系统。实际上，与真正的自然生态系统相比，城市生态系统具有发展快、能量及水等资源利用效率低、区域性强、人为因素多等特征，因此城市生态系统并非发展成熟的自然生态系统。在生态系统中最易混淆的就是不同生态系统之间边界的划分。城市生态系统也是如此，它既可以被看作是一个统一的大生态系统，又可以被分割为几个独立的小生态系统，如公园和湖。在具体研究中，可根据城市的大小、发达程度和其所处的气候、地理条件等地域特征进行相应的城市生态系统分类。从《国家森林城市评价指标》（GB/T37342—2019）对森林城市的定义——指在城市管辖范围内形成以森林和树木为主体、山水林田湖草相融共生的生态系统，且各项指标达到标准要求的城市，来看狭义的城市生态系统与国家森林城市界定的范围具有一致性。实际上就是构成森林城市的森林网络（forest network）——各类森林绿地等生态斑块，通过道路、水系、农田林网等各类生态廊道相互连接，形成片、带、网相结合的森林生态系统。

根据《国家森林城市评价指标》，国家森林城市体系中的生态子系统涵盖乔木林、灌木林、草地、湿地、水域、生态所处5个方面，具体包括森林、湿地、水域、城区乔木、灌木、公园与绿地、林荫道路①、绿道②、生态停车场、道路及水体防护林（含行道树）、乡村绿化区域、农田林网、水源涵养林、生态修复后的受损弃置地、生态休闲场所、乡村公园、生态科普教育场所、古树名木等。这也是城市生态系统价值核算的主要范围。这些系统几乎囊括了城市中出现的所有自然（半自然）生态系统，因此可适合于任何城市。城市中其他地区也可能含有一定的植物与动物群落，但这些系统完全可以被包含在上述范围中，只是在具体工作中可根据核算区域的具体特征及城市本身的特点再加以考虑。

（1）物质供给类

城市生态系统是一类典型的以人为中心的人类生产系统，本质上就是人类的聚居地。我国的城市行政区划实际上包括城市建成区（真正的都市区）和建成区以外的郊区，设区的中大型城市还包括远郊的乡镇区。因此，在考虑城市生态产品价值核算时，界定范围是一个前置性条件，应根据需要确定是建成区、非建成区还是整个市域。

从物质供给分析，城市的物质消耗远大于自身产出的特殊类型。从广义的物质守恒角度，城市生态系统中的物质流包括输入和输出。输入是指进入城市生态系统的物质，主要包括空气、水、能和原料。输出物质主要包括产品和废弃物输出。产品输出包括食品、材料和制成品等，而这些物质的初级原材料基本都来自自然生态系统。尽管这类产品从一个城市输出，又成为另一个城市的输入，从本质上讲，它们并没有离开城市生态系统，而这些产品总会进入到消费领域，最终以废弃物的形式输出，真正离开城市生态系统。因此，最终输出主要是指废弃物的输出，包括废水、废气和固体

---

① 指树冠覆盖率达30%以上的道路
② 以自然要素为依托和构成基础，串联城乡游憩、休闲等绿色开敞空间，满足行人和骑行者进入自然景观的慢行道路系统

废弃物。可见，广义上的城市生态系统的物质供给是一个非平衡体，这种不平衡表现在两个方面：一是由于人类的消耗和城市的运转，输入物质一般远大于输出物质，这就需要确保补充物质源源不断地输入；二是城市生态系统本身产出的物质远远不够城市消耗的物质。但并不否认城市生态系统生产物质供给类产品的事实。从广义上分析城市生态系统的物质供给关系的目的，是说明为保持可持续发展，应充分利用城市以人为中心和人的干预能力，挖掘本源生态系统的潜力，提高生态系统效率，尽可能减少外系统物资输入量。

回归到生态产品话题，狭义的城市生态系统物质供给类生态产品包括生物质和非生物质两大类。

生物质类生态产品包括植物及产出物、陆生动物、水生动物、微生物四个类别。

①植物及产出物主要指木材、林果、食饮材、药材类、原料类、花卉类等几个方面，结合实践经验可以发现，这些生态产品大部分主要来自城市非建成区的森林、草地、湿地、园地、荒漠等生态系统。根据每个城市及城市所处的区域，其城市叠加的自然生态系统存在很大的差异性，应具体问题具体分析，编制生态产品目录是关键。

②陆生动物主要指允许驯养、养殖的动物，如林下人放天养的禽类、偶蹄类、蛙类动物等。

③水生动物主要是鱼虾之类的野生或人放天养的动物，典型的如北京市密云水库的鱼，每年10月至下年3月可以允许适当捕捞，是典型的城市生态系统的生物质物质供给类生态产品。

④微生物类主要是指菌类，林区天然的野生食用菌类，人工林下培育的木耳等，都是受到城市食客欢迎的食材。

（2）调节服务类

在城市生态系统中，主要存在水源涵养、土壤保持、海岸带、洪水调蓄、净化空气、固碳释氧、调节气候、消减噪声8个方面的服务功能。海岸带是沿海城市独具的防护功能，洪水调蓄是湿地及水域的主要功能，固碳释氧是乔灌草植被、湿地等生态系统均具有的服务功能。国内外学者对城市生态系统的其他几个服务功能做过专门研究。

①涵养水源及土壤保持生态服务功能。地表覆有水泥、柏油等的城市基础设施，由于表面密实、坚硬，使大部分降水汇成地面径流，且由于携带市区污水而使水质发生恶化。而植被可以通过各种途径化解或缓解这一问题。植被根系深入土壤，使土壤具有更强的渗透性，根系吸收水分后植物叶片以蒸散的方式将水分释放到空气中，增加了大气湿度，从而调节降雨和径流；植被还能减缓水流速度，减少洪水危害。有研究表明，有植被的地段仅有5%~15%的雨水流失，其余的或蒸发或渗透到地面；相反，无植被的地段60%的雨水流入了暴雨污水沟。

②净化空气服务功能。工业生产、交通和供热所导致的空气污染，是城市最主要的环境问题之一。众所周知，植被可以吸收大气污染物，具有明显的减轻大气污染、

净化空气的作用，但其净化程度取决于城市当地的条件。植被净化空气最初是从叶片对空气中污染物和颗粒物的过滤开始的，其后才进行吸收。过滤能力随叶片面积的增加而增加，因此树木的净化能力要高于草地与灌木。针叶具有最大的比表面积，而且冬季空气污染最严重时针叶树叶不脱落，因此针叶树比落叶树的过滤能力更强。但是，针叶树对大气中污染物却较为敏感，而阔叶树对硫化物、氮氧化物、卤化物等污染物的吸收力很强。因此，行道树、公园、城市森林等的结构以种植针、阔混合林时效果最好，植被比水或空旷地有更强的净化空气能力。植被的布局和结构也会影响净化能力，过于密集的植被又会引起大气紊流。曾有报道，在公园中空气污染物近85%被过滤吸收，而林荫道上只有70%。据统计，100公顷的混合林每年可从空气中移走15吨颗粒物，而同等条件下纯云杉林可达30吨~40吨之多。这也说明，在城市生态系统中植被种类的搭配、区域的布局、结构的配置很重要。

③调节气候服务功能。城市会影响所在地区的气候甚至气象。据有关研究统计[35]，广东省广州市区与周边郊区相比，气温高出7.2摄氏度，空气湿度则低于郊区，风向和风速也由于市内建筑、道路等原因发生很大改变。此类城市热岛效应，正是由于城市内存在大面积的吸热表面（硬化路面、建筑物等），以及大量使用能源而引起的。城市内所有的自然生态系统均有助于热岛效应的缓解。水环境不论冬季还是夏季都可减少温度偏差。植被对此的作用也不容忽视。1株成年大树每天就可蒸发近450升水，这些水需消耗1000兆焦的热量才可自然蒸发出来。因此，城市树木可明显降低城市夏季温度。通过夏季遮阴、冬季减小风速，植被还可减少能源使用，改善空气质量。

④消减噪声服务功能。交通、机械等原因造成的噪声问题影响着城市居民的健康。据估计，消除噪声所需费用占国民生产总值的0.2%~2%。瑞士法律规定：噪声最高值在市区外为55分贝，市区内为30分贝。有影响噪声强度的2个因素：首先是噪声源距离，每增加1倍距离可降低噪声3分贝；其次是地面特性，研究表明，柔软的草坪比水泥步行街的噪声低3分贝；同时，其他植被也可降低噪声：不小于5米宽的密集灌木林可降低噪声2分贝；而50米宽的森林可降低噪声3~6分贝；100米宽的密集植被仅可降低噪声1~2分贝。虽然可以采取各种措施降低噪声，比如加设隔声墙或隔声玻璃，但玻璃仅限于室内，而隔声墙又会影响城市景观，因此最佳方式是进行城市生态规划与建设，加强绿化建设。

（3）文化服务类

文化服务功能对城市居民的生活质量影响很大。密集的人口环境、紧张的生活节奏使人们几乎没有时间和空间去休息和娱乐，人们觉得离自然越来越远。人只有在大自然中，头脑才能更为灵活，思维才能更为敏捷，压抑才能减轻，心理、生理病态和创伤才能愈合和康复。而且，绿色空间对于人类心理学研究十分重要，一个典型的例子就是对不同环境下人们对压力的反应进行研究。国外有研究表明[36]，暴露于自然环境下压力水平会迅速下降，而在城市环境下压力水平很高，甚至有不断升高的趋势。

对医院病人的研究也表明，居住于面向花园的病房中的病人比居住于病房面向建筑物的病房中的病人恢复速度快10%，所需强烈镇痛药也减少了50%。除植物以外，城市内出现的动物，如鸟和鱼，也可以给人们带来可观的美学、文化价值。此外，生态系统还可以改善城市景观，而且某些生态系统具有科学研究价值。城市生态系统的某些植物（如地衣）具有指示、监测城市环境质量的功能。

除了上述普惠性质的功能外，城市生态系统是历史文化密集分布区，也是需求最大的区域，是文化服务类生态产品价值实现效率最高的区域。由于其独特的区位优势，这些风景名胜资源紧邻城市生活区，可接受付费使用的受众多，尤其是区域性大型城市，每到节假日，景区都是人山人海，依仗优美的生态、怡人的气候、温泉资源开展的保健康养服务，结合设施资源开展的户外运动、创意休闲、商旅活动等休闲游憩，利用科普、文化、历史等资源开发的容娱乐益趣类、视觉感知类、自然教育类、研学科教类等服务于一体的文化益智活动，都是游客喜闻乐见的生态产品。

3.2.3.7 海洋生态系统生态产品构成分析

海洋生态系统对人类的作用巨大，其服务功能及其生态价值是地球生命支持系统的重要组成部分，也是社会与环境可持续发展的基本要素。从滨海带到沙滩到浅海再到海洋最深处，覆盖了地球生物圈71%的面积，可见海洋生态系统构成了地球的大部分。海洋生态系统生态产品构成包括物质供给、调节服务和文化服务三大类生态产品，海洋生态系统溢出生态产品详见结构图3-8。

（1）海洋物质供给类生态产品

①生物质类海洋物质供给类生态产品

海洋生态系统为人类提供的满足人民日常食用、加工、培育、观赏以及其他生产生活需要的物质类产品，主要包括植物及产出物类、陆生动物类、微生物类、水生动物类4大类。

a. 植物及产出物类生态产品，主要包括海岸、滩涂及滨海湿地生产的木材、海岸带及岛屿植物性食材、花卉、药材、海洋生物原材料类等。

海洋生物原材料主要包括用于海洋水产品加工（如冷冻水产品原材料、干腌制水产品原材料、鱼糜制品原材料、藻类加工品原材料及其他水产加工品原材料等）、海洋建筑原材料、海洋生物质能原材料、海洋生物基纤维原材料（如海藻酸盐纤维原材料、壳聚糖纤维原材料等）、生物饲料原材料（如鱼粉原材料、海藻粉原材料等）、海洋药物原材料、海洋保健营养品原材料、海洋绿色农用生物制剂原材料、海洋生物酶制剂原材料等。

海洋生态系统生物质类生态产品非常丰富，是一个巨大宝库。与其他生态系统不同的是，藻类产品是海洋生物质供给的主要植物类产品类型。藻类植物是一类比较原始、古老的低等自养型生物。藻类植物其构造简单，没有根、茎、叶的分化，多为单细胞、群体或多细胞的叶状体，大小差别很大，含光合色素，能进行光合作用。它约有3万种，主要分布于淡水或海水中，某些种类过度繁殖会引起赤潮、水华等现象。

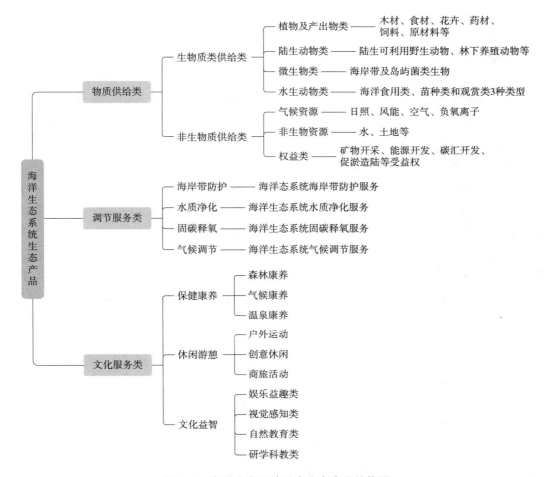

图 3-8 海洋生态系统溢出生态产品结构图

藻类分布的范围极广，对环境条件要求不严，同时自身适应性较强。海藻类食物包括：发菜、紫菜、海带、海白菜、裙带菜等。

b. 陆生动物类生态产品，主要包括海岸带及岛屿天然或人放天养的可用野生动物、林下养殖动物等。

c. 微生物类生态产品，主要包括海岸带及岛屿生产的菌类等。

d. 水生动物类生态产品，是海洋生态系统提供的主要生物质类生态产品，主要包括海洋食用类、苗种类和观赏类 3 种类型。海洋食用水产品主要包括人类通过可持续捕捞或生态养殖方式从海洋中获得的直接用于食用的鱼类、贝类、甲壳类等水生动物类产品。海洋天然水产苗种生物主要包括鳗鱼苗、虾苗、蟹苗等。观赏性海洋生物主要包括大羽毛海藻、珊瑚、海葵、鲨等。

② 非生物质类海洋物质供给类生态产品

非物质类海洋生态产品主要有气候资源、非生物资源、权益类 3 大类产品。

a. 气候资源产品，主要有海上风能、太阳能开发利用权。

b. 非生物资源产品，主要有海水资源、珊瑚资源、促淤造陆形成的土地资源。

c. 权益类产品，主要有海岸带、海底金属和非金属矿藏开采权、海上养殖、海洋碳汇、海上风电、海上太阳能等受益权。

（2）海洋调节服务类生态产品

指海洋生态系统通过自身生态过程或生态功能为人类提供的能够改善人居环境质量的产品或服务，主要包括海岸防护、水质净化、固碳释氧和气候调节4种类型。

①海洋生态系统海岸防护功能服务。2021年4月19日，世界气象组织发布《2020年全球气候状况》报告。报告指出，2020年，全球主要温室气体浓度持续上升；全球气温已经比工业化前时期高出约1.2摄氏度；格陵兰冰盖质量继续损失，冰山崩解造成的冰损失是40年卫星记录的高点；全球海平面加速上升，1993—2020年上升速率为3.3毫米/年，2020年海平面达有卫星观测记录以来最高。

中国拥有超过1.8万千米的大陆海岸线，沿海地区经济和人口密集，面临更大的海平面上升风险。《2020年中国海平面公报》显示，2020年，中国沿海海平面为1980年以来第三高，近十年持续处于观测纪录以来的高位，1993—2020年海平面上升速率为3.9毫米/年，高于同期全球平均水平。海平面持续上升加剧了风暴潮、滨海城市洪涝、海水入侵、海岸侵蚀等海岸带灾害，并导致红树林、海草床、盐沼等滨海生态系统生境压缩，生物多样性下降。近十年，约三分之二的特大风暴潮灾害过程发生在高海平面和天文大潮期，滨海城市洪涝多发生在5~10月，浙江和广东受影响最大，部分监测岸段年平均蚀退距离达1~2米。在气候变暖和海平面上升背景下，海岸带地区应对气候变化影响是一项既现实、紧迫，又长期、艰巨的任务。

从全球来看，近年来极地和海洋应对气候变化影响的治理能力有所加强，但仍存在资金、技术和制度等方面的障碍，并且受环境、气候变化速率和社会制度制约，海岸带防灾减灾需求日益紧迫。以自然和生态为本的应对方案对于减缓、适应气候变化背景下的海岸带灾害影响变得尤为重要。事实上，"基于自然的解决方案"是实现《巴黎协定》目标必不可少的措施，2019年提出之后被列为联合国应对气候变化的九大领域之一，成为国际社会关注的热点议题。

基于海岸带生态系统的自然防护，即利用盐沼湿地、红树林、海草床和珊瑚礁等海岸带生态系统的消波防浪和促淤作用，形成天然屏障的保护措施，是非常有效的手段。自然滨海湿地是防御风暴潮的关键屏障，其淤积泥沙的能力能够抵御海岸侵蚀和地面沉降，即使在极端高水位和大浪状况下，植被仍可保持稳定，可有效降低海平面上升、风暴潮和巨浪等海洋灾害造成的风险。热带和亚热带地区的红树林生态系统是抵御海岸带灾害最为有效的生态屏障。红树林可以有效抵抗强台风，大幅消除波浪带来的不利影响，有效促淤保滩。

在自然生态系统中，水下珊瑚礁提供了海岸带的第一道防御。研究表明，完整的珊瑚礁对波浪能量的削减能力达到97%以上，可有效抵抗台风灾害。

海草床生态系统的海岸保护能力受水动力、立地条件、生长状况等条件共同作用。

在浅水和波浪较弱的地区，海草能降低波浪和水流的能量，部分起到保护海岸的作用，其消波和促淤功能相比红树林和互花米草等湿地植物偏弱。另外，在一些沿海区域，还存在牡蛎礁、贝壳礁、鱼礁等生物护滩类型。在我国北方沿海，柽柳、碱蓬等植物同样能够起到防风消浪的作用。

②海洋生态系统水质净化功能服务。水质净化服务，主要是通过生物转化和生物转移过程实现的。污染物进入海洋生物体后，在有关酶的催化作用下，由一种存在形态转变为另一种形态的过程称为生物转化。生物转移是指污染物在生物体内的转移，在食物链不同营养级之间的转移及在海洋空间上的转移。通过上述生态过程，使污染物从有毒形态转化为无毒形态，从高污染浓度转化为低污染浓度。水质净化服务为人类处理了大量排海的工业和生活废水、废气及固体废弃物，提高了人类健康、安全方面的福利。此项服务的定量可以通过该区域内的环境容量来衡量，也可以通过各种污染物排海量来计算。海洋蒸发的水蒸气变成降水，能够为陆地生态系统补充大量的淡水。海洋容纳了从陆地江河流入的污泥浊水，回馈给陆地生态系统的却是纯净的淡水。

③海洋生态系统固碳释氧功能服务。辽阔的海平面能够吸收大量的二氧化碳。海洋植物通过光合作用每年能够产生360亿吨氧气，占全球每年产生氧气总量的70%。固碳释氧生产服务，主要来源于各种藻类植物的光合作用，光合作用吸收大量的二氧化碳，同时释放氧气，调节空气质量，提高了人类健康方面的福利。各种藻类植物光合作用中对二氧化碳的吸收及一些海洋生物钙化过程中对碳的固定实现的，如贝类能直接吸收海水中的碳酸氢根形成碳酸钙贝壳；此外海洋生物泵通过有机物生产、消费、传递、沉降和分解等一系列生物学过程将碳从海洋表层向深层转移。通过这样的垂直转移，可使得海洋表层的二氧化碳分压低于大气二氧化碳分压，从而使大气中的二氧化碳得以不断进入海洋，实现海洋生态系统对大气中二氧化碳的吸收，因此生物泵[①]作用也是支持气候调节服务的重要生态过程。

藻类植物大多数生活在海水中，少数生活在陆地的阴湿处，藻类植物的结构简单，无根、茎、叶的分化，细胞内含叶绿体，能进行光合作用制造有机物，释放氧气，空气中70%的氧气由藻类植物提供。

固碳释氧调节主要是指海洋生态系统对于稳定大气组分的贡献，以确保人类及其他生物不受到劣质空气的危害。此项服务主要包括有益气体的释放及有害气体的吸收，其计量指标可采用氧的释放量、温室气体(当量二氧化碳)的吸收量等。

④海洋生态系统气候调节功能服务。海洋的热容量比大气大得多，能够吸收大量的热量。由于海水的流动性，海洋能够调节不同纬度海域的海水温度，并通过海洋与大气的相互作用，调节全球的气候。生物圈中的生物能够生活在一个温度适宜的环境

---

① 生物泵(biological pump)：海洋浮游植物通过光合作用吸收大气二氧化碳、释放出氧气，成为海洋食物链中其他各级生物的有机质食物来源，同时产生各种钙质生物骨骼或壳体，死亡后的残骸逐渐沉降到洋底。这就像水泵那样，使上层海水中的二氧化碳最终被"抽提"输送到洋底沉积物之中。一般来说，海洋初级生产力越高，大气二氧化碳浓度就越低。

中，与海洋调节气温的作用有很大关系。

海洋生态系统通过吸收和储备温室气体，对全球和区域气候的调节服务。指人类生产、生活产生的废水、废气及固体废弃物等通过地面径流、直接排放、大气沉降、人为倒弃等方式进入海洋，经过生物的吸收降解、生物转移等过程最终转化为无害物质的服务。

气候调节服务包括海洋生态系统及各种生态过程对温室气体的吸收，从而对某一区域或全球的气候调节，如通过海洋生物泵作用产生的对二氧化碳、甲烷、过氧化氮、氟氯烃等温室气体的固定与沉降。由于温室气体数量与区域或全球的平均温度呈正相关，所以此项服务的核算可以采用海洋生态系统对温室气体的固定数量来确定。

(3) 海洋文化服务类生态产品

指海洋生态系统为人类提供的观光游览、体育休闲、文化体验、科普教育等满足其精神层次需求的服务，主要包括保健康养、休闲游憩、文化益智3类。

①保健康养类海洋生态产品，主要依仗海岸带、海洋及岛屿优美的生态、怡人的气候、温泉资源开展保健康养旅游、休闲、度假等。

②休闲游憩类海洋生态产品，主要结合设施资源开展海上户外运动、创意休闲、商旅活动等休闲游憩活动，依托海洋自然景物，在自然环境不受损害的前提下开展的旅游活动，是一种将生态环境保护、社区经济效益和可持续发展相融合的旅游形式，根据活动开展方式可进一步分为海洋观光游览和海洋体育休闲活动。

③文化益智类海洋生态产品，主要利用科普、人文历史等资源开发融娱乐益趣类、视觉感知类、自然教育类、研学科教类等服务于一体的文化益智活动。依托海洋自然空间，面向社会公众开展的文化体验、科普宣传等活动，主要包括鉴赏海洋特色文化、寻访海洋沉船古迹等历史遗址、参观船舶开海、祭海等民俗活动，开展海洋科普或海洋研学活动等。

3.3 从资产端视域构建生态产品目录

目录起源于文献编排和索引，随着社会经济发展，扩展到产品目录、产业目录。目录结构由一维发展到二维，甚至三维，成了标准化管理体系的重要手段。标准化是信息化、智能化的基础，生态产品的有序发展需要有一套共同的框架，其基础就是生态产品目录。二维目录是集合竖向名录和同一名录不同层级关系展开的目录结构，适宜于产品目录的集合关系。层级数一般可根据需要设定，生态产品最终目标是需要纳入国民经济行业分类体系的，因此，根据《国民经济行业分类》(GB/T4754-2017)(2019年修改版)，生态产品目录应在大类下设置三个层级：第一层级相当于国民经济分类的中类，设置物质供给类、调节服务类、文化服务类3类；第二层级相当于国民经济分类的小类，其中物质供给类分为2小类，根据生态系统的服务功能将调节服务类分为10个小类，根据文化服务类生态产品的性质将其划分为3个小类；第三层级为具体产品。这种设置的科学性体现在两个方面,一是衔接了全国国民经济分工体系,也因此第一、二层级不能随便调整;二是体现新业态的动态性和多变性,在产品名称这个层级可以根据需要调整。

3.3.1 物质供给类生态产品目录

为方便管理,同时更好地衔接现有生产管理体系和习惯,将物质供给类分为生物质供给类和非生物质供给类两类。

生物质类物质供给类生态产品,是指生态系统为人类提供并被使用的生物质物质产品,进一步层级分解为4类产品:

①植物及产出物类。包括食物饮品类,如粮食、林果等;药材类,如中草药等;原料类,如木材、饲草、生物质能等;花卉类。

②陆生动物类。如可利用的野生和人放天养的动物产品,人工近自然生产的畜牧产品等。

③微生物类。如蘑菇、灵芝、香菇、木耳等菌类。

④水生动物类。如鱼、虾、鳖、蟹等。

非生物质物质供给类生态产品,是指生态系统为人类提供并被利用的除生物质以外的物质产品,进一步层级分解为3类产品:

①气候资源类。如日照、风能、空气、负氧离子等。

②非生物资源类。如水资源、土地资源等。

③权益类资源。如矿物开采、能源开发、碳汇开发、土地增值等受益权。

按照三级目录设置,其中,一级目录为1项,二级目录为2项,三级目录为7项,同时在三级目录指标下根据需要设置产品名录。物质供给类生态产品目录结构如表3-2。

表3-2 物质供给类生态产品目录及其与生态系统的对应关系

一级指标	二级指标	三级指标	生态产品对应的生态系统						
			森林	草地	农田林网	湿地	荒漠	城市	海洋
物质供给	生物质供给	植物及产出物类	▲	▲	▲	▲	▲	▲	▲
		陆生动物类	▲	▲			▲	▲	
		微生物类	▲	▲			▲	▲	
		水生动物类	▲			▲		▲	▲
	非生物质供给	气候资源	▲	▲		▲	▲	▲	▲
		非生物资源	▲	▲	▲	▲	▲	▲	▲
		权益类资源	▲	▲	▲	▲	▲	▲	▲

注:▲表示具有产出关系

3.3.2 调节服务类生态产品目录

调节服务类指生态系统为维持或改善人类生存环境提供的惠益,如水源涵养、土壤保持、防风固沙、海岸带防护、洪水调蓄、空气净化、水质净化、固碳释氧、调节局部气候、消减噪声等。调节服务类生态产品主要承载公益和公共属性，从目前来看，其价值实现途径主要是财政转移支付、生态补偿、使用者付费等机制。为了与财政体系及GEP核算相衔接，生态产品VEP核算主要参照国家发展改革委、国家统计局印发的《生态产品总值核算规范(试行)》，一级为调节服务，二级目录为主要溢出的10个方面的生态服务功能，三级目录为每个二级目录下涉及的主要生态系统(产品系列)。调节服务类生态产品目录结构如表3-3。

表3-3 调节服务类生态产品目录及其与生态系统的对应关系

一级指标	二级指标	三级指标						
		森林	草地	农田林网	湿地	荒漠	城市	海洋
调节服务	水源涵养	▲	▲	▲	▲	▲	▲	
	土壤保持	▲	▲	▲	▲	▲	▲	
	防风固沙	▲	▲	▲		▲		
	海岸带防护						▲	▲
	洪水调蓄	▲	▲	▲	▲			
	空气净化	▲	▲	▲	▲		▲	
	水质净化				▲		▲	▲
	固碳释氧	▲	▲	▲	▲	▲	▲	
	局部气候调节	▲	▲	▲	▲	▲	▲	
	噪声消减						▲	

注：▲表示具有产出关系

3.3.3 文化服务类生态产品目录

文化服务类生态产品指生态系统为提高人类生活质量提供的非物惠益，如精神享受、灵感激发、休闲娱乐和美学体验等。根据文化服务类生态产品的性质，可以将其归纳为3个类别：

①保健康养类，包括与健康保养相关的森林、气候、海洋、温泉等。
②休闲游憩类，包括户外运动、创意休闲、商务与专业访问等。
③文化益智类，包括娱乐、视觉舒适及研学、科普宣教、自然教育益智类等相关服务。

文化服务类生态产品价值实现主要通过特许经营、使用者付费等方式实现。一级目录为文化服务，二级目录为保健康养、休闲游憩、生态文化3个方面的服务功能。三级目录为每个二级目录下涉及的主要服务系列和相应的产品名录。文化服务类生态产品目录结构如表3-4。

表 3-4　文化服务类生态产品目录及其与生态系统的对应关系

一级指标	二级指标	三级指标	产品对应的生态系统						
			森林	草地	农田林网	湿地	荒漠	城市	海洋
文化服务	保健康养	森林康养	▲			▲		▲	
		气候康养	▲	▲		▲	▲	▲	▲
		海洋康养							▲
		温泉康养	▲			▲	▲	▲	
	休闲游憩	户外运动	▲	▲		▲	▲	▲	▲
		创意休闲	▲	▲	▲	▲	▲	▲	▲
		商务与专业访问	▲	▲	▲	▲	▲	▲	▲
	文化益智	娱乐相关服务	▲	▲		▲	▲	▲	▲
		视觉舒适服务	▲	▲		▲	▲	▲	▲
		益智类服务	▲	▲	▲	▲	▲	▲	▲

注：▲表示具有产出关系

第4章 以国民经济统计学为驱动构建生态产品产业体系

产业是一种社会分工现象，它随着社会分工的产生而产生，并随着社会分工的发展而发展。在人类产业发展历史上，两次社会大分工的结果形成了农业、畜牧业、手工业和商业等产业部门，产业间的联系从无到有，从产业内部门间的联系发展到产业间的部门联系。在产业发展和分工演化过程中，产业间的联系由单项联系发展到多项联系，由线性联系发展到网络联系，产业间的功能联系的广度和深度不断加强。对一个国家而言，整个国民经济是一个历经多年不断探索、磨合而形成的体系，为了保持持续其有效运转，除了体系内有一套完整的组织和制度体系外，还需要与体系整体保持密切关联，具有可比性及结构的稳定性。因此，一个新的产业，不论这个产业多么重要，前景多么远大，也不能隔离于整个既有的产业体系，还需要主动融入进去。

产业的划分和产业分类有其自身的规律和要求，从国际、国内分析，主要有三次产业划分、国民经济行业分类及产品分类3个方面，层次是递进关系，且相互之间具有紧密的内在逻辑，通过代码相互贯通。

生态产品是具有中国特色的新业态、新产业，要发展壮大，就必须主动参与国民经济分工，尽快融入国家统计口径。这也是本研究的出发点和初衷。

4.1 三次产业划分

产业分类是国民经济宏观管理的抓手，通过透视国民经济产业类别各个产业部门的活动、相互关系以及变动状况，可考察产业结构系统的各产业间数量比例关系和素质关联。自20世纪50年代开始，三次产业划分理论逐渐成为国民经济中通用的经济结构分类和统计方法，世界各国纷纷将其作为指导产业发展和制订产业政策的主要理论依据。

4.1.1 三次产业划分理论及重要性

新西兰经济学家费希尔(A. Fisher)在1935年首次明确提出三次产业分类法，他将人类的经济活动分为三个阶段：人类初级生产阶段、以工业生产大规模迅速发展为标志的生产阶段、大量资本和劳动力流入非物质生产部门的生产阶段。费希尔把这三个生产阶段的产业分别称为第一次产业、第二次产业和第三次产业。费希尔最重要的贡献是提出了"第三产业"的概念[37]，划分了社会经济的三次产业，初步论述了三次产业之间的关系以及第三产业对国民经济发展的作用。费希尔提出这种分类方法有其深刻的历史背景。首先，它是在第二次科技革命的推动下，在物质生产发展的基础上，服务业日益发展，知识生产对物质生产的作用日趋重要,经济需求结构发生重大变化的条件下提出的。其次,是在资本主义世界陷入严重经济危机的背景下提出的。1935年,费希尔在大萧条之后所发表的《安全与进步的冲突》一书,从世界经济史的角度对1929—1933年的经济危机进行研究,对危机的成因与对策进行分析和概括,并在前人已经使用第一、第二产业概念的基础上提出了"第三产业"的概念,从而形成三次产业分类法。三次理论具有积极的理论意义。首先,从经济史的角度对生产结构进行了概括,三次产业划分法,在客观上反映了人类的生活需要、社会分工和经济发展的不同阶段,体现了有史以来人类生产活动的历史进程。其次,三次产业分类法是研究国民经济产业结构的变化,了解一国经济发展水平,探讨经济结构是否合理和进行国际经济比较的一种方法。最后,第三产业是科学技术不断进步、社会生产力和劳动生产率不断提高的直接结果,是社会生产不断发展和人们生活不断改善的客观要求,是人类社会生产发展的一般规律。可见,三次产业分类法从一个不同的角度提供了对经济活动新的认识和说明,对经济运行的分析和论证具有应用经济学性质,因而具有独特的科学价值和方法论意义。

英国经济学家、统计学家科林·克拉克(Colin Clark)在费希尔的理论基础上对三次产业的分类进行了局部调整并进行了实证研究,以经济活动与消费者的关系为依据,明确地将国民经济产业结构划分为三大产业:向自然界直接取得初级产品的第一产业、将初级产品进行再加工以适合人类需要的第二产业、为人类生产和消费提供各种服务的第三产业。

尽管国际上对三次产业的划分没有统一的标准,但多数国家和国际组织划分的三次产业范围大体相近,即将农、林、牧、渔业划为第一产业;将采矿业,制造业,电力、燃气及水的生产和供应业,以及建筑业划为第二产业;将其他行业划为第三产业。有一些国家的划分与其他国家也存在差异,如日本就将采矿业划入第一产业。

4.1.2 中国三次产业划分

中国对三次产业的划分始于1985年。当时为了适应建立国民生产总值统计的需要,国家统计局向国务院提出了《关于建立第三产业统计的报告》,报告中首次规定了中国三次产业的划分范围。

2003年,根据《国民经济行业分类》(GB/T 4754—2002),国家统计局印发了《国家统计局关于印发〈三次产业划分规定〉的通知》(国统字〔2003〕14号)。该规定在国民经济核算、各项统计调查及国家宏观管理中得到广泛应用。

2012年,根据国家质量监督检验检疫总局和国家标准委颁布的《国民经济行业分类》(GB/T 4754—2011),国家统计局再次对《三次产业划分规定(2003)》进行了修订。2018年,根据《国民经济行业分类》(GB/T 4754—2017),又对《三次产业划分规定(2012)》中行业类别进行了对应调整。三次产业的范围包括:

第一产业是指农、林、牧、渔业(不含农、林、牧、渔服务业)。

第二产业是指采矿业(不含开采辅助活动),制造业(不含金属制品、机械和设备修理业），电力、热力、燃气及水生产和供应业，建筑业。

第三产业即服务业，是指除第一产业、第二产业以外的其他行业。第三产业包括批发和零售业，交通运输、仓储和邮政业，住宿和餐饮业，信息传输、软件和信息技术服务业，金融业，房地产，租赁和商务服务业，科学研究和技术服务业，水利、环境和公共设施管理业，居民服务、修理和其他服务业，教育、卫生和社会工作，文化、体育和娱乐业，公共管理、社会保障和社会组织，国际组织，以及农、林、牧、渔业中的农、林、牧、渔服务业，采矿业中的开采辅助活动，制造业中的金属制品、机械和设备修理业(详见表 4-1)。

表 4-1 三次产业与行业分类对应关系

三次产业分类	对应行业分类门类数（门类代码）	对应行业分类大类数量、门类数
第一产业	1 (A)	5 (A 农、林、牧、渔业及服务业，01~05 大类)
第二产业	4 (B、C、D、E)	45 (B 采矿业，06~12，7 大类；C 制造业，13~43，31 大类；D 电力、热力、燃气及水生产和供应业，44~46，3 大类；E 建筑业，47~50，4 大类)
第三产业	15 (F、G、H、I、J、K、L、M、N、O、P、Q、R、S、T)	47 (F 批发与零售，51、52，2 大类；G 交通运输、仓储和邮政业铁路运输业，53~60，8 大类；H 住宿和餐饮业住宿业，61、62，2 大类；I 信息传输、软件和信息技术服务业，63~65，3 大类；J 金融业，66~69，4 大类；K 房地产业，70，1 大类；L 租赁和商务服务业，71、72，2 大类；M 科学研究和技术服务业，73~75，3 大类；N 水利、环境和公共设施管理业，76~79，4 大类；O 居民服务、修理和其他服务业，80~82，3 大类；P 教育，83，1 大类；Q 卫生和社会工作，84、85，2 大类；R 文化、体育和娱乐业，86~90，5 大类；S 公共管理、社会保障和社会组织，91~96，6 大类；T 国际组织，97，1 大类)

4.2 产业(行业)分类

4.2.1 国际标准产业分类

联合国为了统一各国国民经济统计口径，于 1971 年颁布、1986 年修订的《全部经济活动国际标准产业分类索引》，将全部经济活动分为 10 大类，在大类之下又分若干中类和小类。

标准产业分类法又称国际标准产业分类法，是国际上唯一被普遍认可的权威产业分类，在各个统计领域都有广泛应用。联合国统计委员会颁布的《国际标准产业分类》[①](ISIC)是一项基础性的国际统计分类，在世界各国的人口、生产、就业、国民核

---

① 全称为《全部经济活动国际标准产业分类》(International Standard Industrial Classification of All Economic Activities, ISIC)

算以及其他统计领域中广泛应用,同时也用于国际比较和数据分析。

1948 年,联合国经社理事会批准通过了 ISIC 第一版。此后,联合国统计委员会于 1956 年、1965 年、1979 年和 2006 年先后 4 次对 ISIC 进行修订。2008 年联合国统计委员会正式公布的 ISIC 第四版中[38],新设立了 J 门类,将"信息和通信业"作为最高级别的 21 个门类产业分类类别之一,一级门类由第三版的 17 类变为 21 类(详见表 4-2),大类由 60 类变为 88 类,中类由 159 类变为 238 类,小类由 292 类增加到 419 类,同时,对信息经济部门进行了总体定义,给出了一个信息产业的全面分类体系。可见,国际上产业分类是随着社会经济发展在不断充实、完善之中。

表 4-2　第四版《国际标准产业分类》门类表

门类代码	门类内容
A	农业、林业和渔业
B	采矿和采石
C	制造业
D	电、煤气、蒸气和空调供应
E	供水;污水处理、废物管理和补救活动
F	建筑业
G	批发和零售贸易;机动车辆和摩托车的修理
H	运输和储存
I	食宿服务活动
J	信息和通讯
K	金融和保险活动
L	房地产活动
M	专业和科技活动
N	行政和支助服务活动
O	公共行政和国防;强制性社会保障
P	教育
Q	人体健康和社会工作活动
R	艺术、娱乐和文娱活动
S	其他服务活动
T	家庭作为雇主的活动;家庭自用、未加区分的生产货物及服务的活动
U	域外组织和机构的活动

4.2.2　中国产业分类

行业分类依据国家统计局起草,国家质量监督检验检疫总局、国家标准化管理委员会批准发布的《国民经济行业分类》(GB/T 4754—2017)执行。该国家标准于 1984 年首次发布,分别于 1994 年和 2002 年进行修订,2011 年进行第三次修订,2017 年进行第四次修订。2019 年,根据国家统计局《关于执行国民经济行业分类第 1 号修改单的通知》(国统字〔2019〕66 号),对 2017 版标准的 C、D、J、L、N、Q、S 七大门类的 14 个小类作出了修订。

第四版行业分类共有 20 个门类、97 个大类、473 个中类、1380 个小类。与第三版比较,门类没有变化,大类增加了 1 个,中类增加了 41 个,小类增加了 286 个。增加主要体现为新产业、新业态、新商业模式,如种子种苗培育活动、畜牧良种繁殖活动、畜禽粪污处理活动等行业类别(详见表 4-3)。

表 4-3　第四版《国民经济行业分类》门类表

门类代码	门类内容
A	农、林、牧、渔业
B	采矿业
C	制造业
D	电力、热力、燃气及水生产和供应业
E	建筑业
F	批发和零售业
G	交通运输、仓储和邮政业
H	住宿和餐饮业
I	信息传输、软件和信息技术服务业
J	金融业
K	房地产业
L	租赁和商务服务业
M	科学研究和技术服务业
N	水利、环境和公共设施管理业
O	居民服务、修理和其他服务业
P	教育
Q	卫生和社会工作
R	文化、体育和娱乐业
S	公共管理、社会保障和社会组织
T	国际组织

考虑生态产品主要涉及农、林、牧、渔业门类中的林业及相关服务业,将其大中

小类别列出(详见表4-4)。

表4-4 林业及相关服务业国民经济行业分类和代码表

代码				类别名称
门类	大类	中类	小类	
A				农、林、牧、渔业
	02			林业
		021		林木育种和育苗
			0211	林木育种
			0212	林木育苗
		022	0220	造林和更新
		023		森林经营、管护和改培
			0231	森林经营和管护
			0232	森林改培
		024		木材和竹材采运
			0241	木材采运
			0242	竹材采运
		025		林产品采集
			0251	木竹材林产品采集
			0252	非木竹材林产品采集
	05			农、林、牧、渔专业及辅助性活动
		052		林业专业及辅助性活动
			0521	林业有害生物防治活动
			0522	森林防火活动
			0523	林产品初级加工活动
			0529	其他林业专业及辅助性活动

4.3 产品分类

4.3.1 国际上产品分类

国际上采用联合国核心产品分类(CPC)目录国际标准进行产品分类。《总品总分类》[39](CPC)是一种涵盖货物和服务的完整产品分类,意在充当一种国际标准,用以汇集和以表格列出各种要求给出产品细目的数据,其中包括工业生产、国民账户、服务业、国内外商品贸易、国际服务贸易、国际收支、消费及物价统计。目的是为国际比较提供一种框架,促进有关货物和服务的各种统计的统一。

20世纪70年代初,联合国为统一国际分类而提出编制《产品总分类》的倡议,在

1972年统计委员会第十七届会议、1973年欧洲统计学家会议第二十一届会议以及这两个机构的成员与一些国际组织秘书处成员的一些会议上达成共识，应统一联合国和其他国际机构主持编制的经济和其他领域的多项分类目录和内容。同期，海关合作理事会修订了其《海关合作理事会税则目录》，并将其四位数办法扩大成六位数办法，并于1983年通过了新的税则目录，编制了《商品统一分类和编码办法》(《分类和编码办法》)，于1988年1月1日生效。为确保分类和编码办法中采用的分类法与联合国的《国际贸易标准分类》(《国贸标准分类》)和货物的原产业部门尽可能保持一致，联合国秘书处统计处参加了《分类和编码办法》的编制工作。

联合国统计委员会第十九届会议在1976年1月核准了与分类有关的一项方案，以统一联合国、欧洲共同体和经济互助委员会的现有活动分类，同时编制一个经济活动及货物和服务的不同的但相互关联的分类体系，内容主要包括货物和服务(产品)两方面的新分类——《产品总分类》(CPC)，充分吸收了《分类和编码办法》中的详细分项作为处理可运输货物部分的基本组件及《国民账户体系》中具体规定的经济供给和使用的基本类别，如中间消耗、最终消费、资本形成和进口与出口等。

1977—1987年，联合国秘书处统计处和欧洲共同体统计局(欧共体统计局)召开了六次世界级分类联合工作组会议，目的是将活动和产品分类综合体系中的类别作为《全部经济活动的国际产业标准分类》(《国际产业标准分类》)第2订正本、《欧洲共同体内经济活动一般产业分类》(《欧共体一般产业分类》)和货物和服务的有关分类的基本组件。联合工作组还对《国贸标准分类》和《产品总分类》之间的相互关系提出了建议。

1983—1988年，联合国秘书处统计处组织了一系列研究处理经济分类问题的有关专家组会议。世界各地和处于不同发展阶段的各国都派代表参加了这些会议，各区域委员会和国际组织也派代表参加了这些会议，审议通过了《国际产业标准分类》第3订正本和《产品总分类》的草稿。

《暂定产品总分类》是《产品总分类》的第一版，于1990年出版。1998年，发布《产品总分类》(1.0版)，着重详细编制了分类的服务部分。经新订正的《产品总分类》(1.1版)对《产品总分类》做了进一步的增订，反映1.0版以来世界范围经济最新变化和技术的持续进步的变化。连续不断地修订这一分类，使这一分类与时俱进，能够更准确地反映现有经济和技术实际情况，同时又保持概念上的一致性。

《产品总分类》(1.1版)对货物和服务进行了分类，对详细研究货物和服务交易很有用处，也可以其为基础编制货物和服务列表，用于特定的目的，如物价统计调查。虽然联合国的产品分类是一个推荐性标准，但被各国及国际组织作为国际比较的框架，该标准已被国际广泛接受。

自1998年联合国颁布第一版《产品总分类》以来，为了推进国际比较、规范各国的统计标准，世界各国或是直接采纳联合国的《产品总分类》，或是在联合国标准的基础上制定本国的产品分类。一些发达国家和地区，如欧盟地区、美国、加拿大、澳大利亚、新西兰等根据本国情况制定自己的产品分类,并与联合国的产品分类建立了转换关系;一些产业单一、经济欠发达的中小国家就直接采用联合国的《产品总分类》。

可见,随着生态产品中国方案的推进,对相关产业目录和产品分类目录及时进行调整,是符合国际惯例的。

4.3.2 中国产品分类

中国的产品分类主要依据国家统计局发布的《统计用产品分类目录》。《统计用产品分类目录》与《国民经济行业分类》是统计上最为基础、最为重要的两个分类标准,也是国际上被广泛采用的分类标准。

《统计用产品分类目录》是对全社会经济活动的产品进行的标准分类和统一编码,它适用于以产品为对象的所有统计调查活动。其主要作用有以下四方面。

一是统一、规范统计分类标准。长期以来,我国统计上没有统一的产品分类标准,各部门、各专业使用的产品目录不衔接、不统一,无法进行对比,也很难实现数据共享。发布产品分类目录,是推动统计工作标准化,规范各地区、各部门统计上使用的产品分类和编码的需要。

二是为各项统计调查提供了标准分类目录。产品目录的发布可以基本满足国民经济核算、工业、农业的产品产量统计和生产价格统计,以及其他统计调查对产品分类的需求,为各项普查、专项调查以及常规统计调查提供产品目录和框架。

三是建立与联合国及各国的统计数据交换关系。联合国要求各国在制定本国产品分类时应考虑与国际标准的衔接。我国的产品目录建立了与联合国产品分类的对应关系,可用于国际间的数据对比。

四是有利于加快我国统计信息化的步伐。建立统一的信息处理平台,进行数据处理和交换,都离不开统计分类标准,而产品分类目录是数据处理和交换的重要基础之一。

为与国际标准衔接,规范我国的统计标准,2010年2月,国家统计局正式颁布《统计用产品分类目录》。由于联合国的产品分类划分较粗略,无法直接用于我国的统计,因此在编制目录时,除采用联合国的编制原则、分类依据、基本构架和处理方法外,对产品类别的具体编制,主要考虑我国统计需求和部门管理需要。

《统计用产品分类目录》主要包括产品分类的划分原则和依据、特殊类别处理方法、计量单位代码编制方法、产品分类目录结构表、产品分类目录表和主要产品注释等内容。其中,产品分类目录表是产品分类的核心内容。在特殊类别处理方法中,主要对交叉类别、汇总类别等作了特殊处理。共涉及国民经济行业活动的全部36142个产品,其中实物类产品30015个,服务类产品6127个。在实物类产品中,农、林、牧、渔业产品1527个,工业产品28028个,建筑业产品450个。

我国《统计用产品分类目录》有以下六个特点:

一是产品分类与行业分类紧密衔接。产品目录以《国民经济行业分类》为基础,在行业大类上进行产品划分。因此，目录中的全部产品就是国民经济行业活动的产出；国民经济行业的行业类别就是目录产品的原产业（产业源）。

二是与联合国的产品分类衔接。我国产品目录的划分原则、代码编制方法与联合国的产品总分类基本一致。同时，目录在最底层产品与联合国产品建立了转换关系。

三是各专业可以灵活使用产品分类目录。产品目录规定了统计上使用的基本产品。在一般情况下，各专业统计使用的产品应从该目录中产生，当有些专业使用更细的产品类别而目录不能满足时，可在目录产品后面增加更细的产品，作为专业统计用的产品子目录。

四是与海关商品目录相衔接。为了与不同用途的产品目录相衔接，在"产品库"中增加与海关商品目录的转换关系。

五是计量单位比较灵活。产品目录采用开放可选择式计量单位，即目录中每一个产品不一一对应计量单位，而是建立一个统一的《计量单位代码表》。不同调查所选用的产品可以从《计量单位代码表》中找到对应的计量单位和代码。这样可方便各专业、各部门查找。

六是动态维护。为保证因社会、科技进步而出现的新产品在目录中得到体现，建立"产品库"，并每年进行更新，实行动态维护。

当然，我国产品目录与联合国的产品分类也存在一些差异。一是我国的产品目录是在《国民经济行业分类》的行业大类基础上划分产品的，这使得我国的产品分类与行业分类连接更加紧密。二是我国的产品分类目录附带独创性的产品计量单位编码方法，可直接用于统计调查和数据处理。考虑到这些差异，为了进行国际比较，我国在产品分类目录最小类别建立了与联合国产品分类的转换关系。

背景 4-1　生态产品与绿色产品的关系

绿色产业是推动生态文明建设的基础和手段，但由于"绿色"概念较为宏观、抽象，各部门对绿色产业的边界界定不一，产业政策无法聚焦，存在"泛绿化"现象，不利于绿色产业发展。广义的绿色发展贯穿国民经济和社会发展的各领域和全过程，但政策、资金等资源有限，客观上要求在扶持绿色产业发展上应立足当下、厘清主次、把握关键，紧紧抓住现阶段的"牛鼻子"，把有限的政策资源用在刀刃上。基于这一背景，2019年3月6日，国家发展改革委、中国人民银行等七部委联合发布《绿色产业指导目录（2019年版）》。该目录包括六大部分，并细化出30个二级分类和211个三级分类。

第一部分　节能环保产业。主要是从事资源能源节约和循环利用、生态环境保护的装备制造和产业活动的相关产业。主要包括高效节能装备制造、先进环保装备制造、资源循环利用装备制造、新能源汽车和绿色船舶制造、节能改造、污染治理和资源循环利用等内容。

第二部分　清洁生产产业。主要是从事生产全过程的废物减量化、资源化和无害化的相关产业。主要包括产业园区绿色升级、无毒无害原料替代使用与危险废物治理、生产过程废气处理处置及资源化综合利用、生产过程节水和废水处理处置及资源化综合利用、生产过程废渣处理处置及资源化综合利用等内容。

第三部分　清洁能源产业。主要是构建清洁、高效、系统化应用能源生产体系的装备制造和相关设施建设运营。主要包括新能源与清洁能源装备制造、清洁能源设施建设和运营、传统能源清洁高效利用、能源系统高效运行等内容。

第四部分　生态环境产业。主要是服务于我国生态系统的保护修复，优化生态安全屏障，提升生态系统质量和稳定性。主要包括生态农业、生态保护、生态修复等内容。

第五部分　基础设施绿色升级。主要是提升重大基础设施建设的绿色化程度，提高人民群众的绿色生活水平。主要包括建筑节能与绿色建筑、绿色交通、环境基础设施、城镇能源基础设施、海绵城市、园林绿化等内容。

第六部分　绿色服务。主要是为相关绿色产业提供智力支持和专业化服务的产业。主要包括咨询服务、项目运营管理、项目评估审计核查、监测检测、技术产品认证和推广等内容。

《绿色产业指导目录（2019年版）》有关生态方面的目录与生态产品比较密切，主要涉及生态环境产业和绿色服务两大部分，分录如下：

(1) 生态环境产业大类，包括生态农业、生态保护、生态修复三个方面。其中：

生态农业包括11类：现代农业种业及动植物种质资源保护，绿色有机农业，农作物种植保护地、保护区建设和运营，森林资源培育产业，林下种植和林下养殖产业，碳汇林、植树种草及林木种苗花卉，林业基因资源保护，绿色畜牧业，绿色渔业，森林游憩和康养产业，农作物病虫害绿色防控。

生态保护包括5类：天然林资源保护，动植物资源保护，自然保护区建设和运营，生态功能区建设维护和运营，国家公园、世界遗产、国家级风景名胜区、国家森林公园、国家地质公园、国家湿地公园等保护性运营。

生态修复包括13类：退耕还林还草和退牧还草工程建设，河湖与湿地保护恢复，增殖放流与海洋牧场建设和运营，国家生态安全屏障保护修复，重点生态区域综合治理，矿山生态环境恢复，荒漠化、石漠化和水土流失综合治理，有害生物灾害防治，水生态系统旱涝灾害防控及应对，地下水超采区治理与修复，采煤沉陷区综合治理，农村土地综合整治，海域、海岸带和海岛综合整治。

(2) 绿色服务，包括五个方面：

一是咨询服务4项，绿色产业项目勘察服务、绿色产业项目方案设计服务、绿色产业项目技术咨询服务、清洁生产审核服务。

二是项目运营管理8项，能源管理体系建设、合同能源管理服务、用能权交易服务、水权交易服务、排污许可及交易服务、碳排放权交易服务、电力需求侧管理服务、可再生能源绿证交易服务。

三是项目评估审计核查服务5项，节能评估和能源审计、环境影响评价、碳排放核查、地质灾害危险性评估、水土保持评估。

四是监测检测6项，能源在线监测系统建设、污染源监测、环境损害评估监测、环境影响评价监测、企业环境监测、生态环境监测。

五是技术产品认证和推广8项，节能产品认证推广、低碳产品认证推广、节水产品认证推广、环境标志产品认证推广、有机食品认证推广、绿色食品认证推广、资源综合利用产品认定推广、绿色建材认证推广。

可见，尽管《绿色产业指导目录（2019年版）》对"绿色"的范围作了聚焦，限定在6个大的方面，但是内容涉及国民经济的方方面面，涵盖第一、第二、第三产业的生态环境保护、清洁生产、循环经济及资源高效利用等众多方面，边界远超生态产品范围。因此，生态产品不能用绿色产品来替代。

4.4 生态产品纳入国民经济行业分类的建议

从产业链分析，不考虑深加工部分（物质供给类生态产品只是加工制造业的原材料），生态产品产业包括其所依附的基底——生态系统，以及为实现初级生态产品价值的调查、监测、初级加工及交易和结算等服务。因此，以是否脱离生态系统为分界点来划分生态产品产业不同次数，其之前的生产、维护、监测等活动，类似林草业的管护和抚育阶段，纳入第一产业；其之后的过程或活动，主要是调查、监测、初级加工及交易和结算平台等管理和服务，类似林产品采集后的过程，纳入第三产业。

由于提供生态产品的七大自然生态系统大都处于林业草原行业主管部门的管辖范围，尽管农田生态系统和城市生态系统涉及的行业比较多，但其生产生态产品仅限于其主要提供生态功能的自然生态系统。因此，在行业分类中，生态产品应属于A门类，即与农业、林业、畜牧业、渔业属于同一门类。

但考虑行业分类中20个门类97个大类（其中农业为01大类，林业为02大类，畜牧业为03大类，渔业为04大类，农、林、牧、渔专业及辅助性活动为05大类）为连续编码，如果中间插入新的大类，会打乱现有的整个产业分类编码体系。因此，建议在A门类的最前端增设00大类编码，在05大类的最前端相应增设050中类编码。这种安排是对现有体系变化最小，且兼顾了生态产品与其他第一产业归类性协调的问题。现行《国民经济行业分类》（GB/T 754）相关内容修订如下：

第一产业是指生态产品、农、林、牧、渔业（不含生态产品、农、林、牧、渔专业及辅助性活动）。

第二产业是指采矿业（不含开采辅助活动），制造业（不含金属制品、机械和设备修理业），电力、热力、燃气及水生产和供应业，建筑业。

第三产业即服务业,是指除第一产业、第二产业以外的其他行业。第三产业包括:批发和零售业,交通运输、仓储和邮政业,住宿和餐饮业,信息传输、软件和信息技术服务业,金融业,房地产业,租赁和商务服务业,科学研究和技术服务业,水利、环境和公共设施管理业,居民服务、修理和其他服务业,教育,卫生和社会工作,文化、体育和娱乐业,公共管理、社会保障和社会组织,国际组织,以及生态产品、农、林、牧、渔服务业,采矿专业及辅助性活动,制造业中的金属制品、机械和设备修理业(详见表4-5)。

表4-5 生态产品及相关服务业国民经济行业分类和代码表(建议修订后)

代码				类别名称
门类	大类	中类	小类	
A				生态产品、农、林、牧、渔业
	00			生态产品
		001		物质供给类
			0011	生物质类
			0012	非生物质类
		002		调节服务类
			0020	水源涵养
			0021	土壤保持
			0022	防风固沙
			0023	海岸带防护
			0024	洪水调蓄
			0025	空气净化
			0026	水质净化
			0027	固碳释氧
			0028	局部气候调节
			0029	噪声消减
		003		文化服务类
			0031	保健康养
			0032	休闲游憩
			0033	文化益智
	05			生态产品、农、林、牧、渔专业及辅助性活动
		050		生态产品专业及辅助性活动
			0501	生态产品价值实现
			0502	生态产品初级加工
			0503	其他生态产品服务

第5章 以品质为核心的质量安全保障体系研究

5.1 农产品认证及可借鉴性分析

5.1.1 农产品认证体系概况

谈到生态产品,自然会联想到农产品。为了明晰二者之间的区别,有必要先了解一下有关农产品认证方面的情况。

农产品一般分为4个层级,由最低级到最高级分别是常规农产品、无公害农产品、绿色农产品和有机农产品(详见图5-1)。

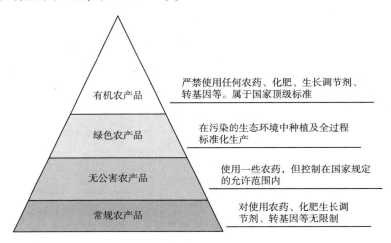

图5-1 农产品品质层级图

除常规农产品外,其他几类农产品均需要经过认证程序。

农产品认证的主要发展对象是三品认证,包括无公害农产品、绿色食品和有机农产品认证。无公害农产品是指产地环境、生产过程、产品质量符合国家有关标准和规范的要求,经认证合格获得认证证书并允许使用无公害农产品标志的未经加工或初加工的食用农产品;绿色食品是指遵守可持续发展原则,按照特定生产方式生产,经专门机构认定,许可使用绿色食品标志,无污染的安全、优质、营养类食品;有机农产品是指来自有机农业生产体系,根据有机农业生产要求和相应标准生产加工,并且通过合法的、独立的有机食品认证机构认证的农副产品及其加工品。

农产品体系认证主要是指三P认证[40],即HACCP、GAP和GMP认证。HACCP

即危害分析和关键控制点。国家标准《食品工业基本术语》（GB/T 15091）对 HACCP 的定义是：生产（加工）安全食品的一种控制手段；对原料、关键生产工序及影响产品安全的人为因素进行分析，确定加工过程的关键环节，建立、完善监控程序和监控标准，采取规范的纠正措施。GAP 即良好农业生产规范，指对未加工和初加工的出售给消费者和加工企业的农产品的种植、采收、清洗、包装和运输过程中常见的危害控制，包括从农场到餐桌的整个生产链条的质量管理体系。

发达国家农产品认证制度可以大致分为三种类型：市场运作型、政府主导型和交叉型。市场运作型是以市场需求为主导，辅以政府的管理，该模式最大的特点在于认证的种类和活动相对分散，美国与澳大利亚是该类型的代表；政府主导型是在符合市场规律与法律的前提下，由政府带头构建的认证体系，包括法规、标准依据及相应的管理等方面，是典型的政府规制，该模式最大的特点在于具有相对较高的权威统一性；交叉型介于市场与政府之间。

以市场运作型为代表的认证分类突出、特色明显。美澳两国农场认证发展较早，同时农业现代化程度较高。许多认证是由行业协会或跨国集团组织发起的，其认证形式、种类、地域等区分度高，形成了各自的特色优势。

以政府主导型为代表的认证则突出表现为标准严格、尺度规范。日本的 JAS 认证正是因为严格的标准而闻名于世界，任何出口到日本的农产品及原料必须要通过 JAS 认证。此外，日本的 JONA 有机认证机构（农林水产省注册）可以与欧盟、美国等地区进行互换，同时部分农产品可以享受免检服务。这样不仅有效地保护了本国农产品的质量安全，同时对于发展农产品国际贸易也有促进作用。

5.1.2 农产品质量安全体系国际国内比较

一般而言，农产品质量安全体系包括质量标准体系、检验检测体系、认证体系、科技支持体系、示范推广体系、法律法规体系、信息服务体系、市场营销体系等。

国际农产品质量管理体系主要包括质量安全、检验检测、认证三大体系。

（1）农产品质量安全标准体系

国际上一般把标准分为强制类和推荐类两种。前者为政府部门的法律法规，具有强制性，必须严格遵守；后者则由政府委托标准制定机构或行业协会制定和管理，由社会自愿采用。许多发达国家为了提高农产品品质，提升本国农产品在国际市场上的竞争地位，制定了一系列详细的农产品质量标准。

①美国。美国的农产品标准有 3 个层次。一是国家标准，由联邦农业部、卫生部和环境保护署等政府机构经联邦政府授权制定。二是行业标准，由民间团体制定。民间组织的标准具有很强的权威性，不仅在国内享有良好的声誉，而且在国际上被广泛采用。三是农场主和贸易商制定的企业操作规范，相当于中国的企业标准。

②欧盟。欧盟的标准体系分为两个层次。一是欧盟指令，二是包含具体技术内容的可自愿选择的技术标准。涉及产品安全、职业安全、人体健康、消费者权益保护的

标准,通常以指令的形式发布。技术性强的规定或规范多以标准形式发布。欧盟拥有技术标准10万余项,其中涉及农产品的约占四分之一。在农产品农药残留限量控制方面,欧盟已制定农药残留限量标准1.7万余项。

③日本。日本的农业标准体系也分为国家标准、行业标准和企业标准三个层次。国家标准即JAS标准,以农产品、林产品、畜产品、水产品及其加工制品和油脂为主要对象。行业标准多由行业团体、专业协会和社团组织制定,主要是作为国家标准的补充或技术储备。企业标准是由各株式会社制定的操作规程或技术标准。日本农林水产省制定的强制性技术法规有近20部,农产品品质规格标准500多项。

(2) 农产品质量安全检验检测体系

主要发达国家非常重视本国农产品质量安全检验检测体系的建设,并通过检验检测体系对农产品的质量安全实施监督管理。

①美国。美国根据农产品市场准入和市场监管的需要,建有分农产品品种的全国性专业机构和分区域的农产品质量监测机构。同时,各州也根据需要建有州级农产品质量监测机构,主要负责农产品生产过程中的质量安全和产地质量安全。美国的监测检验体系还负责对食品进行风险评估、风险管理和风险通报。

②加拿大。加拿大负责农产品检验的机构是加拿大食品检验局(CFIA)。该机构在全国分4个大区,下设18个地区性办公室、185个基层办事处,并在408个非政府机构设立工作点。CFIA拥有22个专业性实验室和检测技术研究机构,从事新技术研究、组织测试和咨询指导工作。CFIA下属的检验员、兽医及其他专业技术人员共4600多名,开展了14个与食品、动植物检疫有关的检验项目。

③欧盟。欧盟各国根据欧盟及本国的法律法规,对农产品实行严格的市场准入和监管。其主要措施之一就是依靠农业行政主管部门,按行政区划和农产品品种类型设立全国性、综合性和专业性的检测机构来实施执法监督检验。在丹麦,仅农业部授权的农产品质检机构就有38个。法国建有完善的质量检测管理和定期预报体系,每年定时、定点取样分析,对农产品进行定点监测和评价。如小麦的取样点达36500个,分析检测基本样品达1150个。

④日本。日本农林水产省建有一个完善的农产品质量安全检测体系,以农林水产消费技术服务标准为依托,负责农产品的监测、鉴定和评估,以及各级政府委托的市场准入和市场监督检验工作。

(3) 农产品质量安全认证体系

主要发达国家除了对最终产品进行质量安全认证外,还普遍在生产过程中推行HACCP(危害分析和关键控制点)体系。该体系目前是世界公认的食品安全卫生质量保证系统。HACCP强调生产者自身的作用,以预防为主。由于它的实用性和科学性,目前许多发达国家都要求国内和进口的畜禽产品和水产品按照HACCP体系来生产、加工,并进行HACCP体系认证。美国、欧盟分别于1991年和1997年颁布法令和法规,将HACCP认证作为强制性措施在本国执行,并要求对进口的水产品进行HACCP验证。美国、欧盟又分别于 1996 年和 1999 年颁布新的法律法规，提高肉禽制品的安全程度，期望以 HACCP 为基础的加工控制系统、微生物检测、减少致病菌操作规范及卫生标准操作规范的有效组合应用，减少肉禽产品致病菌的污染和食品中毒事件。

日本：按照日本农业标准制度，日本有专门的认证体系负责推广和促进 JAS 标志的使用。JAS 标志制度是自愿认证制度，目前已实施认证的产品有 400 多种。如果经有资格的审核员和政府认定的机构审查，证明某个产品符合 JAS 要求并能够持续生产，即被允许加贴 JAS 标志。若想获得 JAS 标志，生产者可以向农林水产大臣指定的机构提出申请。在现实中，日本的消费者都知道 JAS 标志。获得 JAS 标志的产品在市场上具有明显的竞争优势，这全面提高了生产者申请的积极性。

法国：法国按照《农业指导法》规定，对食品、非食品类加工农产品或非加工农产品（如种子、草皮等）采取产品标签制度，用于证明某种产品具有一种预先规定的专门品质，并达到优质水平，以便与其他类似产品相区分。所有产品标签都由政府授权设置的管理产品标签与合格证书的专门机构负责，该机构由农业部部长批准行使职能。

中国农产品质量安全基本采取国际通行做法，由标准、检验检测和认证三大体系构成。

①农产品标准体系：农业农村部参与和组织制定农业国家标准近 500 项、行业标准 1600 多项、地方标准 1.7 万余项，并组织制定和发布了近 300 项无公害食品行业标准、70 多项绿色食品行业标准。

②农产品检验检测体系：农业农村部已在全国规划建设了 280 多个国家级、部级农产品质检中心，同时指导全国 1/3 的地市县建立了以速测为主的农产品质量安全检测站，农业质检机构的检测能力得到进一步增强。

③农产品认证体系：农业农村部形成了以无公害农产品认证为基础，以绿色食品认证为发展方向，以有机食品认证为补充的"三位一体、整体推进"的认证工作发展格局。全国统一的无公害农产品认证于 2003 年全面启动，现已步入规范、有序、快速发展的轨道。

（4）农产品认证标准和认证制度分析

环保型农业是替代农业运动的核心，是人们在面对前所未有的资源和环境危机时，在对石油农业进行反思的基础上，对未来农业的发展方式提出的概念，注重强调农业生产过程中对自然资源的保护和对可再生资源的利用。在欧美，环保型农业被称为"低外部投入农业"或"综合农业"。在亚洲则被称为绿色食品、特别栽培农产品等，冯云等[41]以日本特别栽培农产品认证标准与认证制度和我国的绿色食品认证标准与认证制度为研究依据，比较了中日环保型农产品认证标准和认证制度的异同；利用欧美低外部投入农业生产的资料和中日环保型农业生产的资料，探讨了国际环保型农业体系的异同，以及引起这种差异的原因。这些比较对生态产品的相关研究，以及认知生态产品与绿色食品、有机食品的区别具有借鉴作用。

亚洲国家将环保型农业标准化、制度化，顺应了可持续发展农业的思潮和现代农业标准化及第三方认证制度的兴起。中国建立了绿色食品认证标准和认证体系,日本建立了特别栽培农产品认证标准和认证制度。两者具有共同点:一是绿色食品标准和特别栽培农产品标准均为环保型农产品标准,两者的生产理念和生产原则均以减农药、减化肥为特征。二是绿色食品标准和特别栽培农产品标准均为认证标准。三是绿色食品和特别栽培农产品均被列入国家法律法规的限制,有一系列的标准和认证认可制度的支撑。

但也存在明显的差异:一是范围不同。绿色食品标准的范围包括农作物、畜禽产品、食用菌及其加工产品;特别栽培农产品标准的范围仅包括蔬菜和水果,以及谷物、豆类、茶等用干燥方式处理的产品,不包含加工食品、野生采集植物和食用菌等。二是标准体系不同。绿色食品标准是产品标准体系,注重产品的质量和产地环境的质量;特别栽培农产品标准是过程标准体系,注重栽培过程控制和产品的标识。三是认证依据不同。绿色食品的认证标准是行业标准,具有全国统一的认证标准和认证标志;特别栽培农产品的认证标准是地方标准,不同的地区有不同的认证标准和认证标志。四是投入品控制标准不同。绿色食品标准规定所使用的肥料有机氮与无机氮之比以 1:1 为宜,禁止使用硝态氮肥,限量使用农药;特别栽培农产品标准则明确规定了化肥、化学农药的使用减至常规农业习惯水平的 50% 以下。五是认证制度不同。绿色食品的认证属于官方认证;特别栽培农产品的认证属于第三方认证。

欧美国家没有建立起环保型农业的标准体系和认证制度。主要原因:一是欧美国家对"可持续性"有不同的理解,认为农业的可持续性的实现具有多种途径,对环保型农业的方式理解也存在差异,难以统一。二是环保型农产品认证标准的制定依据和基础较难把握,还需要建立相应的认证和监管体系,并且需要多个部门相互配合,需要花费相当长的时间。三是环保型农产品的认证过程是技术性、知识性和综合判断性较强的工作,对检查认证人员的要求比较高,认证的过程在实际操作中难度比较大。四是欧美国家制定的一些法律法规及农业政策,鼓励环保型农产品的当地消费、认证费用等也是未建立环保型农业标准体系和认证制度的原因。

5.1.3 生态产品与绿色、有机等环保型农产品的差异性分析

生态产品是中国首创的一类新产品,在实践中很容易与农产品混淆,尤其是有机农产品,很容易让人产生误解。如果理解了生态产品与环保型农产品的内涵,就很容易把二者区分开来。其差异性可以从以下几个方面进行分析:

(1) 生产的自然环境不同

生态产品产自国土空间规划划定的主要生产生态服务功能的地域,如林地、草地、湿地、荒漠、河流、水域等自然生态系统。农产品、水产品主要产自农业用地、人工渔场等。

(2) 生长过程不同

生态产品以自然生长为主,即使有一定的人工干预,也限定在干扰对生态系统有

促进作用范畴，如草原适度放牧、水域芦苇采收等。生态产品不人工施肥，不打农药，基本上是天然生长或人放天养，这一方面与有机农产品类似，但有机农产品产自农地，即使能按照有机产品要求的方法生产，也避免不了周边污染物渗透和过度的人工扰动。

(3) 产品分类不同

生态产品是与农产品并列的一级产品，而绿色或有机农产品均是农产品级下的分类产品。

(4) 产能空间及品质可控性不同

生态产品依靠生态系统或特定生态地域天然生产，单位面积能生产多少不能通过人工调控。因此，就特定区域而言，可能产品数量很有限，品质高、数量少是其主要特征。农产品却完全不同，人为调控的裕度很大，甚至可以通过人工改变环境或通过机械化、智能化措施提高单位产量。若市场有需求，还可以通过扩大规模实现增产。

5.1.4 绿色和有机农产品认证的可借鉴措施

尽管生态产品和农产品是完全不同的产品系列，但并不妨碍借鉴其成功经验、吸取其发展过程中的一些教训。总结起来可以概括为两个方面。

(1) 从一开始就要筑牢市场诚信体系基础

我国有机农业和有机农产品市场的发展面临的最大问题就是市场诚信危机，这主要是前期市场严重不规范导致消费者缺乏对有机市场的信任造成的后果。随着各类有机农产品大量涌入市场，一方面，广大消费者对饮食和健康给予了更多的关注；但另一方面，消费者往往很难从外观上辨别有机农产品和普通农产品的区别，这也可以认为是市场卖方和买方信息不对称导致的市场失灵现象，消费者只能依靠有机农产品标识或认证标志识别。但是由于机制不健全，惩处制度不完善，市场上非有机农产品以次充好，甚至将不符合有机农产品标准的产品加工包装并以有机农产品的名义进行销售，导致本来就对有机农产品的界定不清楚的广大消费者更加怀疑市场有机农产品的真实性，引起消费者的迷茫情绪，也打击了其消费积极性。久而久之，反而将真正用心投入而生产出的高质量有机农产品挤出了市场。

因此，从一开始就要构建好两个机制。一个是行政法律机制。发挥好政府监管和法律惩处的权威性，制定相应的监管制度，尽快完成完善相关立法工作，做好与现有相关法律法规的衔接工作，确保有法可依、有规可循。另一个是行业自律和监督机制。组建国家层面的行业协会、地方协作组织。充分发挥大数据、云平台等现代技术手段，通过政府购买服务发挥国家队人才优势，构建第三方认证、核查、发布机制。发挥新闻媒体监督作用，构建社会舆论监督机制。

(2) 搭接生态产品产地与消费市场顺配机制

有机农业因产地与消费市场错配导致的问题值得重视。一方面，地处偏远，没有规模效应，生产成本高。我国虽然地大物博、资源丰富，但是由于农民多、耕地少，资源分布相当不均匀，而且土地流转制度不完善，开发利用难度较大，难以形成规模性的有机农业生产基地。由于不能进行规模化大生产，有机农产品单位生产成本必然偏高。另一方面，产品运输成本远高于市场平均水平。我国有机农产品主要来源于偏远的山区，这些地区的基础交通设施不完善，在物流体系未形成规模效应的情况下，有机农产品的运输成本严重偏高，无形之中大大抬高了有机农产品的定价，导致有机农产品价格一般是同类普通产品价格的好几倍。而且我国生产的有机农产品很大部分为初级产品，附加值较低，所以定价偏高不能为普通民众所接受。加上市场不规范，有机、非有机难以识别，消费者难以买到放心产品，自然对市场失去信心。有机产品的这些源头问题与生态产品类似，生态产品体系构建过程中应认真研究导致这类问题的根源，做好顶层设计，夯实产业发展基础。

因此，一是要提高产品辨识度。与有机农产品一样，生态产品与其他农产品、林产品、牧产品、水产品容易混同，辨识度不高，可以通过产品标识、认证标志来提高辨识度。为了避免有机产品市场乱象，除了前述"构建好两个机制"来规范市场行为，还应坚守几个策略：

①严格贯彻"少而精"原则，不贪大，不求全，做好做精小、特、优产品，走高端路线。

②防止社会大资金介入。资金有利润诉求，当小规模难以满足大资金对利润的渴望时，经营过程中的歪门邪道就难以避免了，这是由资金的逐利性决定的，不以人的意志为转移。

③适度组织产业组织。为了使行业有一定的规模经营和满足社会分工，可以在自愿的基础上组建合作社或合伙公司，但应该是以供给侧为主的合作组织。

④生态产品应定位为提供初级产品的第一产业。由于产地资源有限性、产品珍贵性、市场紧俏性，生态产品不宜发展大规模深加工企业，只宜发展保存、运输和销售的初步处置类就地加工企业，性质属于服务一产的第三产业范畴。

⑤争取独成销售体系。充分利用生态产品大数据、云平台系统，逐步建设自成体系的销售网络，一旦构建起具有生态产品唯一性的生产、交易、标识、管控体系，加上严格监管和退出机制，生态产品自然变为诚信产品、放心产品，当然也是生活的高品质产品。

5.2 生态产品调查监测体系构建研究

5.2.1 生态产品底数调查

5.2.1.1 调查方法和要求

生态产品信息普查及底数调查是编制生态产品目录的基础性工作。基于各地现有的水环境、空气质量、森林、草原、湿地、荒漠等自然资源和生态环境调查体系，利用林长制、河长制网格化监测手段，对各类生态产品分布、数量和质量等因子进行摸底调查。调查及编制生态产品目录的程序见图5-2。

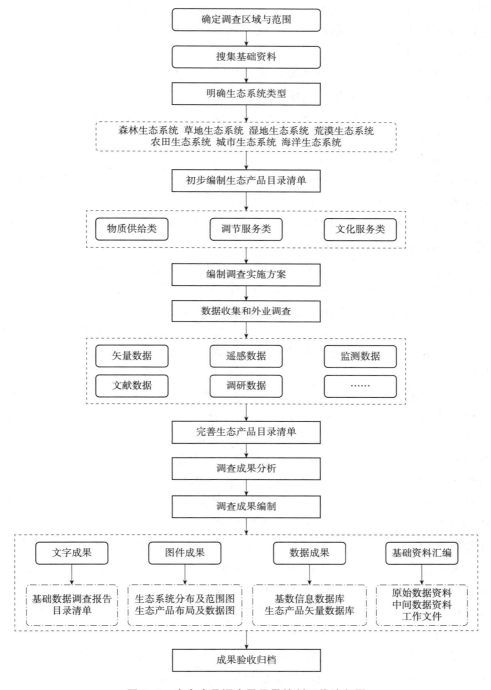

图 5-2　生态产品调查及目录编制工作流程图

调查中，应以自然资源确权登记成果为基础，充分利用国土调查成果和林草生态综合监测评价成果，优先对国家公园、自然保护区、自然公园等各类自然保护地，以及江河湖泊、湿地和草原、重点国有林区等具有完整生态功能的自然生态空间和全民所有单项自然资源区域开展生态产品底数调查。在自愿的前提下，除上述范围外，以国土空间规划为主要提供生态功能的区域，如集体林区、水源区等，应当鼓励其参与开展生态产品底数调查。

以县级为单元组织调查。跨区域的国家公园、自然保护区、国有林场（林管局）等独立经营单位，由独立经营单位组织调查。

由省林草主管部门统计汇总，并对类似产品进行整合。由省林草主管部门组织专家审核后形成省级物质供给类生态产品底数清单。以融合后的森林资源"一张图"为基础，形成生态产品底数矢量数据库。

需要注意的是，物质供给类生态产品由于存在采集等作业行为，对某些特定区域或特定品种设定一个法律法规方面的边界问题。

一是从地理区域来讲，国家法律法规对一级国家级公益林和自然保护地核心区、缓冲区有明确要求。《国家级公益林管理办法》第十二条规定，一级国家级公益林原则上不得开展生产经营活动，严禁打枝、采脂、割漆、剥树皮、掘根等行为。国有一级国家级公益林，不得开展任何形式的生产经营活动。因教学科研等确需采伐林木，或者发生较为严重森林火灾、病虫害及其他自然灾害等特殊情况确需对受害林木进行清理的，应当组织森林经理学、森林保护学、生态学等领域林业专家进行生态影响评价，经县级以上林业主管部门依法审批后实施。集体和个人所有的一级国家级公益林，以严格保护为原则。根据其生态状况需要开展抚育和更新采伐等经营活动，或适宜开展非木质资源培育利用的，应当符合《生态公益林建设导则》（GB/T 18337.1）、《生态公益林建设技术规程》（GB/T 18337.3）、《森林采伐作业规程》（LY/T 1646）、《低效林改造技术规程》（LY/T 1690）和《森林抚育规程》（GB/T 15781）等相关技术规程的规定，并按规定程序实施。《中华人民共和国自然保护区条例》第二十七条规定，禁止任何人进入自然保护区的核心区。因科学研究的需要，必须进入核心区从事科学研究观测、调查活动的，应当事先向自然保护区管理机构提交申请和活动计划，并经自然保护区管理机构批准；其中，进入国家级自然保护区核心区的，应当经省、自治区、直辖市人民政府有关自然保护区行政主管部门批准。第二十八条规定，禁止在自然保护区的缓冲区开展旅游和生产经营活动。因教学科研的目的，需要进入自然保护区的缓冲区从事非破坏性的科学研究、教学实习和标本采集活动的，应当事先向自然保护区管理机构提交申请和活动计划，经自然保护区管理机构批准。

二是从特定品种来讲，涉及保护等级的野生动植物有利用限制。《中华人民共和国野生植物保护条例》第九条规定，国家保护野生植物及其生长环境，禁止任何单位和个人非法采集野生植物或者破坏其生长环境。《中华人民共和国野生动物保护法》第八条规定，禁止任何单位和个人破坏国家和地方重点保护野生动物的生息繁衍场所和生存条件。

因此，为贯彻保护优先的原则，应规避如下区域（不包括栖息地在核心区、作业区在非核心区的情况，如水库水面覆盖了核心区和一般控制区的情况，捕捞作业在一般控制区开展)：①国家级一级公益林和自然保护地的核心区域。②国家重点保护的陆生野生动物名录、国家重点保护的陆生野生植物名录、国际公约禁止或者限制贸易野生动物名录、濒危野生动植物种名录内的物种。

5.2.1.2 调查清单及内容研究

(1) 物质供给类生态产品调查清单

物质供给类生态产品价值核算结果主要用于以经营单位或特定地域为单元、以交易为手段实现生态产品价值变现的形式，其核算方法应符合会计准则的费效分析准则，应以"价值"为基础进行核算。调查数据和资料是为开展价值核算服务的，其清单信息至少应包括如下内容。

①产品等级。物质供给类生态产品分为三级：一级指纯天然的生态产品，是自然生态系统处于原真状态下溢出的产出物。纯天然是生态系统自繁自养、原生态生产的产品，具有天然性、稀缺性、独特性，蕴藏着巨大的溢价效益，具备最大限度地实现生态产品的溢价潜力，针对其稀缺性及市场供不应求的矛盾，依托不同地区独特的自然禀赋条件，通过价值实现纽带，形成良好生态与高品质、高溢价的生态产品变现的正向响应机制，实现保护与发展的良性循环。二级指半天然产品，即"人放天养"或"人种天养"的生态产品，如天然林中人工栽植，且栽后人工不予干预或很少干预的自然生长的中药材、林下产品等。充分利用生态系统原始的生长环境以及人类活动对自然生态环境最低限度的扰动，其生产的生态产品是仅次于纯天然的生态产品，具有相当程度的天然性、稀缺性、独特性，蕴藏着较大的溢价价值。三级指近自然生态产品，即通过人工近自然培育，且人工干预对生态系统产生正向作用的生态产品，如人工林中人工种植，且栽后人工不予干预或很少干预的近自然培育的中药材、林下产品等。正向作用的干预如湿地生态系统的芦苇收割、草地生态系统的适度放牧，等等。近自然生态产品是将生态系统的自然性与适度人工干预的高效性有机结合起来，尽管品种和溢价潜力没有一、二级生态产品大，但数量会得到一定程度的提升，目标是在保持较高品种的前提下，尽量多满足具有一定消费能力的大众对品质生活的需求。

②地理分布。生态产品的地域性很强，产地是产品认证和追溯的核心要素。因此，明确特定生态产品的地理分布很重要，包括行政区位、经纬坐标、四至范围等。

③生态系统。核查其依附的生态系统。调查时，应基于产地所在特定地域的主流生态系统开展调查，地域涉及其他类型小生态系统单元的应描述清楚，分析其作用。

④产品类型。生物质物质供给类生态产品包括四大类：植物及产出物类，如食物饮品类、药材类、原料类、花卉类等；陆生动物类，如可利用的野生和人放天养的动物产品、人工近自然生产的畜牧产品等；微生物类，如蘑菇、灵芝、香菇、木耳等菌类；水生动物类，如鱼、虾、鳖、蟹等。非生物质物质供给类生态产品包括三大类：气候资源类，如日照、风能、空气、负氧离子等；非生物资源类，如清洁的水、土地等；权益资源类，如矿物开采、能源开发、碳汇开发、土地增值受益权等。

⑤生态产品数量。包括每一种生态产品及不同等级生态产品的分布面积、单位面

积产量等。

⑥生态产品品质。根据实物产品属性，列出其源于自然或遗传方面的优良品质，可给出评价品质参数与指标，尤其应突出产品的独特性品种指标，包括且不限于检测结果显示含有对人体健康有益的微量元素，如富硒等；实践验证或检测表明产品具有保健功能，社会口碑好；产品稀缺性突出，且其稀缺性与其产地的关联性强，等等。

⑦产地土壤质量指标。核查产地土壤环境安全，标记土壤环境质量等级，重点关注土壤重金属汞（Hg）、镉（Cd）、铅（Pb）、铬（Cr）、砷（As）等元素的含量及环境等级；水环境主要考虑pH值、溶解氧、高锰酸盐指数、化学需氧量、五日生化需氧量（BOD_5）、氨氮（NH_3-N）、总磷、总氮、粪大肠菌群等指标；环境空气质量主要考虑二氧化硫（SO_2）、二氧化氮（NO_2）、一氧化碳（CO）、臭氧（O_3）、颗粒物（$PM_{2.5}$、PM_{10}）等指标。

⑧生境环境质量。核查产地空气、地表水环境质量等级，适用《地表水环境质量标准》（GB 3838）、《环境空气质量标准》（GB 3095），可根据当地环境监测站或其他有监测资质的单位提供的监测报告确定。

⑨核算参数。根据产品属性和特点，收集成本和市场价格等参数。

⑩权属。列出生态产品在本区域内的主要林地或土地所有权、承包权、经营权等情况，权属应清晰。

⑪保护和利用情况。说明目前此类生态产品在保护利用、市场管理与激励方面的政策支持和扶持，生产、管理及经营等技术成熟程度，市场开发进展、市场培育情况以及市场前景等情况。

（2）调节服务类生态产品调查清单

生态系统的调节服务是生态系统的内生机制溢出的可以维持或改善人类生存环境功能性惠益，一般包括水源涵养、土壤保持、防风固沙、海岸带防护、洪水调蓄、空气净化、水质净化、固碳释氧、调节局部气候、消减噪声十大具体功能。可见，调节服务类生态产品主要承载公益和公共属性，其价值实现应用场景是政府和社会资助的补偿制，即通过一定规则和程序，对生态保护进行财政转移支付、生态效益补偿、生态损害赔偿。其生态产品价值以其溢出的生态服务功能实物量、相对公认的价格为基础。科学设计调节服务类生态产品调查清单是核算出能够被政府、金融、市场交易等多方主体接受的某一生态系统溢出的调节服务功能的价值的基础，是构建调查监测动态化、"样地样方+物联网+天空地动态感知+传输"信息化、"动态监测+实时数据传输+后端大数据+计算模型库+云计算"智能化系统的前置条件。

调节服务类生态产品调查清单应包括如下内容。

①产品名称。与所属生态系统一致的调节服务类生态产品名称，具体可参见生态产品目录相关内容。

②生态系统。应根据调查区域的具体情况把握，可能会存在多级情况，如森林生态系统类自然保护区，总体呈现的是森林生态类生态系统，但局部可能有湿地、荒漠

等子生态系统。调查时,应基于最小生态系统单元开展调查,即在主体生态系统目录下,按最小生态单元设子目录项,并根据其生态系统类型拟定核算模型,选择主要核算指标,确定指标取值,提出监测方案建议,汇总各小单元值形成主体生态系统相关内容。

③核算方法与计算模型。基于最小生态系统单元的生态系统类型,选择相应的核算模型,包括实物量核算模型、成本核算模型,具体详见本研究 6.3 相关内容。

④主要核算指标。基于核算模型确定参数项及取值依据,收集当地相关参数值。

⑤指标取值。基于核算模型、参数,结合现地实际确定指标取值。

⑥核算范围与面积:包括两个层次,一是基于整个生态系统构建核算范围和边界,包括坐标系、四至范围、总面积;二是基于最小特定生态系统单元的核算边界及边界内面积,结合矢量数据库和当地情况,确定最小生态系统单元、四至范围、面积、生态系统类型。

⑦监测方案建议。主要基于最小特定生态系统单元设定典型类型的固定监测样地或样方,提出建立监测技术方案和信息采取机制的建议。

(3)文化服务类生态产品调查清单

充分利用自然生态系统蕴含的风景、人文和环境资源为人类提供精神享受、灵感激发、休闲娱乐和美学体验是挖掘生态系统文化服务功能的目的。其依托的是生态系统一般具有区域特定性和资源稀缺性的特点,同时,由于直接服务于公众,又存在安全和引流的要求,需要设施建设的投入和运营管理,而具有生态资产的一方却往往没有资金投入实力和经营管理人才的支撑。因此,一般采取特许经营方式,通过使用者付费来实现价值的变现。这些资产的价值核算与物质供给类以市场交易为主、调节服务类公共属性为主存在很大的区别,既有底座资产的公共性,又有开发性资产的市场性,还有经营的特许性,资产主体直接对应的是经营者。因此,在对价设定上,既不能完全按照公共产品定价原则,也不能完全按照市场原则,而是要兼顾投入成本和适度经营利益调剂相结合的原则。在设计文化服务类生态产品清单时,主要为特许经营权定价服务。

特许经营权由资源价值和经营性资产已投入成本两部分组成,资源类价格可以调节服务类生态产品核算价值为基数,商定一个系数作为对价依据。对于已经投入的经营性资产,可以根据账面值一次性购买,也可以采取租赁的方式,以年度折旧、摊销为基数确定。

文化服务类生态产品调查清单应包括如下内容。

①产品名称。文化服务类生态资产场景比较广泛,规模不一,其生态产品价值核算的方法应根据具体情况及区域特点、客源等综合情况确定。根据文化服务类生态产品的性质,可以将其划分为三个类别:一是保健康养类,包括与健康保养相关的森林、气候、海洋、温泉等;二是休闲游憩类,包括户外运动、创意休闲、商务与专业访问等;三是文化益智类,包括娱乐、视觉舒适及研学、科普宣教、自然教育益智类等。

②生态系统功能。包括依托的生态系统类型、核算模型与指标、核算范围与面积、资源特点，具体参见本节(2)相关内容，如果调节服务类生态产品价值核算涵盖了文化服务类生态产品所依托的生态系统范围，可以直接引用相关结果。资源特点应突出与产品相关的资源分布、文化历史价值、稀缺性、典型性和独特性等，可参考景观资源评价的相关评价标准确定价值等级。需要说明的是，生态系统核算范围和面积一般要大于特许经营区范围，从生态系统来讲，是对经营区资源有直接影响的整个生态系统；从景观资源来讲，包括资产主体涉及的目视范围内所有景观资源。

③已投入经营性资产。包括资产账面价值和折旧、摊销年限两项内容，已投入资产按实际情况统计，折旧、摊销按行业一般做法选取。

④实际可利用面积。特许经营区游客能够直达的范围面积，相当于可游览区面积。

5.2.2 生态资源动态调查监测机制研究

5.2.2.1 调查监测技术体系

生态资源是生产生态产品的本底。生态资源调查监测体系科学构建涵盖地表基质层、地表覆盖层、地下资源层，管理层的自然资源分层分类模型，通过空间位置关系形成完整支撑生态资源立体时空模型。系统布局生态资源调查监测工作，明确开展生态资源调查、监测、数据库建设、分析评价和成果应用五项工作内容。其中，生态资源调查分为基础调查和专项调查，二者相互关联、互为补充，共同描述生态资源总体情况，立体反映生态资源综合特征；生态资源监测掌握生态资源动态变化情况，实现数据的持续更新。建立生态资源调查监测数据库，集成管理各项调查监测成果；开展生态资源分析评价，综合分析和客观评价生态资源的基本状况与保护开发利用情况；依托国土空间基础信息平台，推动调查监测成果共享应用。同时，着眼调查监测体系构建的系统性、整体性和重构性要求，明确从法规制度、标准、技术以及质量管理四个方面推进业务体系建设。

技术体系是构建生态资源调查监测体系的一项重要内容。先进高效的技术手段是调查监测工作顺利进行的重要保证，也是调查成果真实准确的重要保障。近年来，大数据、人工智能、5G、区块链、知识图谱、空间信息等高新技术的迅猛发展和交叉融合，为构建生态资源调查监测体系提供了必要的技术支撑和保障条件。

首先，在数据获取方面：一是航天卫星遥感可实现大范围、高分辨率影像数据的定期覆盖，目前由自然资源部牵头在轨运行的国产公益性遥感卫星达到18颗，形成了大规模、高频次、业务化的卫星影像获取能力和数据保障体系，能够支持周期性的调查监测；二是各种无人机航空遥感平台可以支撑局域的精细调查与动态监测；三是基于互联网和手持终端的巡查工具，能够实现地面场景的快速取证、样点监测。综合利用这些先进观测与量测技术，构建"天-空-地-网"一体化的技术体系，可以大幅提升调查工作效率，逐步解决足不出户的实时变化发现与监测问题。

其次，在信息提取方面：大数据、人工智能、5G、北斗定位等技术的快速发展与融合应用，使基于影像的地表覆盖及变化信息高精度自动化提取成为可能；基于多源数据的定量遥感反演技术，为提取森林蓄积量等相关生态资源参数提供了先进手段。

最后，在存储管理与分析应用方面：地理空间分析、区块链、知识图谱等技术的交叉融合，不仅可以解决"资源–资产–资本信息"的时空建模和一体化管理等难题，克服调查监测过程中的信息汇聚与协同处理等困难，还可以用于支撑生态资源生命共同体的分析评价，揭示生物资源"格局–过程–服务"的地域分异、形成机理及演化规律，实现从调查监测成果数据到生态产品量化评估的跨越。

目前，上述各项技术在自然资源调查监测评价中得到了广泛应用并发挥了重要作用，为生态资源、生态产品的调查监测提供了应用示范。

5.2.2.2 监测成果的共享及信息化平台

信息化是调查监测体系构建的重要支撑。围绕保障调查监测成果的共享应用，可从四个方面加强信息化支撑体系建设：

一是建设生态产品及生态资源"一张网"，实现包括涉密内网、业务网、互联网和应急通信网在内的网络联通，为调查监测成果共享应用提供分类的网络通路。

二是建设生态产品及生态资源三维立体"一张图"，保障主管部门与行业协会内部、注册会员、社会公众对调查监测成果的处理和使用。

三是基于国土空间基础信息平台建设生态产品大数据平台，形成对生态产品及生态资源"一张图"的分布式综合管理、应用支撑和共享服务机制。

四是利用包括调查监测成果在内的"一张图"及云数据平台构建生态产品及生态资源调查评价、服务、监管决策三大应用体系，更好地发挥调查监测成果的作用和应用效益。

运用卫星遥感大数据，通过构建科学统筹的数字底座和高效精准的监测体系，打造全域可感知、可管控、可评价、可转化的"天–空–地"一体化数字化云平台，为及时有效掌握自然资源状况和生态环境质量、高效推动生态产品价值实现提供重要支撑。

首先，借助"天眼"，摸清全域生态数字底座。可充分利用国产遥感卫星，获取特定地域的多源异构遥感数据，打通气象监测、地表水交接断面自动监测、空气质量监测、自然资源一体化管理等十几个业务系统，汇聚卫星遥感及国、省、市、县多级业务系统路径，归集社会、经济、监测、规划、认证、追溯等大类数据，构建"一库（生态资源数据库）、一图（全域三维地图）、一箱（智能算法工具箱）"数据支撑底座，实现对大气质量、水质环境、地质状况、地表覆被等不同要素进行精确感知。

其次，"三步"监管，实现生态科学监测。第一步，创新"天眼（卫星遥感大数据）+地眼（生态感知物联网）+人眼（网格化基层管控平台）"三位一体生态数字监测模式，对全域生态底数及变量进行实时监测和获取。第二步，通过"卫星遥感+在线监测+日常巡查+群众举报"，实现生态环境和生态产品产地的全方位监测、全天候预警。第三步，结合当地"政务网""智慧林长制""智慧河长制"等协同系统，将问题事件处置过程及办结信息直接同步推送至当地公共信用系统进行综合评估，实现"监测 分析

预警　处置　反馈　评估"全闭环，将涉及生态产品质控等信息自动反馈给生态产品云管理、认证、追溯等系统，并提前感知和自动分析生态环境、生态产品质量变化趋势，为生态安全预警、生态产品质控隐患及高效处置提供决策。

最后，精准核算。"天－空－地"一体化数字底座平台融合国产高分辨率卫星遥感数据、空中无人机定期不定期监测数据和近地监测（如森林监控瞭望系统）、地面物联网现地监测数据，结合各部门监测数据，运用水量平衡法、水土流失方程、碳汇方法学等核算生态产品实物量，运用智能算法工具箱设定的针对特定地域的生态产品核算模型核算生态产品价值量，为服务类生态产品总值精准核算、文化类生态产品价值预估及物质供给类生态产品价值预估提供数据支撑，并自动生成相关报告，一键发布交易需求，或及时响应评估需求。

5.2.2.3　调查监测保障体系

建立生态产品动态监测须充分利用现有体系，实现"行政+考核"两个维度的保障体系。

一是发挥林长制制度优势，开展生态产品动态监测。以林长制及资源保护生态护林员为基础，增加生态产品现场巡护管控内容，以林长制网格为基本单元，列出网格内生态产品名录，包括分布、数量、等级、功能特点、权益归属、保护和开发利用情况等信息。将巡护监护成效纳入林长制考核范围，同时，巡护监护信息与信息云平台实现底层共享。

二是建立行业考核体系。根据发展需要，适时组建生态产品行业协会组织，以生态产品大数据云平台为基础探索建立电子交易体系，采取市场化手段建立行业自律和动态监督体系，如建立监察员制度、媒体监督制度等。

以调查监测保障两个体系为依托，以信息化、智慧化为手段，建立生态产品预报、预警及目录产品调级、退出制度。

5.3　物质供给类生态产品质量安全认定认证体系研究

5.3.1　完善上位法律

在没有针对生态产品的立法时，应遵循《中华人民共和国农产品质量安全法》。该法是为保障农产品质量安全、维护公众健康、促进农业和农村经济发展而制定的法律，由中华人民共和国第十届全国人民代表大会常务委员会第二十一次会议于2006年4月29日通过，自2006年11月1日起施行。2021年9月1日，国务院常务会议通过《中华人民共和国农产品质量安全法（修订草案）》。2022年9月2日，第十三届全国人大常委会第三十六次会议表决通过了新修订的《中华人民共和国农产品质量安全法》。

《中华人民共和国农产品质量安全法》所含初级农产品基本涵盖了物质供给生物质类生态产品。作为与农产品并列的新的产品系列，现状上位法律不能明晰它们之间的关系，容易混淆，也不利于新业态的行业发展。因此，在条件成熟时，建议提请法律修订：

一是对《中华人民共和国农产品质量安全法》中涉及生态产品的内容作界定性说明,如本法不包括国土空间规划划定的以提供生态产品为主要功能区域所生产的初级产品。

二是起草发布《生态产业产品质量安全管理办法》,条件成熟后设立《中华人民共和国生态产业产品质量安全法》。

5.3.2 建设行业自律组织

由于生态产品产地多地处偏远,尤其物质供给类生态产品,资源分布相当不均匀,没有规模效应,生产成本高,加上产品运输成本远高于市场平均水平,没有规模优势,也没有价格优势,唯有品质优势。因此,生态产品行业自律很重要,要以生态产品是诚信产品、放心产品、高生活品质产品为行业建设目标,逐步构建起生态产品行业专委会和行业自律组织。

(1) 组建生态产品分会或专委会

在现有林业行业协会组织中设立生态产品分会或专委会。行业协会是指介于政府、企业之间,商品生产者与经营者之间,并为其服务、咨询、沟通、监督、公正、自律、协调的社会中介组织。

行业协会是一种民间性组织,它不属于政府的管理机构系列,而是政府与企业的桥梁和纽带。行业协会属于《中华人民共和国民法典》规定的社团法人,是中国民间组织社会团体的一种,即国际上统称的非政府机构(NGO),属于非营利性机构。

(2) 成立生态产品行业自律组织

行业自律组织是指工商企业为了协调企业之间的经营活动,沟通信息,自发组织起来的一种社会中介机构。一般来说,行业自律组织的活动主要有三个基本特征:一是按照章程或公约,协调一个行业或整个地区工商企业的市场行为,规范行业成员参与市场活动的准则;二是这种协调功能是以民间的组织形式表现出来的,而不是以政府的或个人的形式表现出来的;三是行业自律组织所开展的各种活动,目的是维护本行业或本地区的社会经济利益。

协会和自律组织是两个不同层次的中介组织。协会平台设立的生态产品分会或专委会有行业管理的职责,在政府和企业之间起到桥梁和纽带作用;自律组织更多是行业内业者自发形成的组织,一定意义上是为了维护自身发展的"抱团取暖"行为。"协会+自律组织"两级中介组织可维持业态的良性发展。

由于生态产品处于发展初期,属于探索推进阶段,尚不具备成立行业自律组织的条件和基础,只能从发展架构上提出愿景,根据发展需要,在条件成熟时,可以通过政府或协会引导,由民间自发组织成立;可以在自愿的基础上组建合作社或合伙公司,但应该是以供给侧为主的合作组织。

5.3.3 生态产品质量安全技术体系建设

5.3.3.1 纳入卫生部门相关监测网络及质监系统

2000年,卫生部建立了"全国食品污染物监测网络"和"全国食源性致病菌监测网络"系统，截至2007年，该网络已经覆盖15个省，每年对54种食品中的61种化学污染物和多种致病菌进行检测，每年获得的监测数据超过40万个。2012年，该网络已扩大至覆盖全国所有省份73%的市和25%的县，已经成功根据食品卫生监督情况报告，发布了蓖麻籽、霉变甘蔗等数十项预警信息，提高了消费者的自我保护意识，减少了重大食品安全事件的发生。

2006年12月，国家质量监督检验检疫总局开发了食品安全快速预警与快速反应系统（RAFSFS），搭建了食品安全问题的发现、报告和处理的快速工作平台。通过对全国各省市质监局、国家食品质量监督检验中心的日常数据的分析，实现了对全国食品产业的动态评价。目前，每月采集29个省市自治区、28类食品、两万多条数据，涉及检测项目15类、400余项，对我国食品安全状况进行综合分析和评估，及时上报国家质检总局，为提出预警信息、迅速控制行业性苗头、防止突发事件提供了重要的数据信息。

对于食用类生态产品，在条件成熟时应逐步纳入卫生部"全国食品污染物监测网络"和"全国食源性致病菌监测网络"系统。

5.3.3.2 构建生态产品认证体系

生态产品认证的目的是更好地搭接生态产品产地与消费市场顺配机制。生态产品认证体系由认证标准、认证规范和认证程序三部分构成。

(1) 生态产品认证标准体系

通过对农产品质量安全及认证体系的比较分析，借鉴其成功经验和教训，充分考虑生态产品与绿色、有机农产品的差异性，提出生态产品的质量安全认证体系建设思路。通过产品认证要实现以下目标：

①生态系统的维持和稳定是生态产品良好品质的保证和先决条件，生态系统的生境优质程度与产品的品质具有很强的正相关性。也就是说，认证的第一要件就是要构建产品与产地的点对点关联信息。

②不同的生态系统差别很大，如森林生态系统生物种类丰富，层次结构较多，食物链较复杂，光合生产率较高，生物生产能力也较高，在陆地生态系统中具有调节气候、涵养水源、保持水土、防风固沙等方面的功能，生态产品丰富、品质好；湿地生态系统属于水域生态系统，是陆地与水体的过渡地带，因此它兼具丰富的陆生和水生动植物资源，形成了其他任何单一生态系统都无法比拟的天然基因库和独特的生物环境，特殊的土壤和气候为其提供了复杂且完备的动植物群落，它对于保护物种、维持生物多样性具有难以替代的生态价值；荒漠生态系统气候干燥，自然条件极为严酷，主要为由超旱生的小乔木、灌木和半灌木占优势的生物群落与其周围环境组成的综合体。因此，标注生态产品所依附的生态系统很重要。

③标注产品及目录编码非常关键。生态产品品种很多，从外观和表象看，与一般农产品、水产品难以区别。因此，除了前述的产地与生境因子外，认证生态产品的获取途径、构建整个产品闭环很有必要，是确保生态产品的正宗性和建立产品目录的主

要认证目的。

④产品等级。产品等级与产品品质和市场销售价格具有对应关系，是认证和标注的核心因子。具体标准详见本研究3.3相关内容。

⑤为了便于落实相关责任，应标注产品权益人和一级销售者的姓名和联系方式。权益人享受产品的权益，就应该承担相应的责任。之所以要求提供一级销售者的联系方式，是因为考虑到生态产品的特殊性，销售环节应比较单一，为确保销售环节的可控性或可追溯性，一级销售环节是关键。有些从专有渠道或网上销售的，生产者可能就是销售者，但将来比较普遍的很有可能是以"基地+合作社"为主的形式，因此，一级销售者就是合作社负责销售的人员。另外，有些特许经营以租赁方式获取经营权的情况，权益人应该是指具有经营权的人。

⑥产地土壤质量指标。基于我国森林产品和草产品的安全状况及热点问题，结合生态产品的产地特征，其质量安全方面可重点关注土壤重金属指标。土壤重金属污染是指由于人类活动，土壤中的微量有害元素在土壤中的含量超过背景值，过量沉积而含量过高。污染土壤的重金属主要包括汞(Hg)、镉(Cd)、铅(Pb)、铬(Cr)和类金属砷(As)等生物毒性显著的元素，以及有一定毒性的锌(Zn)、铜(Cu)、镍(Ni)等元素。过量重金属污染物可引起植物生理功能紊乱、营养失调，镉、汞等元素在作物籽实中富集系数较高，汞、砷能减弱和抑制土壤中硝化、氨化细菌活动，影响氮素供应。重金属污染物在土壤中移动性很小，不易随水淋滤，不被微生物降解，通过食物链进入人体后，潜在危害极大，应特别注意防止重金属对土壤的污染。

土壤重金属污染物的特征体现在形态多变性，随土壤氧化还原电位(Eh)、pH值、配位体(ligand，也称为配基，可和中心金属或类金属原子产生键结的原子、分子和离子)不同，常有不同的价态、化合态和结合态。形态不同引起有效性和毒性的不同。另外，重金属很难被降解，污染元素在土壤中一般只能发生形态的转变和迁移。

我国土壤重金属污染分布面比较广，是消费者关注得比较多的方面。因此，生态产品有必要将汞(Hg)、镉(Cd)、铅(Pb)、铬(Cr)和类金属砷(As)列为检测和标注内容。检测时间可以考虑3~5年检测一次。

⑦生境环境质量。主要指溢出某具体生态产品的生态系统生境的地表水和空气质量。分别适用《地表水环境质量标准》(GB 3838)、《环境空气质量标准》(GB 3095)，可根据当地环境监测站或其他有监测资质的单位提供的监测报告确定。

根据《地表水环境质量标准》，可将地表水划分为五类：Ⅰ类主要适用于源头水、国家自然保护区；Ⅱ类主要适用于集中式生活饮用水地表水源地一级保护区、珍稀水生生物栖息地、鱼虾类产卵场、仔稚幼鱼的索饵场等；Ⅲ类主要适用于集中式生活饮用水地表水源地二级保护区、鱼虾类越冬场、洄游通道、水产养殖区等渔业水域及游泳区；Ⅳ类主要适用于一般工业用水区及人体非直接接触的娱乐用水区；Ⅴ类主要适用于农业用水区及一般景观要求水域。可见，生态产品只能在Ⅰ~Ⅲ类地表水环境中生产。

根据《环境空气质量标准》，环境空气质量分为2类及2个等级，一类区适用一级浓度限值，二类区适用二级浓度限值。生态产品只能在一类区，根据监测指标判定是否符合一级浓度限值。

⑧应具有统一的品牌标识。认证标识包括生态产品Logo(由行业协会组织设计发布的唯一图形标志)、证书(纸质和电子形式)及二维码。二维码信息除了前述认证信息外，还应包括认证责任人信息。认证环节是关键因素，负责认证的单位及认证人与联系方式应该标注为可查信息。

通过探索和实践，在条件成熟时制定《生态产品认证标准》。

考虑生态产品三大类别的异同性，为便于认证和管理，生态产品质量安全指标可分为共性指标和特性指标两大类。

生态产品认证共性指标：

产品特定地域：产地地址及经纬坐标(范围图及拐角坐标)。

生境：生态系统类型。

产品品种：产品三级目录及具体品种。

产品编码：具体品种产品编码。

联系人及联系方式：包括权益人(或经营权所有者)及一级销售人。

认证责任人信息：认证单位及认证人联系方式。

生态产品认证特性指标：

①物质供给类：

产品等级：三种等级中具体哪种。

产地土壤质量指标：镉、铅、铬、酚等实测指标值及标准要求，检测单位。每3~5年检测一次。

产地生境环境质量指标：地表水等级，环境空气质量等级。

②调节服务类：

生态服务功能：认证的服务功能描述。

溢出能力：认证的单位面积溢出能力。

生境质量：与主要服务功能对应的关键环境监测指标，如湿地的水质指标(化学需氧量、氨氮、总磷)、大气指标(二氧化硫、氮氧化物)、康养指标(负氧离子浓度)，等等。

③文化服务类：

产品品种：认证的主要文化类产品描述。

价值实现途径：自主经营(使用者付费)、特许经营、租赁、入股等。

(2)生态产品认证规范

认证规范主要构建认证过程的管理、机构和检测等行为规则和要求。可以在现有科技认证机构的基础上，研究制订生态产品标志(logo)，明确认证机构、检测机构及相关职责，并制定《生态产品认证机构管理办法》《生态产品认证检测管理办法》等文件。

（3）生态产品认证程序

认证程序包括生态产品认证受理、认证审核及审核通过后的信息入库与发布等程序，明确每一环节的具体要求和工作流程、需要提交的材料、需要的时间。通过制定《生态产品认证实施通则或指南》，确保相关程序的公开、公正。

（4）通过数字化来提升生态产品认证的市场认可度

研究数字化的生态产品认证体系建设，将认证标准、规范和程序数字化。同时，通过物联网系统构建产地环境、生产管理、采收商品化处理、产品销售等整个产业链环节相关信息，最终以智慧化的信息向消费者展示生态产品，实现整个链条的可视性、可溯性，确保生态产品绿色、优质、安全。对物质供给、调节服务及文化服务三大类生态产品，分别建立分级分类的认证标准。其中，量化评价指标和确定分级分类的阈值是体系构建的核心。生态产品设三级标准，按照生态价值和环境扰动程度来进行区分，一级为最高，三级为最低，但均高于国内外现有绿色有机产品认证标准，是下一步国际互通互认的基础。

5.4 生态产品质量安全追溯体系研究

5.4.1 追溯概念及体系建设概况

"追溯"最早被应用于汽车制造业，农产品质量安全管理实行追溯是从20世纪80年代疯牛病事件后逐渐发展起来的，最早由法国等部分欧盟国家提出。

可追溯性，最早在1987年的法国标准化协会发布的标准（NF N ISO8402）中被定义为通过记录的标识追溯某个实体的历史、用途或位置的能力。国际食品法典委员会（CAC）对"可追溯性"的定义是能够追溯食品在生产、加工和流通过程中任何特定阶段的能力。国际食品标准委员会（Codex）对"可追溯性"的定义是加工、储运、流通等任何过程的能力，以保持食品供应链信息流的完整性和持续性。欧盟《通用食品法》（EC 178/2002）对"可追溯性"的定义是在生产、加工及销售的各个环节中，对食品、饲料、食用性禽畜及有可能成为食品或饲料组成成分的所有物质的追溯或追踪能力[42]。

我国《质量管理和质量保证——术语》（GB/T 6583—1994）将"可追溯性"界定为追溯所考虑对象的历史、应用情况或所处场所的能力。中国良好农业规范（China GAP）中对可追溯性的要求是通过记录证明来追溯产品的历史、使用和所在位置的能力（即材料和成分的来源、产品的加工历史、产品交货后的销售和安排等）。

我国各级政府高度重视农产品、食品追溯体系技术规范的建设，逐步建设建立健全各项农产品食品追溯体系技术规范，以保证追溯系统的有效实施。在借鉴欧盟国家经验的基础上，相继制定了《农产品追溯编码导则》《农产品质量安全追溯操作规程通则》等一系列指南和标准，旨在建立农产品质量安全例行监测制度和质量安全追溯制度,强化"从农田到餐桌"的全程监管。

国家质检总局于2003年启动了"中国条码推进工程",国内部分畜产品、粮食、果蔬、中药材等开始拥有属于自己的"身份证"。农业部实施"城市农产品质量安全监管系统试点工作",重点开展了农产品质量安全追溯体系建设。国家食品药品监督管理局联合七部委确定肉类行业作为食品安全信用体系建设试点行业,启动肉类食品追溯制度和系统建设项目等。国家条码推进工程办公室在山东省寿光市田苑蔬菜基地和洛城蔬菜基地实施蔬菜安全可追溯性信息系统研究及应用示范工程。海南、福建等省及中国物品编码中心积极推动 EAN-UCC(European Article Numbering-Uniform Code Council,欧洲商品编号-统一代码委员会)系统在农副产品跟踪与追溯方面的应用,也取得了很好的效果。此外,国内一些大型的农副产品企业也积极采用 RFID 技术建设内部产品质量安全追溯体系。

在国内,典型的农产品追溯系统有中国产品质量电子监管网、中国食品(产品)安全追溯平台、农垦农产品质量追溯系统、北京市农业局食用农产品质量安全追溯系统、中国肉牛全程质量安全追溯管理系统、上海市食用农产品流通安全信息追溯管理平台和食品安全监管、追溯与召回公共服务平台等。

5.4.2 逐步推进生态产品追溯系统建设

为保障生物质物质供给类生态产品品质,区别生态产品与一般林产品、牧产品、农产品、水产品的品质差异,不断提升生态产品在消费者心目中的信誉度,进一步提升生态产品的市场牵引力,有必要建立一套生态产品追溯体系。

从生产、品控和供销等环节分析,物质供给类生态产品与初级农产品类似,其产品追溯体系可以借鉴初级农产品追溯体系在建设和运行中的一些经验,尤其是认真分析其存在的问题,以问题为导向,构建更具可操作性的生态产品追溯体系。

5.4.2.1 追溯体系常见问题及原因

不论是体系审核还是客户审核,追溯环节都会因为追溯体系的不完善而出现一些问题,在生态产品追溯体系建设过程中应尽力规避。

(1)追溯断链问题

追溯断链是经常出现的一类问题,主要体现在第一产业的初级产品因季节性、多地多点性、多主体性及采收时序的不确定性,导致初级产品批号确定的难度很大。而批号是产品进入市场的初始身份编号,是被追溯产品身份的源头凭证,没有唯一且明确的批号,很容易导致断链。另外,在生产过程中,很容易忽略包装材料的批次,初加工环节的生产记录中没有相应的批号信息,也容易导致断链。

(2)物料不平衡问题

物料不平衡分为两类:一是产品产出量远远少于初始产量,远远低于理论得率。主要是因为生物质类初级产品过程损耗大,人为因素多,受传统作业观念的影响深,控制难度大,严重影响产品的识别和记录。如正常的损耗(下山损耗、入库损耗、搬运损耗、初拣损耗、包装损耗等），以及不合格品、半成品和成品取样、留样等的数量，没有被及时计量和记录，导致物流过程中物料严重不平衡。二是产品产出量高于实际投入量。尽管实际过程中发生的概率不是很大，但确实存在。主要原因是在部分原料批次交接的时候出现了错误，在批次之间产生了混淆，或将上一批次的少量余量记录到下一批次中；核心物料是大宗物料(尤其是生物质类初级产品)，数量按照标识的净重进行记录，实际上因计量包含了包装物致使每袋计量重量都大于实际净重，最终标识的产出量大于投入量。

（3）难以在规定的时间内完成追溯

大部分标准要求在 4 小时内实现正向和反向追溯，部分情况甚至更严，如麦当劳 SQMS 标准就要求供应商在 3 小时内完成追溯。时间要求对于建立 SAP、ERP 等资源管理系统的公司来说并不困难，很快能实现。但国内很多企业未建立相关系统，尤其是中小企业，如使用金蝶、用友等系统的企业，由于此类系统是在财务系统的基础上做的开发，或者未做开发，其主要的功能是实现货账一致，对产品追溯并无实质性帮助。

（4）过程标识不全

追溯体系不仅仅记录批号信息，同时也包括物料在整个生产过程中的标识。标识除了有追溯的目的，还有防止非预期使用的作用。

很多环节在仓库还能做好标识，一旦原辅料脱包后，就不能很好地标识，更别提半成品了。在实际工作中，在车间现场发现没有标识原料和半成品是常态，如果问现场人员，往往能得到不同的答复，这个就是没有标识带来的问题。

事实上，过程标识有很大的难度，没有好的标识材料，如用纸类标签、挂绳标签等，很容易产生异物风险，尤其是纸类标签，遇水易损坏，很容易混入产品中。不锈钢挂签，是目前很多企业使用的，也是有效的解决方案之一。

5.4.2.2 建立追溯体系的要素

建立生态产品质量追溯机制，应抓住几个关键环节，一是全场景质量监管。针对生态产品不同类别，有针对性地实施生态产品供给端、加工端、流通端等全过程无死角的质量监管。如物质供给类生态产品，质控场景包括基地、采集、加工、包装、销售、物流等全过程，每一个环节都具有不同监管要领。生产基地的空气质量、水质量和土壤质量等信息，采摘方式和采摘工具及保鲜添加物成分信息，加工的工艺过程和包装环节信息，物流运输工具与过程、保存环境、保存时间等信息，均是一个全链条质量追溯的关键信息链。二是要搭建功能完备的基础平台。搭建一个集追溯功能、赋值动态二维码、拆用分离式标识结构、地理位置服务、大数据分析功能与查验为一体的企业端、监管端、消费端全部可查询的追溯体系基础平台是确保追溯功能落地的必要条件。三是有效监管是保障。追溯体系监管机制应严谨有力，对纳入追溯体系平台的企业除了充分利用现代信息化、智能化手段建立必要的动态监测外，还需进行定期巡查和不定期"飞行检查"。为实现这些体系目标，生态产品追溯体系应把握如下要素。

(1) 产品标识唯一性

首先对于进入追溯系统中的产品要有唯一标识。只有标识唯一，才能保证在后续的追溯过程中不会有穿插信息错误的情况。所以，对于企业来讲要建立产品标识规则，原包材入场时，项目号唯一，产品批次命名规则可保证其唯一，中间如有半成品，标识唯一，成品信息项目号唯一，成品批次命名规则可保证其唯一，等等。

(2) 实现正向追溯

正向追溯就是按照供应链的方向，从前到后追至产品流向最终用户的过程。

(3) 实现反向追溯

反向追溯就是沿着供应链的反方向，从后到前追溯至原物料的过程。

(4) 联系人信息

在追溯体系中还有一点比较重要的是要有相关负责人的联系信息，这些信息除了可供公司内部使用外，主要确保出现任何问题可随时找到相关负责人，避免重大问题的发生。

5.4.2.3 生态产品追溯系统建设目标

(1) 构建基于现代信息技术大数据底座的追溯体系

在生态产品产地构建物联网近地监测网络，充分发挥林草监测"天空地"体系、生态产品大数据与云平台及现代信息技术手段的技术优势，构建区块链赋码交互追溯流程，解决生产、包装和运输环节的标识(赋码)难题，链接产品与用户的信息流及回馈机制，解决品牌、平台两大溯源体系，并实现溯源闭环。

品牌溯源：品牌端建立一套源头到终端的全过程溯源系统，从源头管理、生产管理、流通管理到销售管理的全程追根溯源体系。

平台溯源：平台端建立源头到终端的全过程溯源平台，实现从源头管理、生产管理、流通管理、台账管理、索证索票到销售管理的全程追根溯源。

溯源闭环：构建生命码生态溯源系统，做到来源可查、去向可追、责任可究。

上述需求和要求，需要一个基于现代信息技术的逻辑框架，构建一个大平台，才能实现分统结合、层次分明、功能齐全的大闭环。如图5-3所示，整个框架包括本底层、支撑层和应用层三个层级，本底层构建基于生态产品目录及数据现场采集、录入一手信息构建本底数据库，是整个体系运转的基础；支撑层以本底层数据为基础，接收应用层交换的数据，通过计算和功能需要分别反馈给本底数据采集者和应用终端的管理者和消费者，实际上是大数据计算中心、数据交换中心、管理中心；应用层完成相关信息发布和接收，直接面对管理者、生产者和市场

图5-3　生态产品质量安全追溯等大数据逻辑关系图

消费者。产品质量安全及追溯只是其中的一个子系统,是大数据中心的一个相对独立、封闭管理的板块。

(2)构建管理标准化体系

一是构建统一的数字化平台。制订《生态产品可追溯性体系设计与实施的通用原则和基本要求》《生态产品追溯管理平台建设方案》,并以国家林草局生态产品及产业发展大数据生态网络感知平台为基础建设生态产品追溯系统。

二是建设标准化体系。研究制订《生态产品追溯编码导则》《生态产品质量安全追溯操作规程通则》《生态产品质量安全追溯生产单位代码规范》《生态产品质量安全追溯产地编码技术规范》等技术标准体系。

5.5 物质供给类生态产品追溯体系方案研究

构建物质供给类生态产品追溯体系的关键环节包括编码设计、产品信息标识与查验系统、云数据平台与数据采集系统、以大数据为核心的信息化管理系统四个方面。其中云数据平台与信息化管理系统属于基础设施建设范畴,本章节主要就编码和标识两个方面展开研究,即物质供给类生态产品编码及追溯体系由一套生态产品码编码体系及以编码为基础产生的追溯码构成。

5.5.1 物质供给类生态产品编码方案

我国采用国际通用的商品代码及条码标识体系,商品条形码已成为我国最通行的商品标识系统。条形码技术是随着计算机与信息技术的发展和应用而诞生的,它是集编码、印刷、识别、数据采集和处理于一身的新型技术,是今后市场流通的大趋势。商品条形码的诞生极大地方便了商品流通,现代社会已离不开商品条形码。据统计,目前我国已有50万种产品使用了国际通用的商品条形码。企业要与国际惯例接轨,适应国际经贸的需要,更离不开商品条形码。

EAN商品条形码亦称通用商品条形码,由国际物品编码协会制定,通用于世界各地,是目前国际上使用最广泛的一种商品条形码。通用商品条形码一般由前缀部分、制造厂商代码、商品代码和校验码组成。商品条形码中的前缀码是用来标识国家或地区的代码,赋码权在国际物品编码协会,如00-09代表美国、加拿大,45、49代表日本,69代表中国大陆,471代表我国台湾地区,489代表我国香港特区。制造厂商代码的赋权在各个国家或地区的物品编码组织,我国由国家物品编码中心赋予制造厂商代码。商品代码是用来标识商品的代码,赋码权由产品生产企业自己行使,生产企业按照规定条件决定在自己的何种商品上使用哪些阿拉伯数字作为商品条形码。商品条形码最后用1位校验码来校验商品条形码中左起第1~12位数字代码的正确性。商品条形码的标准尺寸是37.29mm×26.26mm,放大倍率是0.8~2.0。当印刷面积允许时,应选择1.0倍率以上的条形码,以满足识读要求。放大倍数越小的条形码,印刷精度要求越高,当印刷精度不能满足要求时,易造成条形码识读困难。条形码的识读是通过条形码的条和空的颜色对比度实现的,一般情况下,只要能够满足对比度(PCS值)要求的颜色即可使用。通常采用浅色作空的颜色,深色作条的颜色,最好的颜色搭配是黑条白空。

《中华人民共和国农产品质量安全法》于2006年11月1日起开始实施,自此我国农产品质量安全追溯制度已有法可依。由于相当一部分物质供给类生态产品与人类饮食息息相关,起码在生态产品产业体系及相关法律法规未明确之前,生物质物质供给类生态产品应该适用该法。

根据生态产品的特点,参照《农产品追溯编码导则》(NY/T 1431—2007)行业标准,借鉴相关农产品质量安全追溯系统[43]的经验,提出物质供给类生态产品在生产环节流通码的代码分类、代码编制和各代码的含义以及追溯码的代码结构、表示形式、校验码的计算方法和加密算法等技术要求,提出物质供给类生态产品编码"流通码+校验码"方案。

5.5.1.1 生态产品流通码

编码应包含确保生态产品可追溯性的必要项,但对生态产品流通码的提供与传递主体不做要求,也不对代码结构、代码形式等做具体规定。生态产品流通码由生产环节的贸易项目代码和流通环节的产品批号代码构成。

(1) 生态产品生产环节的代码

在生态产品生产环节,生态产贸易项目代码包括:

① 生产者代码,用于标识生态产品生产者(企业或个人)身份的唯一代码。依法取得营业执照的生产者、销售者申请的注册厂商识别代码,也就是生产者代码,即法人单位组织机构代码。

② 产品代码,也即行业代码,用于标识生态产品身份的唯一代码,由国家统计局统一编制发布。但生态产品属于新业态,尚未有行业代码,这也是需要推进接轨的基础性工作之一。

③ 产地代码,用于标识生态产品生产地点的唯一代码,由生产者自己编码设定。如某种改进的产地位置码设计:特点是直接用经纬度表示产地位置,这样便于在生态产品发生质量安全问题时脱离中心数据库的情况下直接定位到产品来源地,以利于在第一时间、第一地点内采取相应措施控制不安全产品的生产和流通。但由于13位的经纬度长度较长,且直接用经纬度进行编码也不利于防伪,因此对产地位置码进行改进。改进思路包括3个部分:

第一步,划分区域。中国地理位置的四至点为:最东端东经135°2′30″、最西端东经73°40″、最南端北纬3°52′、最北端北纬53°33′,其中经度跨度约为62°、纬度跨度约为50°。考虑位长和加密的需要将经度和纬度分别用5位数表示,由于99999秒可表示的经纬度跨度约为27度,因此将经度划分为3个带、将纬度划分为2个带,这样整个中国地图被划分为6个区域。

第二步，确定区域。在划分出6个区域的基础上，先确定某生产基地的坐标属于哪个区域。知道生态产品产地区域后确定其对应的换算数值，如果产地区域为1，经度减去110、纬度减去28；如果产地区域为2，经度减去110、纬度为原值；如果产地区域为3，经度减去85、纬度减去28；如果产地区域为4，经度减去85、纬度为原值；如果产地区域为5，经度减去73、纬度减去28；如果产地区域为6，经度减去73、纬度为原值。

第三步，编码换算。根据产地位置所在的区域确定其换算数值，经度的换算方法：经度的度×3600+经度的分×60+经度的秒，如此得到的数值即为相对位置值，如果此值不够5位，在得到的数值前面补充0；纬度相对位置的计算方法也一样。转换后的5位经度相对位置值加5位纬度相对位置值即为10位改进后的产地位置码，而对应产地区域则为位置标识码。

④产出批次代码，用于标识生态产品产出日期的唯一代码。由生产日期产生的标识码由生产者自己确定，应尽量采用加密法，列举一个划分相对时间单元的时间加密方式：以2024年1月1日为基准，到2033年12月9日为一个大周期，将其间的时间以900天为时间间隔划分为4个子周期，4个子周期的起止范围分别为：2024年1月1日到2026年6月18日、2026年6月19日到2028年12月5日、2028年12月6日到2031年6月21日、2031年6月22日2033年12月9日，这样就将6位的日期转化为3位的时间间隔期和1位的时间标识码。如2024年10月20日生产的产品，其时间落在第1子周期(2024年1月1日到2026年6月18日)内，因此其时间标志码为1；而2024年10月20日与2024年1月1日的差值为293天，因此转换后的日期码为1293。由于《农产品质量安全法》规定的农产品生产记录保存时间为2年，而该编码的时间跨度为10年，该压缩算法可满足对生态产品质量追溯的要求。

考虑与国际贸易接轨，代码编制也可以考虑采取生产者代码和产品代码合二为一的方式，合称为贸易项目代码，代码形式可采用EAN·UCC[①]系统应用标识符AI=01(见表5-1)，具体参考《农产品追溯编码导则》附录A(下简称"附录A")，共14位数字代码，由生产者代码和产品代码组成。编制规则具体参考GB/T 16986—2018第6.1条。

表5-1 EAN·UCC 应用标识符

AI	数据段含义	格式	数据段名称
00	系列货运包装箱代码	n2+n18	SSCC
01	全球贸易项目代码	n2+n14	GTIN
02	物流单元内贸易项目的GTIN	n2+n14	CONTENT
10	批号	n2+an... 20	BATCH/LOT
...	...	...	...

---

① EAN·UCC 系统是国际物品编码协会和美国统一代码委员会经过近30年的努力建立的标准化物流标识体系，是全球贸易和供应链管理的共同语言，包括对贸易项目、物流单元、资产、服务等的标识系统。是开放系统中应用自动识别技术的标准化的解决方案。

其中：

AI 为应用标识符（application identifier），标识数据含义与格式的字符，由 2~4 位数字组成。

SSCC 为系列货运包装箱代码（serial shipping container code，简称 SSCC）。

n 为数字字符；ni 为数字定长，表示 i 个数字字符；an... i：最多 i 个数字字符。

GTIN 为全球贸易项目代码（global trade item number，简称 GTIN），贸易项目的 GTIN 包括 GTIN-8、GTIN-12、GTIN-13 或 GTIN-14 标识代码。贸易项目包括厂商识别代码（基地编号或生产主体代码）和项目代码（产品代码），其字符串格式见表 5-2。

表 5-2 贸易项目字符串格式

AI	字符串格式													
		GTIN												校验码
		厂商识别代码 →							← 项目代码					
EAN/UCC-8	01	0	0	0	0	0	0	N_1	N_2	N_3	N_4	N_5	N_6	N_7	N_8
UCC-12	01	0	0	N_1	N_2	N_3	N_4	N_5	N_6	N_7	N_8	N_9	N_{10}	N_{11}	N_{12}
EAN/UCC-13	01	0	N_1	N_2	N_3	N_4	N_5	N_6	N_7	N_8	N_9	N_{10}	N_{11}	N_{12}	N_{13}
EAN/UCC-14	01	N_1	N_2	N_3	N_4	N_5	N_6	N_7	N_8	N_9	N_{10}	N_{11}	N_{12}	N_{13}	N_{14}

（2）生态产品流通环节代码

产地代码和产出批次代码可以合二为一，合称为产品批号代码。代码形式可采用 EAN·UCC 系统应用标识符 AI=10，具体编制规则参见 GB/T 16986—2018 第 6.2 条。

AI(10)，即应用标识符"10"指示数据段的含义为贸易项目的批号代码，其字符串格式见表 5-3。

表 5-3 批号标识符 AI(10)字符串格式

字符串格式	
AI	批号
10	$X_1 \cdots\cdots X_{20}$

批号由生产商确定，可以是与该贸易项目有关的项目本身或其所包含的其他项目的信息数据，也可以是一个产品组号、班次号、机器号、时间或内部的产品代码等，一般为 8 位数的数字和字符串组合码。数据段的所有字符参见 GB/T 16986-2018 第 6.2 条。批号应与贸易项目的 GTIN 一起使用。

产地代码和产出批次代码也可单独使用。产地代码参照 NY/T1430-2007 规定执行，产出批次代码形式应符合 NY/T1431-2007 要求。

根据实际情况，一般情况下物质供给类生态产品是以某块地或某产品来进行种植和管理，因此在进行生态产品产地编码时，应根据实际情况调整。

（3）校验码计算

EAN·UCC 数据结构标准校验码的计算方法见表 5-4，具体计算参见《GB/T 16986-2018 商品条码 应用标识符》附录 A。

表 5-4　EAN·UCC 数据结构标准校验码的计算方法

	数字位置																	
EAN/UCC-8											N_1	N_2	N_3	N_4	N_5	N_6	N_7	N_8
UCC-12							N_1	N_2	N_3	N_4	N_5	N_6	N_7	N_8	N_9	N_{10}	N_{11}	N_{12}
EAN/UCC-13						N_1	N_2	N_3	N_4	N_5	N_6	N_7	N_8	N_9	N_{10}	N_{11}	N_{12}	N_{13}
EAN/UCC-14					N_1	N_2	N_3	N_4	N_5	N_6	N_7	N_8	N_9	N_{10}	N_{11}	N_{12}	N_{13}	N_{14}
18 digits	N_1	N_2	N_3	N_4	N_5	N_6	N_7	N_8	N_9	N_{10}	N_{11}	N_{12}	N_{13}	N_{14}	N_{15}	N_{16}	N_{17}	N_{18}
	每个位置乘以相应的数值																	
	×3	×1	×3	×1	×3	×1	×3	×1	×3	×1	×3	×1	×3	×1	×3	×1	×3	×1
	乘积结果求和																	
	以大于或等于求和结果数值 10 的整数倍数字减去求和结果，所得的值为校验码数值																	

以没有校验码的 17 位数 "37610425002123456" 为例，校验码为 "9"，计算校验码的过程见表 5-5。

表 5-5　18 位数据段校验码的计算实例

18 位数据段校验码的计算实例																			
位置	N_1	N_2	N_3	N_4	N_5	N_6	N_7	N_8	N_9	N_{10}	N_{11}	N_{12}	N_{13}	N_{14}	N_{15}	N_{16}	N_{17}	N_{18}	
没有校验码的数据	3	7	6	1	0	4	2	5	0	0	2	1	2	3	4	5	6		
步骤 1：乘以权数	×	×	×	×	×	×	×	×	×	×	×	×	×	×	×	×	×		
	3	1	3	1	3	1	3	1	3	1	3	1	3	1	3	1	3		
步骤 2：乘积结果求和	=	=	=	=	=	=	=	=	=	=	=	=	=	=	=	=	=		
	9	7	18	1	0	4	6	5	0	0	6	1	6	3	12	5	18		=101
步骤 3：以大于步骤 2 结果 10 的整数倍数字 110 减去步骤 2 的结果为校验码数值 9																			
带有校验码的数据	3	7	6	1	0	4	2	5	0	0	2	1	2	3	4	5	6	9	

5.5.1.2　生态产品追溯码

追溯码编码除遵循商品条目编码的基本原则之外，还要考虑追溯信息的全面性，也要尽量缩短追溯码的长度，这样既是为了条码打印的方便，也是为了在使用短信方式追溯查询时尽量占用较少的字符空间，方便用户输入。同时，为了防止追溯码被私自修改，在设计追溯码时要采取必要的防伪和加密技术。

追溯码所承载信息来源于生态产品流通码，包含确保生态产品可追溯性的必要信息，对提供主体不做要求。

形式上，追溯码应具有防伪功能，展现形式简单、统一，易于识读。普遍接受且简单实用的是基于生态产品流通码形成的二维码。

生态产品追溯码采用无序码，由20位阿拉伯数字组成，其中最后1位为校验码（格式如图5-4所示），具体参见《信息分类和编码的基本原则与方法》（GB/T 7027）。

图5-4 生态产品追溯码的代码格式

追溯码是根据生态产品流通码加密计算得出，至于加密算法如何编写，一般根据程序开发者的思路和技巧实现，目前没有统一的标准。但是该算法通常要能够实现从流通码到追溯码的转换，同时在基于该算法的生态产品质量安全追溯系统的查询界面输入追溯码，该算法可以通过计算机程序还原成流通码，进而找到所要的溯源信息。以某生产基地的产品追溯编码为例（见图5-5）：

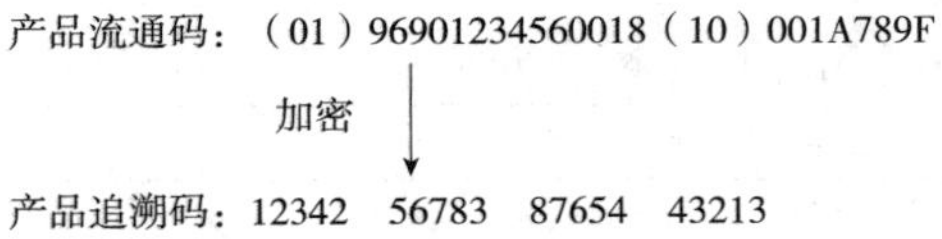

产品流通码：（01）96901234560018（10）001A789F
　　　　　　　↓加密
产品追溯码：12342　56783　87654　43213

图5-5 流通码加密后生成追溯码

图5-5中的第1行是流通码，包括2段代码；第2行是产品追溯码，是在前述2段代码的基础上，通过专有加密算法提取生产者代码、产品代码、产地代码及产出批次代码加密生成，通过系统查询平台（网站、手机短信或电话）可以查询、验证该码所表示的追溯信息。

①AI=01：产品贸易项目代码（96901234560018），包含生产者代码和产品代码。

②AI=10：产品批号代码（001A789F），包含产地代码和产出批次代码。

③包装箱代码（P）：产品贸易项目代码（96901234560018）的第一个9即包装指示符P=9。P=9标识UCC·EAN包装箱内货物数量可变和包装箱尺寸变化的非标准货运包装箱。

④中国前缀码：产品贸易项目代码（96901234560018）中的690为国际物品编码协会（EAN）分配给中国的前缀码（690~695）。其中，第一：对690、691打头的条码，由7位厂商代码、5位商品代码及1位校验码构成；第二：对692、693、694、695打头的条码，由8位厂商代码、4位商品代码及1位校验码构成。

⑤厂商识别代码：产品贸易项目代码（96901234560018）中的6901234是中国物品编码中心按照国家标准的规定，在EAN分配的前缀码的基础上增加4位（690、691打头的条码）或5位（692、693、694、695）打头的条码数编制，用于对厂商唯一标识的厂商识别代码。

⑥商品项目代码：产品贸易项目代码（96901234560018）中的56001是取得中国物品编码中心核准的商品条码系统成员资格的企业，按照国家标准的规定，在已获得的

厂商识别代码的基础上，自行对本企业的商品项目进行的编码，包括5位或4位数，即商品项目代码。

⑦校验码：产品贸易项目代码(196901234560018)中的8是校验码，其计算方法见图5-6，计算结果见图5-7。

							数字位置										
EAN/UCC-8										N_1	N_2	N_3	N_4	N_5	N_6	N_7	N_8
UCC-12							N_1	N_2	N_3	N_4	N_5	N_6	N_7	N_8	N_9	N_{10}	N_{11}	N_{12}
EAN/UCC-13						N_1	N_2	N_3	N_4	N_5	N_6	N_7	N_8	N_9	N_{10}	N_{11}	N_{12}	N_{13}
EAN/UCC-14					N_1	N_2	N_3	N_4	N_5	N_6	N_7	N_8	N_9	N_{10}	N_{11}	N_{12}	N_{13}	N_{14}
18 digits	N_1	N_2	N_3	N_4	N_5	N_6	N_7	N_8	N_9	N_{10}	N_{11}	N_{12}	N_{13}	N_{14}	N_{15}	N_{16}	N_{17}	N_{18}
							每个位置乘以相应的数值										
	×3	×1	×3	×1	×3	×1	×3	×1	×3	×1	×3	×1	×3	×1	×3	×1	×3	×1
							乘积结果求和										
							以大于或等于结果数值10的整数倍数字减去求和结果，所得的值为校验码数值										

图5-6　EAN·UCC数据结构标准校验码的计算方法

位置	14位数据段(变量贸易项目代码)校验码的计算实例													
	N_1	N_2	N_3	N_4	N_5	N_6	N_7	N_8	N_9	N_{10}	N_{11}	N_{12}	N_{13}	N_{14}
没有校验码数据	9	6	9	0	1	2	3	4	5	6	0	0	1	
步骤1：乘以权数	×	×	×	×	×	×	×	×	×	×	×	×	×	
	3	1	3	1	3	1	3	1	3	1	3	1	3	
步骤2：乘以结果求和	=	=	=	=	=	=	=	=	=	=	=	=	=	
	27	6	27	0	3	2	9	4	15	6	0	0	3	=102
步骤3：以大于步骤2结果10的整数倍数字110减去步骤2的结果为校验码数值8														
带有校验码的数据	9	6	9	0	1	2	3	4	5	6	0	0	1	8

图5-7　14位数据段校验码的计算结果

⑧产品批号代码(001A789F)：包含产地代码和产出批次代码，其编制规则参照《DB11/Z 523—2008奥运会食品安全食品追溯编码规则》。

5.5.2　生态产品的产品信息标识方案

物质供给类生态产品生产和供给体系可划分为生产现场、采收、下山运输、分拣打包及入库、外运物流5个环节，其产品溯源体系闭环及各控制节点见图5-8。

5.5.2.1　生产现场

生产现场环节的产品信息因子包括标识、地点与范围、产品底数、生长量动态、产量、人工干预、产品等级及现场管理人等信息。这些信息应给予生态产品数据底库调取，应与产品目录、产品认证(认定)、追溯码等信息保持一致，且保持终端与云上大数据动态更新。

①标识信息：包括生态产品种类、标记年度及生长批次。

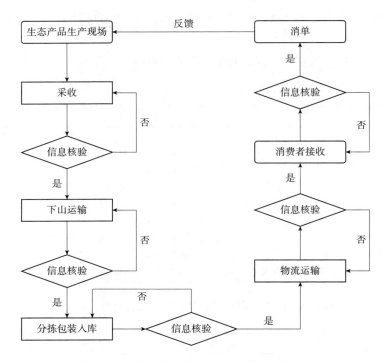

图 5-8　物质供给类生态产品溯源体系图

②地点与范围：包括日常巡护或监测的现场影像资料，特定区域生态产品注册或认定的范围平面布局图、四至界线描述、拐点经纬坐标等。

③产品底数量：包括生态产品存量，如有效面积、株数等。

④生长量动态：主要基于动态监测数据和设计模型测算标识范围内的生态产品存量、本年度可生产量等动态预估量。

⑤产量预估（M_0）：以生长量动态数据为基础，测算年度内剩余可生产量，为安排生产作业及销售订单等服务。

⑥人工干预：分为三种状况，一是纯天然生长；二是人放天养；三是近自然，包括生境自然度、施肥量、抚育频率等数据标记，是标定生态产品等级的基础数据。

⑦产品等级：基于人工干预程度的数据，核定生态产品的等级，分为一、二、三等。

⑧现场管理人及联系方式。

5.5.2.2　采收环节

采收环节应标注的信息包括以下几个方面。

①本周期或年度内采收批次（i），包括采收时间，当年的批次和当年已经采收的批次。

②本批次采收环节计量的采收量（M_i）和本周期（年度）采收环节总采收量（M_1），是所有相关信息的基数，也是计算损耗的基数。

$$M_1 = \sum_{i=1}^{n} M_{1,i} \tag{5-1}$$

式中：M_1——本周期（年度）已采收量（千克或吨），下标"1"是指整个过程第1个环节，即采收环节；

i——批次；

$M_{1,i}$——第1环节（采收环节）第i批的采收量（过程输入参数）。

$$P_{1,i} = \frac{M_{1,i}}{M_1} \times 100 \tag{5-2}$$

$$P_0 = \frac{M_1}{M_0} \times 100 \tag{5-3}$$

式中：$M_{1,i}$——第1环节（采收环节）第i批的采收量（过程输入参数）；

M_1——本周期（年度）已采收量（千克或吨）；

$P_{1,i}$——第1环节第i次采收量占本年度已采收量的百分比（%）；

M_0——评估年度可采量（千克或吨，产品批次认证预输入参数）；

P_0——本周期（年度）可采收量完成率（%）。

③采收环节损耗量

$$S_1 = \sum_{i=1}^{n} S_{1,i} \tag{5-4}$$

$$h_{1,i} = \frac{S_{1,i}}{M_{1,i}} \times 100 \tag{5-5}$$

$$h_1 = \frac{S_1}{M_1} \times 100 \tag{5-6}$$

式中：$S_{1,i}$——第i批产品采收环节损耗量（千克或吨，过程输入参数）；

S_1——本周期（年度）采收环节已采收的总损耗量（千克或吨）；

$h_{1,i}$——采收环节第i批产品的损耗率（%）；

h_1——本周期（年度）已采收产品采收环节的损耗率（%）。

$$M_{2,i} = M_{1,i} - S_{1,i} \tag{5-7}$$

式中：$M_{2,i}$——第i批产品由第1环节进入下道环节的有效量

④联系人

为了确保追溯过程中第一时间能联系到知情人，有必要标注采收环节的管控人及联系方式。

5.5.2.3 下山运输

下山运输是指从采集地（生产现场）到初级加工地或加工原料库之间的运输，属于生态产品生产过程的第2个阶段。该段路程一般不远，由于一般不会有包装，对刚采集的初级产品的影响比较大，产品质量控制存在的不可控因素比较多，尤其是有些浆果类产品，如果在路途耽搁时间太长，对品质的影响比较大。

因此，需要标注运输目标地、运距、路途时长等因子，并标注运输人及联系方式。

这一环节主要计量下山损耗,计算损耗率及进入下道环节的有效量。

下山运输环节损耗量

$$S_2 = \sum_{i=1}^{n} S_{2,i} \tag{5-8}$$

$$h_{2,i} = \frac{S_{2,i}}{M_{1,i}} \times 100 \tag{5-9}$$

$$h_2 = \frac{S_2}{M_1} \times 100 \tag{5-10}$$

$$h_{0,i} = h_{1,i} + h_{2,i} \tag{5-11}$$

$$h_{1-2} = h_1 + h_2 \tag{5-12}$$

式中：S_2——本周期(年度)下山环节已采收的总损耗量(千克或吨);

$S_{2,i}$——第 i 批产品下山环节损耗量(千克或吨,过程输入参数);

$h_{2,i}$——第 i 批产品下山环节的损耗率(以采收量为基数)(%);

h_2——本周期(年度)已采收产品下山环节的损耗率(%);

$h_{0,i}$——第 i 批产品采集、下山两环节总损耗率(%);

h_{1-2}——本周期(年度)产品采集、下山(第1、第2)两环节总损耗率(%)。

$$M_{3,i} = M_{1,i} - S_{1,i} - S_{2,i} \tag{5-13}$$

$$M_3 = M_1 - S_1 - S_2 \tag{5-14}$$

式中：$M_{3,i}$——本周期(年度)第 i 批产品进入下道环节(初加工环节)的有效量;

M_3——本周期(年度)产品进入下道环节(初加工环节)的有效量。

5.5.2.4 初加工——分拣打包及入库

这一环节是指初加工或加工环节。初加工主要是指分拣、清洗清理、干燥及包装等处理,包装后入库待售,产品变化因子主要有损耗和包装物。加工指存在进一步深加工的情况,除了损耗和包装物外,可能还有添加物。

这一环节需要标注的因子包括接收批次、接收量、包装物及每件包装物用量、本批次包装物用量、本环节损耗量及损耗率、本批次入库总量及总件数、接收时间、入库时间、出库时间(分批出库,标注每批出库时间,出库量)等。

$$S_3 = \sum_{i=1}^{n} S_{3,i} \tag{5-15}$$

$$h_{3,i} = \frac{S_{3,i}}{M_{1,i}} \times 100 \tag{5-16}$$

$$h_3 = \frac{S_3}{M_1} \times 100 \tag{5-17}$$

$$h_{0,i} = h_{1,i} + h_{2,i} + h_{3,i} \tag{5-18}$$

$$h_{1-3} = h_1 + h_2 + h_3 \tag{5-19}$$

式中：S_3——本周期(年度)初加工环节已采收的总损耗量(千克或吨);

$S_{3,i}$——第 i 批产品初加工环节损耗量(千克或吨,过程输入参数);

$h_{3,i}$——第 i 批产品初加工环节的损耗率(以采收量为基数)(%);

h_3——本周期(年度)已采收产品初加工环节的损耗率(%);

$h_{0,i}$——第 i 批产品采集、下山、初加工三环节总损耗率(%);

h_{1-3}——本周期(年度)产品采集、下山、初加工三环节总损耗率(%)。

$$M_{4,i} = M_{1,i} - S_{1,i} - S_{2,i} - S_{3,i} \tag{5-20}$$

$$M_4 = M_1 - S_1 - S_2 - S_3 \tag{5-21}$$

式中:$M_{4,i}$——本周期(年度)第 i 批产品进入市场或下游精深加工的有效量(千克或吨);

M_4——本周期(年度)产品进入市场或下游精深加工的有效量(千克或吨)。

$$P = \Sigma P_i \tag{5-22}$$

$$h_p = \frac{P}{P_0} \times 100 \tag{5-23}$$

式中:P_i——本周期(年度)第 i 批产品初加工后的有效包装物量(千克或吨,过程输入参数);

P——本周期(年度)产品初加工后的有效包装物总量(千克或吨);

P_0——本周期(年度)产品初加工后的包装物采购总量(千克或吨,采购部门输入参数);

h_p——本周期(年度)产品初加工后的包装物利用率(%)。

$$M_s = M_4 + P \tag{5-24}$$

$$M_{s,i} = M_{4,i} + P_i \tag{5-25}$$

式中:$M_{s,i}$——本周期(年度)第 i 批产品进入市场或下游精深加工的运输量(千克或吨);

M_s——本周期(年度)产品进入市场或下游精深加工的运输量(千克或吨)。

5.6 生态产品信息云平台建设研究

5.6.1 信息云平台建设目标

生态产品信息云平台是根据生态产品目录清单,通过对生态产品各类相关信息进行动态监测,并将数据加以系统集成的开放共享平台,有利于提升生态产品信息的时效性、唯一性、开放性,促进生态产品价值保值和及时转化。

信息云平台应充分做好与生态产品目录库及底层数据库体系、动态监测体系、质量安全认定认证体系、生态产品价值核算体系、交易系统、管理系统的集成,及时跟踪掌握生态产品数量分布、质量等级、功能特点、权益归属、保护和开发利用情况等信息,是信息云平台开放共享的底层数据和支撑要素。

生态产品信息云平台的功能结构为"1-6-2"结构,即"一大数据中心,六大管理功能,两个平台"。一大数据中心是核心,通过"生态产品目录管理、动态调查监测管理、认定认证及追溯管理、价值核算管理、交易管理、综合管控中心"六大功能，协同后端和移动两个平台，构建云平台+5G+互联网+业务应用模式。通过综合管理系统、移动办公软件、公众参与微信小程序平台，开发调查监测、认证追溯、价值核算、电子交易、行业监督、信息储存和备份、信息采集和发布等"互联网+"系列业务应用工具软件（APP），统一接入大数据平台。业务人员和交易主体在利用 APP 开展各类业务中，很方便地利用大数据平台各类数据，完成各类业务数字化，同时采集各种业务数据，实现业务应用与数据采集的高度融合，实现各种数据动态监测及实时更新，为生态产品的认证认定、注册、核算、交易及相关过程的监督、评估、追溯的智能化管理提供精准高效的数据支撑。信息云平台功能结构见图 5-9。

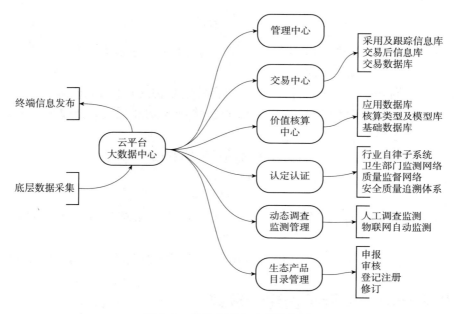

图 5-9　信息云平台功能结构图

（1）生态产品登记注册自动化。以生态产品目录为底座，通过申报、审核、登记注册等电子化程序，完成生态产品的申报、备案及动态更新修订等工作。

（2）动态调查监测管理工作智慧化。以标准化为基础，以信息化动态化为抓手，统筹人工调查监测、以物联网为基础的现场监测、以物流为中心的全过程监测三大模式，实现关键数据的及时性、准确性和统一性。

（3）生态产品认定认证数字化。充分利用天空地一体化信息化技术、感知系统、区块链、移动通信技术，构建生态产品信用体系，包括行业自律建设、与食饮品或食饮品加工原料有关的生态产品融入卫生部门监测网络、生态产品产业融入质量监督网络及生态产品安全质量追溯系统等。

（4）大数据计算支撑能力。为信息化、智能化及生态产品电子商务提供算力保障，通过自动获取基础数据库产品信息、数据，自动匹配生态产品价值核算模型，自动归集结果数据,为交易及信息发布提供大数据计算服务。

(5)实现生态产品自动化、动态化交易。构建交易前、交易中(撮合、过户、资金划转)、交易后的大数据存储、计算、发布及备份等全过程智能化机制,参照资本市场、碳汇和产权交易市场的成功模式,将电子化交易融入整个生态产品云平台大数据中心,打造一个高效、精准、即时、便捷的生态产品交易系统。

(6)高效的管理中心。生态产品云平台大数据中心是一个复合体,应实现:一是数据资源上的多部门联动功能。有效集合多部门涉及生态产品的数据资源,同时可根据实际需要新增数据来源、获取渠道及其责任部门。二是根据权责和利益相关方合理划分使用权限功能。不同部门、不同用户在生态产品信息云平台上掌握不同的场景使用权限,如业务管理部门根据事权划分权限,行政区管理部门根据行政区划分权限,企业组织和个人根据与生态产品信息云平台的业务关联赋予相关权限。三是生态产品信息的展示功能。主要包括生态产品数量分布、质量等级、功能特点、权益归属、保护和开发利用情况等。四是生态产品数量、质量与价值的分析功能。主要包括数据采集、变化趋势、质量和价值评估、风险预测等。五是生态产品的交易信息展示功能。对于物质供给类、文化服务类和调节服务类生态产品,探索基于生态产品云平台交易底层信息动态展示交易信息及结果。六是对于已经建立生态信用积分类信息的地区,可提供生态信用积分的查询功能。七是认证信息共享及产品管理集成、生态产品监测信息及产品管理集成等综合汇集、自动评价功能。八是当地生态产品相关重要文件及政策信息公示、发布、展示功能。

5.6.2 构建基于网格化和区块链的信息采集机制

生态产品信息采集网格实际上包括两重属性,一重是以信息化管理为基础的电子网格,另一重是以国土"三区三线"、行政区划、生态功能区划及河流水系、耕地、林草地等相关行业基础单元为基础的实地映像网格,这两重网格是现实和虚拟的结合,其点对点应是互相对应关系,而实现精准对应关系的技术手段是天空地一体化信息感知系统。

鉴于生态产品产地分布立足于国土空间规划为主要提供生态功能的区域,这些区域主要集中于林草地和水域等几大生态系统中,电子网格应充分利用林长制、河长制及耕地管控的网格建设成果,实现与国土空间管理"一张图"融合。为便于科学、准确、高效信息化管理,电子网格应包括多项功能图层,在终端机或手持终端机或APP上根据不同授权级别可以调用不同图层,如一线监测、管理人员能在手持终端或APP上随时判断位置所在,以及位置与功能区划、行政区域的空间关系、生态产品产地(下简称"产地")定位、产地信息(责任人、联系方式及主要特征因子等)。基于这一考虑,电子网格的图层应包括行政区边界、功能区划分类及范围、用地属性、生态红线区域及国土空间网格、产地位置及相关信息等。详见表5-6。

表 5-6　生态产品信息采集网格构建层级表

网格层/级	省级网格	地市级网格	县级网格	乡镇以下级网格
layer01	行政区界	行政区界	行政区界	行政区界
layer02	生态功能区划	生态功能区划	生态功能区划	
layer03	用地属性	用地属性	用地属性	用地属性
layer04	国土空间网格	国土空间网格	国土空间网格	
layer05	产地位置及经纬坐标	产地位置及经纬坐标	产地位置及经纬坐标	产地位置及经纬坐标
layer06	产地信息	产地信息	产地信息	产地信息

实地网格是为生态产品产地认定、质量安全追溯及管控等相关因子的信息化而设置，最小网格以乡镇或林场为基础，通过现代信息化手段实现动态链接，是实现智能化管理的基础。

每个最小网格单元均具有对应的矢量化数据库，地理网格+区块链信息软技术，构建生态产品认定认证、注册、核算、交易、追溯完整体系闭环。

各级网格与管理层级是对应的，每个层级只能录入、更新所授权的内容。大多数因子信息可以在终端上显示，但调用需要授权。

5.6.3　智慧感知

智慧感知是指充分利用云计算、物联网、大数据、移动互联网等新一代信息技术，通过感知化、物联化、智能化的手段，形成生态产品价值实现过程中的立体感知、高效协同管理、内外一体服务的管理新模式。

5.6.3.1　互动感知

感知层是物联网的基础，是联系物理世界与信息世界的重要纽带。感知层是由大量的具有感知、识别、执行能力的智能设备组成。在生态产品产地、采集、加工、运输等全过程中，利用传感设备如红外、激光、射频、识别和智能终端，使各环节设定的要素通过相互感知而信息化、数字化，通过随时获取需要的数据和环境信息，达成生态产品价值实现的智能化。

（1）自动感知

指人工干预较少的固定式采集设备、自动采集等技术的泛称。应用较多的有卫星/无人机遥感技术、视频监控+算法识别技术、自动传感技术等。例如，自动感知提示产地标定的范围内物质供给类生态产品的分布、数量、长势等计量信息，以及温度、湿度、照度、空气质量、土壤质量、地表水质量、人工干预情况等环境质量信息。

（2）视频监控加图像识别技术

视频监控技术的核心是视频采集和图像自动识别。充分利用监控系统的图像识别技术对生态系统物候、生态产品生境状态，以及林火、病虫害、人为干扰等的自动监测和识别；利用二维码和图像识别技术对生态产品的采集、归集、加工、包装、运输过程的标记采集实现追溯信息链的自动闭环。

(3) 自动传感器监测技术

自动传感器监测技术是利用布设在产地的多种传感器对水、土、气、生等生态因子数据的自动监测、采集，如水文监测传感器、水质监测传感器、土壤因子监测传感器、气象因子监测传感器、空气质量监测传感器等。

5.6.3.2 大数据分析

利用高分影像自动矢量化技术定期对特定产地的变化进行核查，通过对生态环境因子自动物联监测，将采集特定地域生态产品的质量因子、产量因子、批次因子、干扰因子等信息，自动反馈到大数据系统的注册登记产品本底库，以便对特定生态产品动态开展评估，为价值核算及交易提供支撑。

还可通过 RFID 电子身份证技术的应用，从根源上减少乃至杜绝盗伐、超采、滥挖、私运、倒卖等不法行为，利用二维码技术赋予具有唯一性特征的流通码和追溯码，确保生态产品生产、运输过程中的可控性。

5.6.4 信息云平台建设

(1) 基础设施及要求

为充分利用现有资源，可考虑以国家级生态产品及产业发展大数据生态网络感知监测平台的软硬件为基础，在生态产品信息普查摸底的基础上，进一步对数据进行筛选、分类和整合，形成具备系统性、科学性、完整性的生态产品目录清单，并在云平台上向社会发布。

(2) 承办主体

承办主体应具有权威第三方性质，承担认证信息发布、平台开发利用方案及日常管理运维。其职责包括但不限于：

设计与生态产品有关的大数据、云系统、认证系统、追溯系统及交易系统整合衔接方案，负责接入国家林业和草原局生态产品及产业发展大数据生态网络感知平台，牵头组织在生态大数据平台上开发生态产品交易系统。开展日常维护和管理。组织制订《生态产品大数据云平台及生态产品交易实施方案》。

(3) 平台建设要求

以"生态产品及产业发展大数据生态网络感知平台"为底座，根据总体目标开展需求分析，并根据分析结果开展调研、摸底，确定开发合作方。根据调研结果编制业务需求功能说明书。根据最终确定的功能说明书开展平台设计，内容包括体系架构、模型和应用三大部分的具体实施方案。

体系架构方案应解决平台的基本处理流程、平台的组织结构、模块划分、功能分配、接口、运行，以及数据结构和出错处理等系统集成方案；模型设计应提出逻辑模型的客户化、物理模型的设计等系统方案；应用方案应解决数据加载、转换、整合、加工程序开发和单元测试，以及完成接口数据和物理数据库的数据对应等技术方案，并据此提出整个后台的脚本程序。按照方案进行开发，开发汇总表的脚本，开发数据加工程序的脚本,在每一部分开发完成后分别进行各自的单元测试。

(4)平台建设步骤

第一步:前端应用功能的开发和单元测试。开发涉及的各业务平台的业务功能模块。

第二步:模拟测试。在开发与单元测试的基础上,进行平台集成测试,看各部分功能的配合协调情况,对发现的问题进行纠正。

第三步:进行用户验收测试和数据核对。验收所开发功能的数量、业务逻辑符合功能规格说明书的要求,确保来自各个业务平台的数据经过整合后,依旧符合业务过程的实际情况,确保基于这些基础数据进行的统计分析结果的准确性。

(5)构建标准体系

以《生态产品大数据云平台及生态产品交易实施方案》为基础,总结云平台建设过程经验和关键技术,进一步制订《生态产品大数据管理通则》《生态产品交易管理通则》《生态产品认证云数据管理通则》等技术规程。

第6章 以市场为目标的生态产品价值核算方法学

6.1 基于生态资产的生态产品价值核算分类研究

6.1.1 生态资产与生态产品关系分析

生态资产的基底是生态系统。生态系统由物质和能量、生产者、消费者、分解者组成。无机环境是一个生态系统的基础，其条件的好坏直接决定生态系统的复杂程度和其中生物群落的丰富度。生物群落是生态系统的核心，且反作用于无机环境，并在生态系统中既在适应环境，也在改变着周边环境的面貌，各种基础物质将生物群落与无机环境紧密联系在一起，从而使生态系统在相对稳定中不断演替，形成一种具有一定功能的有机整体。所以说，生产或溢出某项特定生态产品的资产，应是与之关联且发挥协同作用无机环境和生物群落。这种对应关联性，是研究生态资产和生态产品价值的最底层逻辑，是认识的基础。

实践中存在两种错觉，一种是脱离生态资产谈生态产品，人为将其割裂，似乎可以回避资产资本化与生态产品定价的关系，将生态产品作为一个孤立项考虑其价值核算问题，看似简单化了，但随着相关工作的推进，一旦将生态产品作为一个新的产业从国民经济产业体系来研究时，会产生一系列新的问题，而相关关系的理顺和问题的解决还是需要回归经济基本规律，而生态资产与生态产品价值的内在关系和处置原则，只有从资产的性质出发，依据财税理论进行梳理（如公共产品定价理论等），才能科学、系统地提出符合生态产品价值核算的方法。另一种认识错觉是，既然生态系统是一种自然环境与生物群落的协同体，从传统经济和哲学规律来看，没有注入劳动，就没有价值，也就没有产品，更谈不上作为交换的产品。这种观点是一种停留在传统观念基础上的形而上学思维，实际上是一个认知错觉。随着社会经济的发展，物质不断丰富，人的思想和感受在不断进化，物质需求丰富到一定阶段后，人对物质的需求迫切性已不是主要供需矛盾时，对享受型生活质量及精神文化满足感的需求就会越来越多，而提供这种满足感的产品很大一部分与生态系统有关，如越是高物质水平，工业、农业生产水平越高，工厂化生产排放粉尘和污染物就越多，对大气和水环境的污染就越大。反过来，人有钱了，物质丰富了，就越是追求生活的质量，所谓由俭入奢易，由奢入俭难就是这个道理。清新的空气、清洁的水是高生活质量的基本环境指标。由于负氧离子、芬多精对人类的健康和精神愉悦能带来正面影响，能够释放这种化学分子的森林生态系统就成了人类向往的去处。这就产生了新的需求，市场规律作用下，自然就有了新产品的成长潜力和空间，这种新产品就是典型的生态产品。

从资产的角度分析，随着对生态产品的需求越来越多，对生态系统的生产力提出了新的要求，这种要求体现在两个方面：一是广度，生态产品需求与消费的人口分布是紧密对应的，随着富裕的人口和地区分布越来越多，要求具有良好生态环境的区域范围也就越广；二是生活质量越高，单人对生态产品的需求量也越大。加上高污染、高消耗、低水平的工业化生产对资源的无节制消耗给生态环境带来的破坏，过去那种靠纯自然力量维持的生态系统从广度和效率两个维度都不能满足需求了，专业说法叫环境容量不能承载社会经济发展的需要。在社会呼吁、政策引导、市场拉动下，资金开始流向这些领域，这就是生态资源、生态资产形成的原动力，也是生态文明建设的内生动力。

需要强调的是，生态资产的形成不再是传统意义上的生产者劳动凝聚使用价值的单一方式，除了森林抚育、防火、有害生物防治等经营和管护注入的直接劳动外，更多的是间接劳动的注入，如政策扶持和财政资金投入，是典型的劳动价值转化为行政和财政资源的间接注入，是一种新的价值凝聚模式，这种模式在生态资产的形成中逐步成为主要形式，这种资产垫层溢出的生态产品，属于公益性或公共性产品，根据公共产品定价原则，应该按零价值计算，其生态产品价值核算不能套用一般商品价值的核算方法，国际、国内均提出了相对合理的 GEP 核算法，即以生态系统提供的服务调节功能的量化值为其核算价值。最有说服力的案例是退耕还林还草工程，国家投入了数千亿财政资金完成退耕还林还草四亿多亩。从宏观生态而言，这些投入自然固化成了生态资产，即生态资产的存量。但是，在核算其生态价值时，如果把公益性的投入计量进去，一方面不符合税收重复计算的原则；另一方面，从数量比例上看，巨大的存量资产摊销会使溢出的生态服务价值被大大减弱，无法反映绩效贡献。

6.1.2 生态产品价值核算及与生态产品总值核算的区别

生态产品价值核算体系构建应服务于两大目标：一是宏观核算目标，主要用于国民经济核算及行政体系生态文明建设政绩类考核。这方面的核算可参照 GDP 核算方法，以生态产品"产值"为基础核算特定行政区域生态价值总值。二是中微观核算目标，主要用于以经营单位或特定地域为单元、以交易为手段实现生态产品价值变现的会计核算体系。这类核算方法应符合会计准则的以费效分析为基础、以"价值"为基础的计量方法学。

根据《生态产品总值核算规范》的定义，GEP 是指一定行政区域内各类生态系统在核算期内提供的所有生态产品的货币价值之和。与 GDP 是同一层级的核算体系，只是 GDP 核算的是一个国家（或地区）所有常住单位在一定时期内生产活动的最终产品和服务的最终出售价值，是一个市场价值的概念，而不是实实在在流通的财富，只是用标准的货币平均值来表示财富的多少和变化趋势。而 GEP 核算的是生态产品总值，实际上相当于绿色 GDP，是在新的发展阶段，用来衡量、考核生态建设成就的间接宏观指标，或用于开展宏观生态补偿、转移支付的参考性指标。

《关于建立健全生态产品价值实现机制的意见》这对两种核算提出了明确的要求，提出要针对生态产品价值实现的不同路径，探索构建行政区域单元生态产品总值和特定地域单元生态产品价值两套评价体系。且明确两套体系分别用于不同的应用场景：GEP 核算主要用于绩效考核和生态产品保护补偿等政府发挥作用的生态产品价值实现领域，生态产品价值（VEP）核算主要用于经营开发、担保信贷、权益交易等市场发挥作用的生态产品价值实现领域。这就清晰的阐明了生态产品总值核算与生态产品价值核算的内涵、目标的区别，也说明其核算方法是两套完全不同的体系（详见表 6-1）。

表 6-1 生态产品两大核算体系比较表

核算体系	服务目标	计量依据	范围
生态产品总值（GEP）	宏观：政绩类考核或大尺度生态补偿参考	以统计学及"产值"为基础反映变化趋势	以管辖范围为依据的行政区域
生态产品价值（VEP）	中微观：经营开发、担保信贷、权益交易等	以会计学为基础计量未来一定时期的"价值"折现	以生态系统为依据的特定地域

在中国，生态产品总值核算已经构建起一套比较完善的技术体系。2012 年，党的十八大报告正式提出要把资源消耗、环境损害、生态效益纳入经济社会发展评价体系。2020 年，生态环境部发布陆地生态系统 GEP 核算指南，中国成为国际上第一个提出 GEP 核算技术规范的国家。2022 年，国家发展和改革委员会、国家统计局发布《生态产品总值核算规范》。截至 2021 年，中国已经开展了覆盖 31 个省（区、市）的 2015—2020 年 GEP 核算，其中 20 个城市和 6 个县区启动了核算试点。

但用于市场交易、生态补偿、使用者付费等交易场景类生态产品价值核算方法，尚未有统一、权威性的方法学，有关生态产品产业体系方面的研究尚处空白。尽管生态产品价值实现有关理论研究、机制创新、特色模式实践等方面取得了很多成果和进展，但不容忽视的是依然存在理论认识不深、实现路径单一、制度创新不足、配套保障不全，以及可复制、可推广模式较少等瓶颈制约，产生这些偏差的原因很多，但一些关键的底层理论不清晰恐怕是主要原因，这些问题不解决，思想难以统一，方法和路径更是千差万别，不利于新业态的有序发展。

6.1.3 生态产品价值核算的目标导向研究

某一特定区域的单一或局部生态系统溢出的满足某些特定需要的生态产品，如局部环境的调节和改善，负氧离子、芬多精释放，生物景观等，由于溢出这些生态产品的生态系统的土地具有公益性，以土地为垫层的生态系统形成的资产也相应具有公共属性，这就决定其溢出的生态产品也具有公共性。

公共性生态产品价值核算主要是为生态补偿、使用者付费等计量服务，甚至为一些个性化生态产品的市场交易等中观、微观行为服务，其计量的结果需要能基本反映生态产品的实际价值，等价交换的基本定律决定了只有这样才能被交易的双方所接受，也才能取得社会公信力。所以，基本规律要求生态产品价值核算的方法要比用于绩效考核的 GEP 的评估方法更有针对性、精准性计及过程可追溯性。

方法是为目标服务的，也就是说不同的生态产品其交易对象的诉求存在较大差异，基于价值核算结果的应用场景存在如下几种目标需求。

一是为公益性生态补偿开展的核算。公益性生态补偿是生态产品价值实现的一种重要途径，是社会分工在生态保护与经济发展实现宏观兼顾的重要途径，是科学发展和生态文明建设的重要表征。例如，以水系流域为单元的生态保护体现的特点是上游为保护生态而牺牲经济发展，下游享受优良的水资源条件受益于经济发展，通过建立生态补偿机制，下游从经济发展受益中拿出一部分补偿上游，这种公益性补偿的核算方法核心应是以下游良好水环境带来的社会经济额外性价值增量为量化依据，构建的补偿标准才显示出公平合理性原则。再如，跨区域的生态补偿机制，也是一种典型的公益性生态补偿方式。典型案例有北京与环北京地区的生态补偿机制，为确保首都生态安全，周边的河北、内蒙古及天津做出了重大发展牺牲，国家除了在资金方面给予补偿外，通过区域一体化发展方式，将首都的大量优质资源转移或嫁接到周边区域，实现区域化协同发展。如果要对这种生态补偿的价值进行核算，就应该是从全要素视角，考核周边地区因生态保护导致社会经济发展滞后量化值，这是一种负增长额外公益性生态补偿方式。可见，这类补偿标准要得到补偿和被补偿双方的认可，其核算方法很关键，由于涉及面很广，核算因子非常复杂，这时生态产品的额外性特性就显现出了巨大优势，通过特定区域内因生态产品导致的价值增量来间接核算生态产品的价值，或者参考 GEP 核算方法，同时去除其计入的成本量，调整 GEP 价值相对偏高的影响。

二是为公共性生态产品使用者付费开展的核算。生态资产中蕴含了大量能够满足文化、娱乐、科普、碳排放、水资源使用等公共（社会）属性的资源类资产。这类资产溢出的生态产品已经成为品质生活的一种重要来源，人们愿意花钱消费，因此，可采取使用者付费的补偿方式实现其价值。其价值核算是确定付费标准的依据，关键是确定资产的构成。一般以社会平均成本价格为基础，资源使用费以政府指导价为基础，对将来一定时期内的使用权费做折现处理。

三是经营性（个性化）生态产品交易。这类生态资产分为两大类，一类是部分资产属性具有公益性，如土地和景观资源，部分资产不具有公益性，如集资或非财政性资金投入的景区设施。这类资产一般采取特许经营权的方式转移经营权属，受益的主要是社会经营者、公众和地方政府。这类生态资产的价值核算中，很容易忽视已投入且形成固定资产的非公益性资产的存量价值，往往导致资产价值偏低的情况。主要采取交易性补偿方式，如生态公园类，其对当地旅游业的拉动作用的生态补偿，核算的主要是因生态公园对旅游增值的额外性贡献。另一类是生态存量资产比较泛化，难以精准核算，但对社会产品具有溢价效应。例如，当地因生态环境优良对农产品品质的提升，或某地茶叶产品因良好的森林和水环境大幅提升了茶品质，核算主要是因调节类生态产品对茶等农产品增值的额外性贡献。

6.2 特定地域生态产品价值核算理论适用研究

本研究主要聚焦中微观价值核算场景，针对物质供给类、调节服务类和文化服务类三类生态产品的价值核算开展相关方法研究。

6.2.1 特定地域生态产品价值核算程序

核算程序包括：确定生态产品价值核算区域范围；明确区域内各类生态系统类型及分布；编制生态产品目录清单；确定核算模型方法与适用技术参数，收集数据资料；开展各类生态产品实物量与价值量核算；计算生态产品价值。在建立了动态监测和大数据平台的地方，根据核算目标选择指标因子和核算模型，由系统自动生成核算结果。生态产品目录的程序见图6-1。

(1) 确定核算的区域范围

首先是初筛范围。根据目标地区国土空间规划、生态区划等界定出主要提供生态服务功能的区域，或判定目标区域是否处于主要提供生态服务功能的区域。

其次是精选范围。根据核算目的，确定特定区域生态产品价值核算的网格和地理区域，如省、市、县、乡、村，以及林班、小班（结合与国土空间融合后的林地资源一张图矢量数据），其功能相对完整的生态地理单元，如一片森林、一个湖泊、一片沼泽或不同尺度流域，以及由不同生态系统类型组合而成的地域单元。需特别注意的是耕地、农田、城镇及村屯区域，不应涵盖农业种植区、养殖区及设施区，只需考虑其中的生态单元，如农田林网，城镇内的绿地、湿地等。

(2) 明确生态系统类型与分布

明确核算区域内的森林、草地、湿地、农田林网、荒漠、城市森林、海洋等生态系统的类型、面积与分布，绘制生态系统空间分布图。调查核算区域内生态资源调查监测建设情况，在矢量数据库中标注其布局、分布、坐标及主要监测指标。

(3) 编制生态产品目录清单

调查核算范围内的生态产品种类，编制生态产品目录清单。建立云平台、大数据系统后，还需开展生态产品目录清单与系统匹配度分析，根据系统要求进一步完善目录清单。

(4) 收集数据资料

收集开展生态产品价值核算所需要的部门统计数据、调查监测资料、相关文献资料及基础地理信息图件等，开展必要的实地观测调查，进行数据预处理及参数本地化。

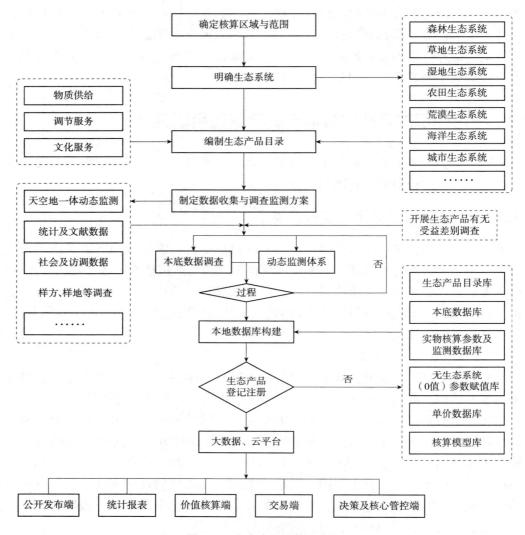

图 6-1 生态产品核算流程图

具备自动监测条件的，设置监测样地，确定监测方案，制定监测工作程序，拟定监测指标，明确数据采集、传送、接收路径和时点要求。

(5) 开展生态产品实物量核算

根据确定的核算基准时间，选择科学合理、符合核算区域特点的实物量核算方法和技术参数，核算各类生态产品的实物量。建立云平台、大数据系统后，构建云上基础数据、动态监测数据获取路径和技术方案，开展系统匹配性调试。

(6) 开展价值量核算

根据核算目标，选择生态产品价值核算方法和计算模型。依据生态产品实物量，运用所选择的方法，开展生态产品的货币价值核算模拟。具备自动监测、大数据条件的，根据选择的核算模型，由系统核算的实物量自动计算并输出价值核算值，分析其核算的匹配性，并进一步调试完善。

(7) 完成生态产品认定、认证

根据生态产品认定及认证要求，正式提出认证申报，确定并备案产品编码(包括生态产品流通码和追溯码)。通过认证后生态产品正式进入交易状态。建立云平台、大数据系统且具备电子交易条件后，自动进入自动交易平台。物质供给类生态产品进入交易状态的同时，启动生态产品追溯程序。

6.2.2 生态产品价值核算计算模型

以"价值交换"为基础的生态产品价值核算，结果是为等价交换提供依据，遵循的是经济学原理。但考虑生态系统保护修复方面的建设主要属于公益性，建设投资来源主要来自财政性或公益性资金，因而生态系统生产的生态产品不宜完全按照一般经济类项目来处理。比较符合公益类产品价值核算的方法可以借鉴费用效益分析法、静态核算方法、动态核算法。

6.2.2.1 费用效益分析法

费用效益分析法是通过比较核算目标的全部费用和效益来评估项目价值的一种方法。费用效益分析法的初衷是为决策服务的，其基本原理是针对某项支出目标，提出若干实现该目标的方案，运用一定的技术方法，计算出每种方案的费用和收益，再通过比较方法，并依据一定的原则，选择出最优的决策方案。该方法由于采用了项目有无对比，常用于评估需要量化社会效益的公共事业项目的价值，非公共行业的管理者也可采用这种方法对某一大型项目的无形收益(soft benefits)进行分析。

有无对比法是对进行项目(有项目)和不进行项目(无项目)这两种方案在未来同一时点(按项目寿命期或计算期)的经济效益进行预测和比较分析，将两个方案的效益差额作为增量效益进行比较和判断，以衡量项目必要性及其在经济上的合理性的一种评价方法。基于这一原理，又进一步引申到确定项目收益端的有无对比，即通过间接法来判断项目的综合效益。例如，农田林网的效益，可以通过分析某特定范围无农田林网时的粮食产量和质量及有农田林网时的粮食产量和质量，再按照同一市场、相同质量粮食的价格得出的收益差为农田林网的综合效益。固沙林防护效益的核算可以考虑几个方面的价值增益：一是"有""无"项目的减灾价值，即"有"固沙林时可以避免，而"无"固沙林时会因风沙吞没农田、牧场和村庄损失的价值增益；二是防风固沙林对农田、牧场的保护、防护作用及对改良的土壤、提高了沙地肥力实现增产的效益。

另外，该方法也解决了资产折旧分摊形成固定成本进入产品价格构成因素的经济学原理与公益类项目资产公共性所带来的同一资金双重征税(公益类项目政府投资来自税收，税收形成的投资以折旧摊销构成销售价格，产品销售再次缴纳税费)的问题。即，不以"全成本+利润+税费"的经济学原则实现产品定价，而是按照项目或产品给社会带来的增益或以"不含财政性资金的运行成本+利润+税费"为定价原则。

费用效益分析法很好地解决了生态产品"交易类"行为的价值核算问题,有无对比分析解决了生态产品涉及的生态资产公益性、收益间接性、多样性、不明显性等问题。有无对比指标主要包括项目运营期投入的成本和无项目情况下的机会收益及有项目后产生的效益。其费用计算见公式(6-1),效益计算见公式(6-2),收益净值计算见公式(6-3)。

$$C_j = C_{1,j} + C_{2,j} + C_{3,j} \tag{6-1}$$

式中:C_j——某生态产品第j年的总成本,具有公共属性的生态产品的经营成本,如维护成本、财务成本、人工成本等;

$C_{1,j}$——某生态产品第j年资产折旧、摊销等形成的固定成本。只适用于非财政资金和非公益类资金投资形成的资产;

$C_{2,j}$——某生态产品第j年的机会成本,如没有生态产品时土地的机会收益,或某特定区域无生态产品的情况下第j年的综合效益;

$C_{3,j}$——某生态产品第j年不可预见的其他成本。

$$B_j = B_{1,j} + B_{2,j} + B_{3,j} + B_{4,j} \tag{6-2}$$

式中:B_j——某特定区域生态产品第j年的综收益;

$B_{1,j}$——某特定区域生态产品第j年的经济效益;

$B_{2,j}$——某特定区域生态产品第j年的生态效益;

$B_{3,j}$——某特定区域生态产品第j年的资产增值效益;

$B_{4,j}$——某特定区域生态产品第j年的社会效益。

$$I_j = B_j - C_j \tag{6-3}$$

式中:I_j——某生态产品第j年的效益净值;

B_j——某特定区域生态产品第j年的综收益;

C_j——某生态产品第j年的总成本。

有了计算期各年度的效益净值,就可以按照社会折现率及财务分析方法计算其财务现值、动态回收期及内部收益率等指标。

费用效益分析法适应于各种生态产品价值核算,既考虑了生态产品资产的公益性特征,又基于经济学原理构建起了生态产品价值计算模型,核算结果可信性强,能被交易的各方接受。

6.2.2.2 静态核算方法

静态核算(static accounting),也称静态均衡分析(static equilibrium accounting)。静态核算是指核算具体项目价值时,对项目所涉及的各年现金流(所有支出和收入),只核算其本身的原值,而不考虑资金时间价值(即资金周转过程中能引起的新的价值)的一种分析核算方法。

静态核算首先考核的是投资回收期,其次是计算平均年净收益,最后是从财务现金流量表来计算静态投资的回收期。

采用静态核算法核算生态产品价值,适应成本对价模式、收入对价模式两种情景。

(1) 以收支平衡前的总成本为核算基准(以下简称"成本对价模式")

该情景的对价依据是,产品使用者通过弥补开始盈利前的成本来获取使用价值。这种情景适用于对资产增值要求不高、有一定盈利(略高于公益类产品基准收益率),且资产投入和经营成本明晰的情况。其核算公式为:

$$V_O = \sum_{t=1}^{P_t} CO_t \quad (6-4)$$

其中:V_O——用于某特定生态产品交易对价的价值(万元);

CO_t——某特定区域生态产品第 t 年的总成本(万元);

P_t——某生态产品年销售收入与产品年成本达到平衡时的计算年限(年),即满足公式(6-4.1)条件时按公式(6-4.2)计算精准到月的年限。

$$\sum_{t=1}^{P_t}(CI-CO)_t = 0 \quad (6-4.1)$$

$$P_t = T - 1 + \frac{\text{上年累计净现金流绝值}}{\text{当年净现金流量}} \quad (6-4.2)$$

式中:CI_t——某特定区域生态产品第 t 年的总收入(万元);

CO_t——某特定区域生态产品第 t 年的总成本(万元);

P_t——某生态产品年销售收入与产品年成本达到平衡时的计算年限(年);

T——生态产品销售收入与产品年成本达到平衡时的整数(去除小数点后的整数)年限(年)。

(2) 以收支平衡前的总收入为核算基准(以下简称"收入对价模式")

该情景的对价依据是,产品使用者以开始盈利前的总收益作为对价来获取使用价值。这种情景适用于对资产增值要求不高、有一定盈利(略高于公益类产品基准收益率),但资产投入和经营成本不明晰的情况。其核算公式为:

$$V_I = \sum_{t=1}^{P_t} CI_t \quad (6-5)$$

式中:V_I——用于某特定生态产品交易对价的价值(万元);

CI_t——某特定区域生态产品第 t 年的总收益(万元);

P_t——生态产品销售收入与产品年成本达到平衡时的计算年限(年),即满足公式(6-4.1)条件时按公式(6-4.2)计算精准到月的年限。

有一种特例,在相当长时期内核算范围内的生态产品年度销售收入或收益总额均小于年度成本,也就是说 P_t 远超过正常项目的成本收益平衡点。针对这种情况,可以按照核算范围内生态产品固定资产的折旧年限取值。

静态核算法能够反映特定范围生态产品的盈利能力,与各年的实际成本、收益有关,收益越大,效益越好,平衡期就越短。这种核算方法简单易行,并能明确地反映资金的回收速度。但是其缺点在于没有考虑资金的时间价值,并且不能反映生态产品投入方所承担的风险。用静态核算法通俗易懂,一般只适用于规模小,资产增值要求不严,公益让利性较强的生态产品价值核算。

6.2.2.3 动态核算法

动态核算(dynamic accounting)法不仅考虑了资金时间价值,而且考虑了整个计算期内的收入和支出的全部费效数据,它比静态核算指标更全面、更科学。

该方法参考工程项目技术经济分析方法,按行业的基准收益率或设定的折现率将特定区域在计算期内生态产品价值实现的每年预测发生的现金流折现到期初的现值之和,作为使用生态产品对价的依据。其核算公式为:

$$V_{NPV} = \sum_{t=1}^{n}(CI-CO)_t(1+i_0)^{-t} \tag{6-6}$$

式中:V_{NPV}——净现值,用于某特定生态产品交易对价的价值(万元);

CI_t——某特定区域生态产品第 t 年的总收入(万元);

CO_t——某特定区域生态产品第 t 年的总成本(万元),公共属性不包括资产折旧和摊销形成的固定成本;

i_0——基准收益率或社会平均折现率(%);

n——计算期。

该方法与费用效益分析法结合起来构成了生态产品价值核算的完整方法,前者解决核算因子赋值的问题,后者解决价值计算方法问题。

6.3 物质供给类生态产品价值核算方法

物质供给类生态产品指生态系统为人类提供并被使用的物质产品。地球上生物圈由各种生态系统构成,从这个意义上理解,地球表层产出的自然物质均属于物质供给类生态产品,包括非生物质类和生物质类两大类,前者如空气、水、矿等,后者如森林、食材、水果、木材、生物质能、水产品、中草药、牧草、花卉等。有关生态产品的边界,一方面从产业分类来看,工业生产类产业的原材料均起源于广义的物质供给类生态产品。可见,如果将生态产品泛化、广义化,会打破传统产业分类体系,这并不利于产业分工和产业发展。另一方面,从生态产品与农产品、服务产品并列关系的界定,可以判断广义化也不是生态产品提出的初衷。所以,现阶段所说的物质供给类生态产品主要是指狭义的范畴,且现阶段主要考虑生物质类。

物质供给类生态产品的核心内涵是物质(生物质,下同),即生态系统产出的物质。换言之,其价值实现就是将物质通过市场配置,进行等价交换,实现价值的转换。总的原则来讲,是将物质供给类生态产品,或者说生态系统生产的初级产品通过商品化途径,按照一般商品的交易规则和途径,实现其价值变现。

所以,物质供给类生态产品的应用场景是商品市场,与初级农产品具有外在相似性。基于这一场景的映像,可知其价值核算和一般初级产品(第一次产业)没有什么区别:市场定价原则,使用功能与产品品质决定价值,供需决定价格。尽管核算结果用于不同应用目的,其价值核算方法会有所区别,但均受控于基于市场规则的产品内在价值(品质)、市场交易价格(供需关系)、资金的时间价值(社会平均收益率)。因此,其价值核算遵循一般技术经济方法,通过生态产品的成本、收入的分析及一系列指标,反映当下的价值,通过折现率和时间反映未来的价值。可视具体情况采用静态分析法或动态分析法开展价值核算。

物质供给类生态产品收益来自产品销售,比较清晰。但是成本构成比较复杂,视产地及资产形成性质有所区别。一级生态产品属于生态系统纯自然形成,生态系统保护及修复的资金主要来源于财政资金,计入核算成本的主要内容是采收至销售过程的经营成本。二级生态产品主要为人工天成类,成本构成包括地租、种苗、种植、采收、运输、销售等过程。三级生态产品是近自然培育方式,成本构成来自地租、种苗、种植、抚育、管护、采收、运输、销售等过程。

(1) 一级物质供给类生态产品成本

$$C_{w,1} = C_{1,1} + C_{1,2} + C_{1,3} \tag{6-7}$$

式中:$C_{w,1}$——一级物质类生态产品的成本(元/年);

$C_{1,1}$——生态产品的收购或采收、下山等成本(元/年);

$C_{1,2}$——生态产品经营成本,包括注册认证、管理、初级加工、销售及物流等所有经营类成本(元/年);

$C_{1,3}$——生态产品税费等其他成本(元/年)。

(2) 二级物质供给类生态产品成本

$$C_{w,2} = C_{2,1} + C_{2,2} + C_{2,3} + C_{2,4} \tag{6-8}$$

式中:$C_{w,2}$——二级物质类生态产品的成本(元/年);

$C_{2,1}$——生态产品的地租成本(元/年);

$C_{2,2}$——生态产品的培育成本,包括种苗、栽植、管护、采收、下山等生产类成本(元/年);

$C_{2,3}$——生态产品经营成本,包括注册认证、管理、初级加工、销售及物流等所有经营类成本(元/年)。

$C_{2,4}$——生态产品税费成本等其他成本(元/年)。

(3) 三级物质供给类生态产品成本

$$C_{w,3} = C_{3,1} + C_{3,2} + C_{3,3} + C_{3,4} \tag{6-9}$$

式中:$C_{w,3}$——三级物质类生态产品的成本(元/年);

$C_{3,1}$——生态产品的地租成本(元/年);

$C_{3,2}$——生态产品的培育成本,包括种苗、栽植、抚育、管护、采收及下山等生产类成本(元/年);

$C_{3,3}$——生态产品经营成本,包括注册认证、管理、初级加工、销售及物流等所有经营类成本(元/年);

$C_{3,4}$——生态产品税费等其他成本(元/年)。

有了成本核算指标,根据实际销售收入或参照市场上类似产品的销售价格和评估的产量,即可获得收入的核算指标,再根据核算模型在公式(6-4)(6-5)(6-6)中选取一个合适的来计量物质供给类生态产品的数量价值。

6.4 调节类生态产品价值核算方法

6.4.1 调节服务类生态产品构成

调节服务类生态产品是指生态系统为维持或改善人类生存环境提供的惠益，如水源涵养、土壤保持、防风固沙、海岸带防护、洪水调蓄、空气净化、水质净化、固碳释氧、调节局部气候、消减噪声等。这类产品主要产自森林、湿地（含河流、湖泊）、草地、荒漠、农田、城市、海洋等七大生态系统[44]。

调节服务类生态产品主要承担公益性质，其产品具有公共产品属性。

生态产品来自自然生态系统，无论是健康的生态系统，还是修复后恢复了服务功能的生态系统，人们最终享受到的生态产品实质上是一种生态系统服务。一般来说，调节服务类生态产品具有空间差异性、动态性、整体性、范围有限性、用途多样性、持续有效性、正负效应性、公共物品性和外部性等特性，且通常具有公共产品消费的非排他性和非竞争性两种本质属性[45]。

调节服务类生态产品一般分为四种类型。一是全国性公共生态产品。这些生态产品具有纯公共产品的性质，且由于它与经济发展和当地的资源禀赋相关联，不同地区、不同人群的差异较为明显。这些生态产品的供给应该列入基本公共服务的范围，并应将其纳入均等化的范畴，由政府来供给。国家公园、国家级自然保护地等范围内的生态系统溢出的调节服务类生态产品，是典型的全国公共生态产品。二是区域或流域性公共生态产品。这些生态产品跨越了单个主体的管辖范围，其生产和供给涉及多个行政主体的参与。这种生态产品具有非常显著的公共资源性，尤其是具有消费的非排他性，如上下游生态环境的保护与治理。这种跨区域生态产品的供给，无法由单个地方政府独自有效地解决，地方政府之间的合作是解决跨区域生态产品供给的重要途径。三是社区性公共生态产品。社区作为由居住在一个特定地域内的人口及家庭建立的一种社会与文化体系，由于居住地域的共同性，其居民往往对生态产品具有共同的需求。这种生态产品在社区层次上具有公共性，然而对于社区之外的其他居民来说，具有排他性或私人性。例如，古树名木、风景林、农田林网等溢出的生态产品具有社区属性。四是"私人"生态产品。对于产权能够界定的生态产品，可以将其转变为私人产品，并通过市场交易实现供给。随着社会的进步，人们逐步意识到不能再把生态环境看成一种生存条件，而是一种资源，其溢出的产品通过市场交换，实现生态资本化经营。随着市场经济的逐步建立和完善，许多传统上认为的非市场价值的物质慢慢发展到在市场上有了自己的价值，如排污权、碳汇等，可以在市场上进行交易。再如，我国黄土高原丘陵沟壑区的生态环境建设等，先由企业、造林大户等承包荒山造林，再由政府收购或流转为市场生产的生态建设成果（转移支付或财政补贴——生态效益补偿），促使生态效益转化为经济效益。

一般来说，公共产品的政府供给是针对"市场失灵"，但这主要是对公用设施类公共产品而言，生态产品的公共属性，是建立在生态环境保护大需求和国家可持续发展战略基础上的衍生成果溢出。面对公共产品的特性，行政资源具有多方面的优势：一是克服公众"搭便车"行为和正外部性问题。公共产品的正外部性及由此引起的"搭便车"行为往往限制了公共产品的市场手段，决定了公共产品难以靠市场手段解决供应，由政府提供公共产品成为必然选择。二是节约交易成本，生态产品供给中的交易成本包括决策和违约成本等；政府可以采取决策效率较高的规则，并以强制力作为实施保障，虽不是最优选择，但使人们的福利得到了提高，并在一定程度上节约了决策成本。另外，如果生态产品由私人部门生产会存在监督成本，并且存在监督、监测困难和信息严重不对称问题，因此，政府通过一体化方式提供可节约生产环节的成本。三是可确保生态产品的供给体现公平性。如果没有政府供给，人们的共同需求就可能无法得到满足，公共产品自愿供给的均衡也是低效的，市场机制虽能提供生态产品，但是其本身也不能实现消费的公平。而实现公平、公正是政府的重要职能之一，并且政府是公众长远利益的代表，政府介入生态产品的供给是实现代际公平的保障。

所以，调节类生态产品价值实现应用场景是政府和社会资助的补偿制，即通过一定规则和程序，对生态保护基于财政转移支付、生态效益补偿、生态损害赔偿，其生态产品价值以其溢出的生态服务功能实物量、相对公认的价格为基础。

基于交易性生态产品价值核算模型，以费用效益分析法中的有无对比法结合动态计算模型为主要方法。该核算方法的最大难题是生态系统服务功能的计量和指标量化问题。

为了确保核算结果的真实性、相对精准性，以增加政府、金融、市场交易等主体对核算结果的认同性，这类生态产品核算应做好以下几个方面的工作。

一是充分利用现代信息技术实现调查监测的动态化、智慧化。核算的基础数据是生态系统溢出的实际发生量，只有科学设置前端的实时监测系统，才能实现真正的动态监测，"样地样方+物联网+天空地动态感知+传输"信息化系统，是解决生态产品计量精准性和及时性的有效方法。

二是充分发挥大数据云计算优势构建以模型为核心的核算体系。"动态监测+实时数据传输+后端大数据+计算模型库+云计算"系统，是实现调节服务类生态产品价值核算的有效路径。

6.4.2 价值核算因子筛选

调节服务类生态产品主要包括水源涵养、土壤保持、防风固沙、海岸带防护、洪水调蓄、空气净化、水质净化、固碳释氧、调节局部气候、消减噪声10类，其指标实物量主要来源于调查监测、实践经验或文献等。

调节服务类生态产品价值核算分两类场景，一类是生态效益补偿类，一般以年度为单位，根据特定区域生态服务功能情况，由政府或受益地区做出一定的补偿。这类补偿的标准是以区域生态价值总量为基准，生态价值总量核算参照 GEP 核算方法进行。另一类是以功能价值或使用价值为基础的对价类交易，主要方式有特许经营权等使用者付费，时段一般是多年。这类交易的价值核算不宜按照 GEP 核算模式，而应以计算期内的净收益折现价为基础，其价值核算包括指标量的核算和收益当量核算两部分。这类生态产品价值核算可对总值核算方法进行适当调整，即将 GEP 核算中的指标价值视同于销售收入，保持生态系统持续稳定经营的投入等费用或经营成本列入费用项。为区别于物质类生态产品的销售收入，引入收益当量（或影子收入）概念。这类调节服务类生态产品价值核算遵循费用效益法，按照经济分析原理及净现金流折现法（详见本书 6.2 相关内容），精准核算其周期内净价值。

生态产品单价的确定可以灵活选择，如固碳服务等，使用的是生态产品的市场价格，随着碳汇市场的建立，可以参照温室气体减排的成本确定固碳的核算单价。可以采取替代成本法确定单价，如用家庭空气过滤装置替代空气净化服务成本或投入品（如用高粱替代鲜草等饲料）或资本投入（如用建设污水处理厂替代水质净化服务），也可以是资源价格（如水资源使用费或排污税等）。调节服务类生态产品价值核算方法参照《生态产品总值核算规范》中的方法。不同指标的实物量核算方法详见表 6-2。

表 6-2 调节服务类生态产品指标实物量核算方法表

核算指标	实物量指标	核算方法
水源涵养	水源涵养量	水量平衡法或水量供给法
土壤保持	土壤保持量	修正通用土壤流失方程（RUSLE）
防风固沙	防风固沙量	修正风力侵蚀模型（RWEQ）
海岸带防护	海岸带防护长度	统计调查
洪水调蓄	洪水调蓄量	植被：水量平衡法 湖泊：湖泊调蓄模型 水库：水库调蓄模型 沼泽：沼泽调蓄模型
空气净化	净化二氧化硫量 净化氮氧化物量 净化粉尘量	污染物净化模型或污染物平衡模型
水质净化	净化 COD 量 净化总氮量 净化总磷量	污染物净化模型或污染物平衡模型
固碳	固定二氧化碳量	固碳机理模型
气候调节	蒸散发（蒸腾、蒸发）消耗能量	蒸散模型
噪声消减	噪声消减量	噪声消减模型

6.4.3 调节服务类生态产品价值核算模型

6.4.3.1 水源涵养

溢出水源涵养功能的生态系统主要有森林生态系统、草地生态系统、农田生态系统、湿地生态系统、荒漠生态系统、城市生态系统。

6.4.3.1.1 实物量核算

方法1：水量平衡法，适用于森林、草地、农田、湿地、荒漠、城市生态系统。

水源涵养功能是指生态系统通过其结构和过程拦截滞蓄降水，增强土壤下渗，涵养土壤水分和补充地下水，调节河川流量，增加可利用水资源量的功能。

$$Q_{wr} = \sum_{i=1}^{n} A_i \times (P_i - R_i - ET_i) \times 10^3 \quad (6-10)$$

式中：Q_{wr}——生态系统水源涵养量（立方米/年）；

　　　A_i——第 i 类生态系统面积（平方千米）；

　　　P_i——降雨量（毫米/年）；

　　　R_i——地表径流量（毫米/年）；

　　　ET_i——蒸散发量（毫米/年），是指水文循环中自降水到达地面后由液态或固态转化为水汽返回大气的过程，包括水面、土壤、冰雪的蒸发和植物的散发。对于蒸散发量大于降雨量的地区，应就核算范围内的生态系统，如绿洲、湿地等，选取或实测特定地域蒸散发量指标值；

　　　i——生态系统类型，$i = 1, 2, 3, \cdots, n$；

　　　n——生态系统类型数量。

方法2：水量供给法，适用于城市生态系统。为评估核算区域内各生态系统水源涵养实物量的科学性、合理性，可采用水量供给法进行验证，即水源涵养量是生态系统为本地区和下游地区提供的水资源总量，包括本地区的用水量和净出境水量。

$$Q_{wt} = (UQ_w - TQ_w) + (LQ_w - EQ_w) \quad (6-11)$$

式中：Q_{wt}——城市生态系统水源涵养量（立方米/年）；

　　　UQ_w——区域内用水量（包括工业与生活用水量）（立方米/年）；

　　　TQ_w——跨流域净调入水量（立方米/年）；

　　　LQ_w——区域出境水量（立方米/年）；

　　　EQ_w——区域入境水量（立方米/年）。

核算参数及数据来源：各类森林生态系统面积来自自然资源部门、林草部门或农业农村部门，核算区域的降雨量、地表径流量、蒸散发量等数据来自气象部门或实测数据。

各类生态系统地表径流系数详见表6-3。

表 6-3 各类生态系统地表径流系数

生态系统类型			径流系数(%)
森林生态系统	阔叶林	常绿阔叶林	2.67
		落叶阔叶林	1.33
	针叶林	常绿针叶林	3.02
		落叶针叶林	0.88
	针阔混交林	针阔混交林	2.29
	稀疏林	稀疏林	19.20
灌丛生态系统	阔叶灌丛	常绿阔叶灌木林	4.26
		落叶阔叶灌木林	4.17
	针叶灌丛	常绿针叶灌木林	4.17
	稀疏灌丛	稀疏灌木林	19.20
草地生态系统	草甸	草甸	8.20
	草原	草原	4.78
	草丛	草丛	9.37
	稀疏草地	稀疏草地	18.27
农田生态系统	耕地	水田	34.70
		旱地	46.96
	园地	乔木园地	9.57
		灌木园地	7.90
城市生态系统	城市绿地	乔木绿地	19.20
		灌木绿地	19.20
		草本绿地	18.27
	城市水体	城市水体	0
湿地生态系统	沼泽	森林沼泽	0
		灌丛沼泽	0
		草本沼泽	0
	湖泊	湖泊	0
		水库/坑塘	0
	河流	河流	0
		运河/水渠	0

6.4.3.1.2 价值核算

采用费用效益法核算。

(1) 水源涵养当量收入：水资源使用费法

运用替代成本法，即用水资源使用费为基价，并根据上一年度水质监测平均数对基价进行调整。

$$V_{wr} = Q_{wr} \times R_{we}(1+k_r) \tag{6-12}$$

式中：V_{wr}——生态系统水源涵养价值（元/年）；

Q_{wr}——生态系统水源涵养量（立方米/年）；

R_{we}——当地水资源使用费单价（元/立方米）；

k_r——调整系数。

生态系统涵养水的一部分会转化成地表水进入水系，这种清洁水源也是生产生活用水的来源。因此，以当地的水资源使用费为基本单价，协商一个调节系数或考核系数，如以水质指标为依据，Ⅱ类水质为基本数，系数为1，当水质达到水环境Ⅰ类指标要求，系数上调多少，水质Ⅲ系数下调多少，水质越差，下调越多。也可以是综合调整系数，如结合森林生长状况、森林自然度、经济区位和生态区位等情况综合确定调整系数。

（2）水源涵养当量成本：水库运营成本法

运用替代成本法，即维护蓄水量与生态系统水源涵养量相当的水利设施所需要的成本。

$$C_{wr} = Q_{wr} \times C_{we} \tag{6-13}$$

式中：C_{wr}——生态系统水源涵养维护成本（元/年）；

Q_{wr}——生态系统水源涵养量（立方米/年）；

C_{we}——水库单位库容的年运营成本[元/（立方米/年）]。

（3）净效益

$$\Delta V_{wr} = V_{wr} - C_{wr} \tag{6-14}$$

式中：ΔV_{wr}——生态系统水源涵养净价值（元/年）；

V_{wr}——生态系统水源涵养当量价值（元/年）；

C_{wr}——生态系统水源涵养当量成本（元/年）。

价值评估参数与数据来源：水源涵养量参照实物量核算，水库单位库容的运营成本来自水利部门发布的工程预算数据，并根据价格指数折算得到核算年份的价格。

在实际工作中，也可以与水质指标挂钩设计核算模型。典型案例如新安江跨省流域治理机制。新安江流域的上游在安徽省境内的流域面积达6736.8平方千米。该流域上游地区是传统农业区及新兴旅游区，产业结构相对落后，导致上下游经济发展差距不断加大，2007年黄山市人均GDP为14626元，仅为杭州市人均61313元的24%，2008年杭州市人均GDP则是黄山市人均GDP的4.2倍。上游地区有加快发展的需求，但发展必然增加水资源开发利用量和水污染负荷量。与此同时，下游地区为保证其经济社会的可持续发展，对上游地区水资源的数量和质量提出了更高的要求。为化解流域上下游保护与发展的矛盾，在财政部、环保部支持下，安徽省和浙江省酝酿在新安江流域建立跨省生态补偿机制，2011年，随着《新安江流域水环境补偿试点实施方案》的出台，全国首例跨省流域生态补偿机制试点作为探索流域生态共建、共享和经济一体化发展的新机制应运而生。试点方案的主要内容：一是资金规模每年5亿元，其中中央财政3亿元、浙皖两省各1亿元。二是入湖水质以街口国控交接断面入湖水体中高锰酸钾、氨氮、总氮、总磷4个因子2008—2010年年度监测数据3年平均值再乘以0.85的系数确定基准值。上游来水如好于或等于该标准，浙江省向安徽省拨付1亿元资金；如劣于该标准，安徽省向浙江省拨付1亿元资金。不论水质是否达标，中央财政3亿元资金均拨付给安徽省。三是水质监测情况以环保部门公布数据为准。

6.4.3.2 土壤保持

土壤保持指生态系统通过其结构与过程，保护土壤、降低雨水的侵蚀能力、减少土壤流失的功能。溢出土壤保持功能的生态系统主要有森林生态系统、草地(原)生态系统、农田生态系统、湿地生态系统、荒漠生态系统、城市生态系统。

6.4.3.2.1 实物量核算

$$Q_{sr} = \sum_{i=1}^{n} R_i \times K_i \times L_i \times S_i \times (1 - c_i) \times A_i \times 10^2 \tag{6-15}$$

式中：Q_{sr}——生态系统土壤保持量(吨/年)；

A_i——核算单元i的面积(平方千米)；

i——核算单元，$i = 1, 2, 3, \cdots, n$；

n——核算单元数量；

R_i——核算单元i的降雨侵蚀力因子[兆焦·毫米/(公顷·时·年)]，指降雨引发土壤侵蚀的潜在能力，用多年平均年降雨侵蚀力指数表示；

K_i——核算单元i的土壤可蚀性因子[吨·公顷·时/(公顷·兆焦·毫米)]，指土壤颗粒被水力分离和搬运的难易程度，主要与土壤质地、有机质含量、土体结构、渗透性等土壤理化性质有关，通常用标准样方上单位降雨侵蚀力所引起的土壤流失量表示；

L_i——核算单元i的坡长因子(无量纲)，反映坡长对土壤侵蚀的影响；

S_i——核算单元i的坡度因子(无量纲)，反映坡度对土壤侵蚀的影响；

C_i——核算单元i的植被覆盖因子(无量纲)，反映生态系统对土壤侵蚀的影响，大小取决于生态系统类型和植被覆盖度的综合作用。

核算参数及数据来源：各类森林生态系统面积，来自自然资源部门、林草部门或农业农村部门，降雨侵蚀力因子、土壤可蚀性因子、坡长坡度因子，以及植被覆盖因子来自实测数据。

6.4.3.2.2 价值核算

(1)收入当量：减灾降污成本替代

生态系统土壤保持价值主要包括减少面源污染和减少泥沙淤积两个方面的价值。根据土壤保持量、土壤中氮和磷的含量、淤积量，运用替代成本法，即污染物处理的成本、水库清淤工程的费用，核算生态系统减少面源污染和泥沙淤积价值。

$$V_{sr} = V_{sd} + V_{dpd} \tag{6-16}$$

$$V_{sd} = \lambda \times (Q_{sr}/\rho) \times c \tag{6-17}$$

$$V_{dpd} = \sum_{i=1}^{n} Q_{sr} \times c_i \times p_i \qquad (6-18)$$

式中：V_{sr}——生态系统土壤保持价值(元/年)；

V_{sd}——减少泥沙淤积价值(元/年)；

V_{dpd}——减少面源污染价值(元/年)；

λ——泥沙淤积系数(无量纲)；

Q_{sr}——生态系统土壤保持量(吨/年)；

ρ——土壤容重(吨/立方米)，土壤容重是指一定体积的土壤(包括土粒及粒间的孔隙)烘干后质量与烘干前体积的比值，详见表6-4；

c——水库单位清淤工程费用(元/立方米)；

c_i——土壤中第i类污染物(如氮、磷)的纯含量(%)；

p_i——第i类污染物单位处理成本(元/吨)；

i——土壤中污染物类别，$i=1$，2，3，…，n；

n——土壤中污染物类别数量。

（2）成本当量：林地维护管护成本替代法

运用替代成本法，即维护管护相同面积有林地的年管护成本。

$$C_{sr} = A_s \times C_{se} \qquad (6-19)$$

式中：C_{sr}——生态系统土壤保持维护成本(元/年)；

A_s——核算单元的面积(公顷)；

C_{se}——当地中龄林级以上林地管护平均成本[元/(公顷·年)]。

价值评估参数与数据来源：土壤保持量参照实物量核算，土壤容重、污染物含量来自当地土壤调查、专项调查，水库单位清淤工程费用、单位污染物处理成本等数据来自水利部门或生态环境部门，林地管护成本等数据来自林草部门(表6-4)。

表6-4 各植被分区土壤容重参考值

植被分区	土壤容重(吨/立方米)
南寒温带落叶针叶林带	1.2452
温带北部针阔混交林带	1.2181
温带南部针阔混交林带	1.2439
暖温带北部落叶栎林带(华北)	1.3163
暖温带南部落叶栎林带	1.3378
北亚热带落叶常绿阔叶混交林带	1.3355
东部中亚热带常绿落叶林带	1.2860
东部南亚热带常绿阔叶林带	1.2771
西部中亚热带常绿阔叶林带	1.2905
西部南亚热带常绿阔叶林带	1.2510
西部亚热带亚高山针叶林带	1.3028

(续)

植被分区	土壤容重(吨/立方米)
东部北热带季节性雨林带	1.2822
西部北热带季节性雨林带	1.2662
温带北部草原带(东部)	1.2846
温带南部草原带	1.3190
温带北部草原带(西部)	1.2956
温带半灌木小乔木荒漠带	1.3348
温带半灌木灌木荒漠带	1.3495
暖温带灌木半灌木荒漠带	1.3777
高寒灌丛草甸带	1.3101
高寒草甸带	1.2808
高寒草原带	1.3222
温性草原带	1.3192
高寒荒漠带	1.3233
温性荒漠带	1.3215
暖温带北部落叶栎林带(东北)	1.3321

(3) 净效益

$$\Delta V_{sr} = V_{sr} - C_{sr} \tag{6-20}$$

式中：ΔV_{sr}——生态系统土壤保持净价值(元/年)；

V_{sr}——生态系统土壤保持当量价值(元/年)；

C_{sr}——生态系统土壤保持当量成本(元/年)。

6.4.3.3 防风固沙

溢出防风固沙功能的生态系统主要有森林生态系统、草地生态系统、农田生态系统、湿地生态系统、荒漠生态系统。

根据防风固沙量和土壤沙化覆沙厚度，先行核算出减少的沙化土地面积，然后运用替代成本法中的恢复成本法，即单位面积沙化土地治理费用或单位植被恢复成本，核算生态系统防风固沙价值。

6.4.3.3.1 实物量核算

防风固沙量，即通过生态系统减少的风蚀量(潜在风蚀量与实际风蚀量的差值)，作为农田防护林网生态系统防风固沙实物量的评价指标。

$$Q_{sf} = \sum_{i=1}^{n} 0.1699 \times (WF_i \times EF_i \times SCF_i \times K'_i)^{1.3711} \times (1 - C_i^{1.3711}) \times A_i \tag{6-21}$$

式中：Q_{sf}——农田生态系统防风固沙量(吨/年)；

A_i——核算单元 i 的面积(平方千米)；

i——核算单元，$i = 1, 2, 3, \cdots, n$；

n——核算单元数量；

WF_i——核算单元 i 的气候侵蚀因子（千克/米）；

EF_i——核算单元 i 的土壤侵蚀因子（无量纲）；

SCF_i——核算单元 i 的土壤结皮因子（无量纲）；

K'_i——核算单元 i 的地表糙度因子（无量纲）；

C_i——核算单元 i 的植被覆盖因子（无量纲）。

核算参数及数据来源：各类农田生态系统面积均来自自然资源部门、林草部门或农业农村部门，气候侵蚀因子、地表糙度因子、土壤侵蚀因子、土壤结皮因子、植被覆盖因子来自实测数据。

6.4.3.3.2 价值核算

（1）收入当量

$$V_{sf} = \frac{Q_{sf}}{\rho \cdot h} \times c \tag{6-22}$$

式中：V_{sf}——生态系统防风固沙价值（元/年）；

Q_{sf}——生态系统防风固沙量（吨/年）；

ρ——土壤容重（吨/立方米）；

h——土壤沙化覆沙厚度（米）；

c——单位治沙工程的成本或单位植被恢复成本（元/平方米）。

（2）成本当量

$$C_{sf} = A_f \times C_{sf} \tag{6-23}$$

式中：C_{sf}——生态系统维护摊销到防风固沙方面的成本（元/年）；

A_f——核算单元的面积（公顷）；

C_{sf}——当地林地管护平均成本[元/（公顷·年）]。

（3）净效益

$$\Delta V_{sf} = V_{sf} - C_{sf} \tag{6-24}$$

式中：ΔV_{sf}——生态系统防风固沙净价值（元/年）；

V_{sf}——生态系统防风固沙当量价值（元/年）；

C_{sf}——生态系统防风固沙当量成本（元/年）。

参数与数据来源：防风固沙量参照实物量核算，土壤容重来自土壤调查或《规范》建议数据，土壤沙化覆沙厚度来自实测数据，单位治沙工程成本或单位植被恢复成本、林地管护成本来自自然资源部门或林草部门。

6.4.3.4 海岸带防护

溢出海岸防护功能的生态系统主要有湿地生态系统、城市生态系统、海洋生态系统。

6.4.3.4.1 实物量核算

海岸带防护是湿地生态系统减低海浪，避免或减小海堤或海岸侵蚀的功能。选用生态系统防护或替代海堤等防护工程的长度,作为湿地、城市生态系统海岸带防护实物量的评价指标。

$$D_d = \sum_{i=1}^{n} D_{di} \qquad (6-25)$$

式中:D_d——生态系统防护的海岸带总长度(千米);
D_{di}——第i类生态系统防护的海岸带长度(千米);
i——生态系统类型,$i=1,2,3,\cdots,n$;
n——生态系统类型数量。

核算参数及数据来源:海岸带长度来自自然资源部门或通过遥感数据分析结合实地调查取得。

6.4.3.4.2 价值核算

(1)收入当量

方法1:运用替代成本法,即海浪防护工程的建设和维护成本,核算湿地生态系统海岸带防护价值。

$$V_d = D_d \times (C_d + P_d \times D_{rd}) \qquad (6-26)$$

式中:V_d——湿地生态系统海岸带防护价值(元/年);
D_d——湿地生态系统防护的海岸带总长度(千米);
P_d——海浪防护工程单位长度建设成本(元/千米);
C_d——海浪防护工程单位长度年维护成本[元/(千米·年)];
D_{rd}——海浪防护工程年折旧率。

方法2:有无对比法,采用工程有无对比分析在无湿地生态系统和有湿地生态系统两种场景下,当地减少的灾害损失和增加的边际效益。

$$S_{wd} = S_N - S_Y \qquad (6-27)$$
$$M_{wd} = M_Y - M_N \qquad (6-28)$$
$$V_d = S_{wd} + M_{wd} \qquad (6-29)$$

式中:S_{wd}——海岸带湿地生态系统防护的减灾评估数值(万元/年);
S_N——无海岸带湿地生态系统防护的年度平均受灾损失额(万元/年);
S_Y——有海岸带湿地生态系统防护的年度平均受灾损失额(万元/年);
M_{wd}——海岸带湿地生态系统带来的经济收益(万元/年);
M_N——无海岸带湿地生态系统时给当地带来的边际效益(万元/年);
M_Y——有海岸带湿地生态系统时给当地带来的边际效益(万元/年);
V_d——湿地生态系统海岸带防护带的综合效益(万元/年);

(2)当量成本

$$C_{df} = A_d \times C_{df} \qquad (6-30)$$

式中:C_{df}——海岸带防护方面的成本(万元/年);
A_d——核算单元的面积(公顷)或长度(千米);

C_{df}——当地海岸带防护林管护平均成本[万元/(公顷·年)或万元/(千米·年)]。

（3）净效益

$$\Delta V_d = V_d - C_{df} \tag{6-31}$$

式中：ΔV_d——生态系统海岸带防护净价值（万元/年）；

V_d——生态系统海岸带防护当量价值（万元/年）；

C_{df}——生态系统海岸带防护当量成本（万元/年）。

价值评估参数及数据来源：水利部门、自然资源及林业部门等。

6.4.3.5 洪水调蓄

溢出洪水调蓄功能的生态系统主要有森林生态系统、草地生态系统、农田防护林生态系统、湿地生态系统、城市生态系统。

6.4.3.5.1 实物量核算

洪水调蓄量，即调节洪水的能力，是生态系统洪水调蓄实物量的评价指标。森林草原和农田生态系统的洪水调蓄实物量核算方法有所不同。这里只考虑森林、草地等主要提供生态服务功能的生态系统。

方法1：适应于森林、草地生态系统。

$$C_{vfm} = \sum_{i=1}^{n}(P_i - R_{fi}) \times A_i \times 10^3 \tag{6-32}$$

式中：C_{vfm}——生态系统洪水调蓄量（立方米/年）；

P_i——暴雨降雨量（毫米/年）；

R_{fi}——第i类生态系统的暴雨径流量（毫米/年）；

A_i——第i类生态系统面积（平方千米）；

i——生态系统类型，$i=1, 2, 3, \cdots, n$；

n——生态系统类型数量。

核算参数及数据来源：各类农田防护林生态系统面积来自自然资源部门或农业农村部门，暴雨降雨量来自气象部门，暴雨径流量来自实测数据，洪水发生次数来自气象部门或水利部门。

方法2：适应于城市生态系统。

选用洪水调蓄量，即调节洪水的能力，作为农田生态系统洪水调蓄实物量的评价指标。农田生态系统洪水调蓄量包括旱地（园地）和水田的洪水调蓄量。

旱地（园地）的洪水调蓄量通过暴雨降雨量、暴雨地表径流量和植被覆盖类型等因素核算。水田的洪水调蓄量通过水田的田埂高度、水稻生育期平均蓄水高度、水田面积、核算期间洪水发生次数核算。

$$C_{fm} = C_{vfm} + C_{wfm} \tag{6-33}$$

$$C_{vfm} = \sum_{i=1}^{n}(P_i - R_{fi}) \times A_i \times 10^3 \tag{6-34}$$

$$C_{wfm} = S \times H \times 10^6 \tag{6-35}$$

式中：C_{fm}——城市生态系统洪水调蓄量（立方米/年）；

C_{vfm}——城市绿地洪水调蓄量(立方米/年);

C_{ufm}——城市水体洪水调蓄量(立方米/年);

P_i——暴雨降雨量(毫米/年);

R_{fi}——第 i 类城市绿地系统的暴雨径流量(毫米/年);

A_i——第 i 类城市绿地系统面积(平方千米);

i——城市绿地类型,$i=1,2,3,\cdots,n$;

n——城市绿地类型数量;

H——洪水期城市水体平均滞水高度(米);

S——城市水体面积(平方千米)。

核算参数及数据来源:各类城市生态系统面积来自自然资源部门或住房城乡建设部门,暴雨降雨量来自气象部门,暴雨径流量和城市水体滞水高度来自实测数据。

方法3:适应于湿地生态系统

$$C_{fm} = C_{rfm} + C_{lfm} + C_{mfm} \tag{6-36}$$

式中:C_{fm}——湿地生态系统洪水调蓄量(立方米/年);

C_{rfm}——水库洪水调蓄量(立方米/年);

C_{lfm}——湖泊洪水调蓄量(立方米/年);

C_{mfm}——沼泽洪水调蓄量(立方米/年)。

其中:

①水库洪水调蓄量(C_{rfm})。

有两种方法核算水库洪水调蓄量。

方法1:将全国划分为东部平原、蒙新高原、云贵高原、青藏高原、东北平原与山区5个区,基于已有防洪库容与总库容之间的数量关系分区建立经验方程,以通过水库总库容构建防洪库容评价模型。

东部平原区:

$$C_{rfm} = 0.29 C_t \tag{6-37}$$

蒙新高原区:

$$C_{rfm} = 0.16 C_t \tag{6-38}$$

云贵高原区:

$$C_{rfm} = 0.20 C_t \tag{6-39}$$

青藏高原区:

$$C_{rfm} = 0.11 C_t \tag{6-40}$$

东北平原与山区:

$$C_{rfm} = 0.22 C_t \tag{6-41}$$

式中:C_{rfm}——水库防洪库容(立方米/年);

C_t——水库总库容(立方米)。

方法2:通过洪水期水库的进出水总量进行计算。

$$C_{rfm} = C_1 - C_0 \tag{6-42}$$

式中：C_{rfm}——水库防洪库容(立方米/年)；
C_1——洪水期水库进水总量(立方米/年)；
C_0——洪水期水库出水总量(立方米/年)。

②湖泊洪水调蓄量。

有两种方法核算湖泊洪水调蓄量。

方法1：通过汛期湖泊入湖、出湖流量随时间的变化计算湖泊在某一段时间内洪水调蓄量。

$$C_{lfm} = \int_{t_1}^{t_2} (Q_1 - Q_0) dt \, (Q_1 > Q_0) \tag{6-43}$$

式中：C_{lfm}——湖泊 t_1-t_2 时间段内洪水调蓄量(立方米/年)；
Q_1——入湖流量(立方米/秒)；
Q_0——出湖流量(立方米/秒)。

方法2：考虑区域气候条件的差异，根据《中国湖泊志》，将全国湖泊划分为东部平原、蒙新高原、云贵高原、青藏高原、东北平原与山区5个湖区，基于湖面面积与湖泊换水次数建立湖泊洪水调蓄量评价模型。

东部平原区：
$$C_{lfm} = e^{4.924} \times A^{1.128} \times 3.19 \times 10^4 \tag{6-44}$$

蒙新高原区：
$$C_{lfm} = e^{5.653} \times A^{0.680} \times 10^4 \tag{6-45}$$

云贵高原区：
$$C_{lfm} = e^{4.904} \times A^{0.927} \times 10^4 \tag{6-46}$$

青藏高原区：
$$C_{lfm} = e^{6.636} \times A^{0.678} \times 10^4 \tag{6-47}$$

东北平原与山区：
$$C_{lfm} = e^{5.808} \times A^{0.866} \times 10^4 \tag{6-48}$$

式中：C_{lfm}——湖泊洪水调蓄量(立方米/年)；
A——湖泊面积(平方千米)。

各省所属的湖泊、水库分区详见表6-5。

表6-5 各省所属的湖泊、水库分区

省份	分区	省份	分区	省份	分区
北京	东部平原区	安徽	东部平原区	四川	云贵高原区
天津	东部平原区	福建	东部平原区	贵州	云贵高原区
河北	东部平原区	江西	东部平原区	云南	云贵高原区
山西	蒙新高原区	山东	东部平原区	西藏	青藏高原区
内蒙古	蒙新高原区	河南	东部平原区	陕西	蒙新高原区

(续)

省份	分区	省份	分区	省份	分区
辽宁	东北平原与山区	湖北	东部平原区	甘肃	蒙新高原区
吉林	东北平原与山区	湖南	东部平原区	青海	青藏高原区
黑龙江	东北平原与山区	广东	东部平原区	宁夏	蒙新高原区
上海	东部平原区	广西	东部平原区	新疆	蒙新高原区
江苏	东部平原区	海南	东部平原区		
浙江	东部平原区	重庆	云贵高原区		

③沼泽洪水调蓄量。

基于沼泽土壤蓄水量和地表滞水量模型计算沼泽洪水调蓄量。

$$C_{mfm} = C_{sws} + C_{st} \tag{6-49}$$

$$C_{sws} = S \times h \times \rho \times (F-E) \times 10^6 / \rho_w \tag{6-50}$$

$$C_{st} = S \times H \times 10^6 \tag{6-51}$$

式中：C_{mfm}——沼泽洪水调蓄量(立方米/年)；

C_{sws}——沼泽土壤蓄水量(立方米/年)；

C_{st}——沼泽地表滞水量(立方米/年)；

S——沼泽总面积(平方千米)；

H——沼泽湿地地表滞水高度(米/年)；

h——沼泽湿地土壤蓄水深度(米/年)；

ρ——沼泽湿地土壤容重(吨/立方米)；

F——沼泽湿地土壤饱和含水率(无量纲)；

E——沼泽湿地洪水淹没前的自然含水率(无量纲)；

ρ_w——水的密度(吨/立方米)。

核算参数及数据来源：各类湿地生态系统面积来自自然资源部门或林草部门，水库进出水量、湖泊出入湖流量来自水利部门或水文监测站点实测数据，沼泽湿地土壤蓄水深度、沼泽湿地土壤饱和含水率、沼泽湿地洪水淹没前的自然含水率、沼泽湿地地表滞水高度来自水利部门或水文监测站点的实测数据或参考本《规范》建议数据。

日暴雨标准：12小时降雨量30~69.9毫米，24小时降雨量≥50毫米。暴雨等级可采用当地行业标准。

洪水调蓄实物量核算参数详见表6-6，生态系统暴雨径流回归方程详见表6-7。

表6-6 各省汛期前后沼泽土壤含水率差值

省份	汛期前后沼泽土壤含水率差值	省份	汛期前后沼泽土壤含水率差值
全国	0.273294	河南	0.25644
北京	0.258812	湖北	0.230517
天津	0.366517	湖南	0.251077

(续)

省份	汛期前后沼泽土壤含水率差值	省份	汛期前后沼泽土壤含水率差值
河北	0.370869	广东	0.254068
山西	0.258812	广西	0.392205
内蒙古	0.248565	海南	0.254068
辽宁	0.324188	重庆	0.284171
吉林	0.245936	四川	0.24476
黑龙江	0.232907	贵州	0.254068
上海	0.201131	云南	0.209935
江苏	0.294765	西藏	0.240368
浙江	0.254068	陕西	0.258812
安徽	0.19855	甘肃	0.327406
福建	0.283691	青海	0.272922
江西	0.286933	宁夏	0.258812
山东	0.400147	新疆	0.256604

注：洪水期沼泽土壤蓄水深度0.4m，洪水期沼泽地表滞水高度0.3m。

表6-7 生态系统暴雨径流回归方程

生态系统类型	暴雨径流	生态系统类型	暴雨径流
落叶阔叶林	$R=1.4288\times\ln(P)-4.3682$	灌丛	$R=3.482\times\ln(P)-7.9413$
常绿阔叶林	$R=7.7508\times\ln(P)-27.842$	草原	$R=5.4037\times\ln(P)-8.6156$
落叶针叶林	$R=7.2877\times\ln(P)-26.566$	草甸	$R=8.9121\times\ln(P)-23.462$
常绿针叶林	$R=13.36\times\ln(P)-49.257$	草丛	$R=6.1564\times\ln(P)-13.351$
针阔混交林	$R=2.264\times\ln(P)-6.7516$		

注：R是暴雨径流量(毫米/年)，ln是常数e为底数的对数，P是暴雨降雨量(毫米/年)。

6.4.3.5.2 价值核算

采用收益成本法核算。

(1) 洪水调蓄当量收入：水资源使用费法

运用替代成本法，即用水资源使用费为基价，并根据上一年度水质监测平均数对基价进行调整。

$$V_{wr}=Q_{wr}\times R_{we}\times k_r \qquad(6-52)$$

式中：V_{wr}——生态系统洪水调蓄价值(元/年)；

Q_{wr}——生态系统洪水调蓄量(立方米/年)；

R_{we}——当地水资源使用费单价(元/立方米)；

k_r——调整系数，结合森林生长状况、森林自然度、经济区位和生态区位等情况综合确定调整系数。

(2) 洪水调蓄当量成本：水库运营成本法

运用替代成本法，即维护蓄水量与生态系统水源涵养量相当的水利设施所需要的成本。

$$C_{wr} = Q_{wr} \times C_{we} \times k_w \tag{6-53}$$

式中：C_{wr}——生态系统洪水调蓄维护成本（元/年）；

Q_{wr}——生态系统洪水调蓄量（立方米/年）；

C_{we}——水库单位库容的年运营成本[元/（立方米·年）]；

k_w——调整系数，当地雨季天数占全年天数的百分比。

价值评估参数与数据来源：洪水调蓄量参照实物量核算，水库单位库容的运营成本来自水利部门发布的工程预算数据，并根据价格指数折算得到核算年份的价格；雨季天数来源于气象部门。

（3）净效益

$$\Delta V_{wr} = V_{wr} - C_{wr} \tag{6-54}$$

式中：ΔV_{wr}——生态系统洪水调蓄净价值（元/年）；

V_{wr}——生态系统洪水调蓄当量价值（元/年）；

C_{wr}——生态系统洪水调蓄当量成本（元/年）。

6.4.3.6 空气净化

溢出空气净化功能的生态系统主要有森林生态系统、草地生态系统、农田林网生态系统、湿地生态系统、城市生态系统。

6.4.3.6.1 实物量核算

依据污染物浓度是否超过环境空气功能区质量标准，选用污染物排放量或空气净化能力，作为生态系统空气净化实物量的评价指标。

方法1：如果污染物浓度未超过环境空气功能区质量标准，选用各类大气污染物排放量估算实物量。

$$Q_{ap} = \sum_{i=1}^{n} Q_i \tag{6-55}$$

式中：Q_{ap}——生态系统空气净化量（吨/年）；

Q_i——第 i 类大气污染物排放量（吨/年）；

i——大气污染物类别，$i = 1, 2, 3, \cdots, n$；

n——大气污染物类别数量。

方法2：如果污染物浓度超过环境空气功能区质量标准，选用生态系统空气净化能力估算实物量。

$$Q_{ap} = \sum_{i=1}^{n} \sum_{j=1}^{m} Q_{ij} \times A_j \tag{6-56}$$

式中：Q_{ap}——生态系统空气净化量（吨/年）；

Q_{ij}——第 j 类生态系统对第 i 类大气污染物的单位面积净化量[吨/（平方千米·年）]；

i——大气污染物类别，$i = 1, 2, 3, \cdots, n$；

n——大气污染物类别数量；

j——生态系统类型，$j=1, 2, 3, \cdots, m$；

m——生态系统类型数量；

A_j——第 j 类生态系统面积（平方千米）。

核算参数及数据来源：污染物排放数据来自生态环境部门，各类生态系统面积来自自然资源部门、林草部门、农业农村部门或住房城乡建设部门，生态系统对污染物的单位面积净化量来自实测数据或参考本《规范》建议数据。

各类生态系统对各类大气污染物单位面积净化量详见表6-8，环境空气污染物浓度限值详见表6-9。

表6-8 各类生态系统对各类大气污染物单位面积净化量

生态系统类型			氧化硫净化量 [吨/(平方千米·年)]	氮氧化物净化量 [吨/(平方千米·年)]	粉尘净化量 [吨/(平方千米·年)]
一级	二级	三级			
森林生态系统	阔叶林	常绿阔叶林	5.75	3.52	11.76
		落叶阔叶林	3.38	2.35	8.41
	针叶林	常绿针叶林	5.04	3.52	20.18
		落叶针叶林	3.38	2.35	10.08
	针阔混交林	针阔混交林	5.09	2.46	16.80
	稀疏林	稀疏林	3.60	2.26	10.76
灌丛生态系统	阔叶灌丛	常绿阔叶灌木林	4.03	2.64	11.76
		落叶阔叶灌木林	2.94	1.57	7.88
	针叶灌丛	常绿针叶灌木林	3.73	2.35	10.08
	稀疏灌丛	稀疏灌木林	2.81	1.75	7.93
草地生态系统	草甸	草甸	3.60	2.50	10.00
	草原	草原	2.94	1.57	8.41
	草丛	草丛	2.94	1.57	8.41
	稀疏草地	稀疏草地	2.54	1.52	7.18
湿地生态系统	沼泽	森林沼泽	4.03	1.97	10.08
		灌丛沼泽	3.11	1.82	7.41
		草本沼泽	2.85	1.32	0.73
	湖泊	湖泊	7.06	0.00	10.08
		水库/坑塘	7.06	0.00	10.08
	河流	河流	7.06	0.00	10.08
		运河/水渠	7.06	0.00	10.08
农田生态系统	耕地	水田	4.03	2.75	8.87
		旱地	2.50	1.57	8.41
	园地	乔木园地	3.38	2.56	8.41
		灌木园地	3.16	2.17	6.17

(续)

生态系统类型			氧化硫净化量 [吨/(平方千米·年)]	氮氧化物净化量 [吨/(平方千米·年)]	粉尘净化量 [吨/(平方千米·年)]
一级	二级	三级			
城市生态系统	城市绿地	乔木绿地	3.60	2.26	10.76
		灌木绿地	2.81	1.75	7.93
		草本绿地	2.54	1.52	7.18

表6-9 环境空气污染物浓度限值

污染物	平均时间	年平均浓度限制(微克/立方厘米)	
		一级	二级
二氧化硫	年平均	20	60
二氧化氮	年平均	40	40
颗粒物 PM_{10}	年平均	40	70
颗粒物 $PM_{2.5}$	年平均	15	35

注：环境空气功能区分为两类，一类区为自然保护区、风景名胜区和其他需要特殊保护的区域；二类区为居住区、商业交通居民混合区、文化区、工业区和农村地区。一类区适用一级浓度限值；二类区适用二级浓度限值。核算过程中，将核算区域大气污染物监测点位的算术平均值与所在功能区的空气浓度限值进行比较，来确定核算方法。

6.4.3.6.2 价值核算

（1）当量收入

运用替代成本法，即大气污染物工业治理成本，核算生态系统空气净化价值，主要核算二氧化硫、氮氧化物、烟粉尘等污染物净化价值。

$$V_{ap} = \sum_{i=1}^{n} Q_i \times C_i \qquad (6-57)$$

式中：V_{ap}——生态系统空气净化价值(元/年)；

Q_i——第 i 类大气污染物的净化量(吨/年)；

i——大气污染物类别，$i=1,2,3,\cdots,n$；

n——大气污染物类别数量；

C_i——第 i 类大气污染物的单位治理成本(元/吨)。

（2）当量成本

$$C_{ap} = \sum_{i=1}^{n} Q_i \times C_r \qquad (6-58)$$

式中：C_{ap}——生态系统空气净化当量成本(元/年)；

Q_i——第 i 类大气污染物的净化量(吨/年)；

C_r——当地大气治理设施运转的经营费用折合每处理1t大气污染物的成本(元/吨)。

（3）净效益

$$\Delta V_{ap} = V_{ap} - C_{ap} \qquad (6-59)$$

式中：ΔV_{ap}——生态系统空气净化净价值(元/年)；

V_{ap}——生态系统空气净化当量价值(元/年)；

C_{ap}——生态系统空气净化当量成本(元/年)。

价值评估参数与数据来源：污染物净化量参照实物量核算，单位治理成本采用《中华人民共和国环境保护税法》的征收标准，单位处理成本参考当地相关设施或行业统计数据。

6.4.3.7 水质净化

6.4.3.7.1 实物量核算

第1部分：湿地生态系统、城市生态系统溢出水质净化功能的核算

依据污染物浓度是否超过地表水水域环境功能和保护目标，选用水体净化能力或水体污染物排放量，作为湿地生态系统、城市生态系统水质净化实物量的评价指标。

选用生态系统水体净化能力污染指标在区域内的环境容量估算实物量，指标超过环境质量标准的则减去相应的实物量。

$$Q_{wp} = \sum_{i=1}^{n} \sum_{m=1}^{m} [P_{ij} \times A_j + (CI_{ij} - CE_{ij}) \times V_j \times 10^{-6}] \tag{6-60}$$

式中：Q_{wp}——湿地或城市水体生态系统水体污染物净化量(吨/年)；

P_{ij}——第j类湿地或城市水体生态系统对第i类水体污染物的单位面积净化量[吨/(平方千米·年)]；

i——水体污染物类别，$i=1, 2, 3, \cdots, n$；

n——水体污染物类别数量；

A_j——第j类湿地或城市生态系统面积(平方千米)；

j——湿地或城市生态系统类型，$j=1, 2, 3, \cdots, m$；

m——湿地或城市生态系统类型数量；

CI_{ij}——第j类湿地或城市水体生态系统相对应的地表水环境质量标准对第i类水体污染物的要求浓度(毫克/升)；

CE_{ij}——第j类湿地或城市水体生态系统第i类水体污染物的现状浓度(毫克/升)；

V_j——第j类湿地或城市生态系统水体容积(立方米)。

核算参数及数据来源：污染物排放数据来自生态环境部门，各类湿地生态系统面积来自自然资源部门、林草部门或住房城乡建设部门，生态系统对污染物的单位面积净化量来自实测数据或《规范》建议数据。

第2部分：海洋生态系统溢出水质净化功能核算

海洋生态系统水质净化服务主要包括对陆源污染物无机氮、活性磷酸盐的净化及向海洋排放的化学需氧量的处理。选用各类水体污染物净化量，作为海洋生态系统水质净化实物量的评价指标。

(1) 无机氮净化

$$Q_{DIN} = Q_{tCO_2} \times 16/106 \tag{6-61}$$

式中：Q_{DIN}——海洋生态系统无机氮净化量（吨/年）；

Q_{tCO_2}——海洋生态系统固碳量（吨碳/年）；

16/106——由浮游植物对营养盐的吸收总体上遵循雷德菲尔德化学计量比（Redfield ratio）（以下简称 Redfield 比值）（C：N：P=106：16：1）的规律获得。

（2）活性磷酸盐净化

$$Q_{AP} = Q_{tCO_2} \times 1/106 \tag{6-62}$$

式中：Q_{AP}——海洋生态系统磷酸盐净化量（吨/年）；

Q_{tCO_2}——海洋生态系统固碳量（吨碳/年）；

1/106——由浮游植物对营养盐的吸收总体上遵循 Redfield 比值（C：N：P=106：16：1）的规律获得。

（3）化学需氧量处理

选用每年向海洋排放的化学需氧量，估算海洋生态系统化学需氧量处理量。

$$Q_{COD} = P_{COD} \tag{6-63}$$

式中：Q_{COD}——海洋生态系统化学需氧量处理量（吨/年）；

P_{COD}——向海洋排放的化学需氧量（吨/年）。

核算参数及数据来源：化学需氧量排放数据来自生态环境部门。

6.4.3.7.2 价值核算

（1）水质净化当量收入

除海洋生态系统的水质净化价值核算运用替代成本法，即水体污染物工业治理成本，核算湿地生态系统水质净化价值，主要核算化学需氧量、总氮、总磷等污染物净化价值。

$$V_{wp} = \sum_{i=1}^{n} Q_{wpi} \times c_i \tag{6-64}$$

式中：V_{wp}——生态系统水质净化价值（元/年）；

Q_{wpi}——第 i 类水体污染物的净化量（吨/年）；

C_i——第 i 类水体污染物的单位治理成本（元/吨）；

i——水体污染物类别，$i=1, 2, 3, \cdots, n$；

n——水体污染物类别数量。

价值评估参数与数据来源：污染物净化量参照实物量核算，COD、总氮、总磷等水体污染物的治理成本采用《中华人民共和国环境保护税法》中的征收标准。

海洋生态系统的水质净化价值核算运用替代成本法，即水体污染物工业治理成本，核算海洋生态系统水质净化价值，主要核算对陆源污染物无机氮、活性磷酸盐的净化及向海洋排放的化学需氧量处理价值。

$$V_{WP} = (Q_{DIN} + Q_{AP}) \times P_{DST} + Q_{COD} \times C_{COD} \tag{6-65}$$

式中：V_{WP}——海洋生态系统水质净化价值（元/年）；

Q_{DIN}——无机氮净化量(吨/年);
Q_{AP}——活性磷酸盐净化量(吨/年);
P_{DST}——生活污水的单位治理成本(元/吨);
Q_{COD}——化学需氧量净化处理量(吨/年);
C_{COD}——COD 的单位治理成本(元/吨)。

价值评估参数与数据来源:污染物净化量参照实物量核算,COD、无机氮、活性磷酸盐等水体污染物的治理成本采用《中华人民共和国环境保护税法》中的征收标准。

地表水污染物浓度限值详见表 6-10,单位面积湿地对各类水体污染物的净化量详见表 6-11。

表 6-10 地表水污染物浓度限值

污染物	Ⅰ类	Ⅱ类	Ⅲ类	Ⅳ类	Ⅴ类
化学需氧量	15	15	20	30	40
总氮	0.15	0.5	1	1.5	2

注:地表水水环境功能分为五类,Ⅰ类适用于源头水、国家自然保护区;Ⅱ类适用于集中式生活饮用水地表水源地一级保护区、珍稀水生生物栖息地、鱼虾类产卵场、仔稚幼鱼的索饵场等;Ⅲ类适用于集中式生活饮用水地表水源地二级保护区、鱼虾类越冬场、洄游通道、水产养殖区等渔业水域及游泳区;Ⅳ类适用于一般工业用水区及人体非直接接触的娱乐用水区;Ⅴ类适用于农业用水区及一般景观要求水域。核算过程中,将核算区域水质监测断面的污染物浓度算术平均值与所在功能区的污染物浓度限值进行比较,来确定核算方法。

表 6-11 单位面积湿地对各类水体污染物的净化量

污染物类型	净化量[吨/(平方千米·年)]
COD	110.43
总氮	8.56
总磷	8.56

(2)生态系统水质净化当量成本

$$C_{wp} = \sum_{i=1}^{n} S_i \times C_i \qquad (6-66)$$

式中:C_{wp}——生态系统水质净化当量成本(元/年);
S_i——第 i 类湿地生态系统面积(公顷);
C_i——第 i 类湿地生态系统的维护管护成本(元/年)。

(3)净效益

$$\Delta V_{wp} = V_{wp} - C_{wp} \qquad (6-67)$$

式中:ΔV_{wp}——湿地生态系统水质净化净价值(元/年);
V_{wp}——湿地生态系统水质净化当量收入(元/年);
C_{wp}——湿地生态系统维护管护成本(元/年)。

6.4.3.8 固碳

溢出固碳功能的生态系统主要有森林生态系统、草地生态系统、农田林网生态系统、湿地生态系统、荒漠生态系统、城市生态系统、海洋生态系统。

6.4.3.8.1 实物量核算

(1) 森林、草地、城市及农田林网等生态系统固碳实物量核算

选用固定二氧化碳量作为生态系统固碳服务实物量的评价指标。固碳服务实物量计算方法主要有三种，根据数据可得性，首先选择生物量法，其次选择固碳速率法，最后选择净生态系统生产力法（NEP 法）。

方法 1：生物量法。

$$Q_{tCO_2} = \sum_{i=1}^{n} \frac{M_{CO_2}}{M_c} \times A_i \times C_{Ci} \times (VB_{i,t} - VB_{i,t-1}) \times (1+\beta_i) \quad (6-68)$$

式中：Q_{tCO_2}——生态系统固碳量（吨二氧化碳/年）；

$M_{CO_2}/M_c = 44/12$——C 转化为 CO_2 的系数；

A_i——第 i 类生态系统面积（公顷）；

C_{Ci}——第 i 类生态系统生物量—碳转换系数；

i——生态系统类型，$i=1, 2, 3, \cdots, n$；

n——生态系统类型数量；

$VB_{i,t}$——第 i 类生态系统第 t 年的生物量（吨/公顷），生物量指某一时刻单位面积内实存生活的有机物质（干重，包括生物体内所存食物的重量）总量，可通过生物量因子法、遥感解译和根冠比结合等方法确定；

$VB_{i,t-1}$——第 i 类森林生态系统第 $t-1$ 年的生物量（吨/公顷）；

β——第 i 类生态系统土壤和植被固碳比。

方法 2：固碳速率法。

模式 Ⅰ，适用于森林、草地、荒漠生态系统（荒漠生态系统固碳速率将 $VCSR+SCSR$ 合并为 $DCSR$）。

$$Q_{tCO_2} = M_{CO_2}/M_C \times (VCSR+SCSR) \times S \quad (6-69)$$

式中：Q_{tCO_2}——生态系统固碳量（吨二氧化碳/年）；

$M_{CO_2}/M_c = 44/12$——C 转化为 CO_2 的系数；

$VCSR$——生态系统植被固碳速率[吨碳/（公顷·年）]；

$SCSR$——生态系统土壤固碳速率[吨碳/（公顷·年）]；

S——生态系统面积（公顷）。

由于草地植被每年都会枯落，其固定的碳又返还回大气或进入土壤中，因此草地土壤固碳是草地生态系统固碳的主体部分。当草地植被固碳速率数据无法获取时，可考虑将草地的土壤固碳量作为草地生态系统固碳量。

模式 Ⅱ，适用于湿地生态系统

$$Q_{tCO_2} = \sum_{i=1}^{n} \frac{M_{CO_2}}{M_c} \times SCSR_i \times SW_i \times 10^{-2} \quad (6-70)$$

式中： Q_{tCO_2}——湿地生态系统固碳量（吨二氧化碳/年）；

$M_{CO_2}/M_c = 44/12$——C 转化为 CO_2 的系数；

$SCSR_i$——第 i 类湿地生态系统的固碳速率[克碳/（平方米/年）]；

SW_i——第 i 类湿地生态系统面积（公顷）；

i——湿地生态系统类型，$i = 1, 2, 3, \cdots, n$；

n——湿地生态系统类型数量。

模式Ⅲ，适用于城市生态系统

$$Q_{tCO_2} = M_{CO_2}/M_c \times (FCS + GSCS + WCS) \tag{6-71}$$

式中： Q_{tCO_2}——生态系统固碳量（吨二氧化碳/年）；

$M_{CO_2}/M_c = 44/12$——C 转化为 CO_2 的系数；

FCS——城市森林（或灌丛）固碳量（吨碳/年）；

$GSCS$——城市草地固碳量（吨碳/年）；

WCS——城市湿地固碳量（吨碳/年），固碳速率核算法按照模式Ⅱ（湿地生态系统）核算实物量。

a. 森林（及灌丛）固碳量：

$$FCS = (FVCSR + FSCSR) \times SF \tag{6-72}$$

式中： $FVCSR$——森林（及灌丛）生态系统植被固碳速率[吨碳/（公顷·年）]；

$FSCSR$——森林（及灌丛）生态系统土壤固碳速率[吨碳/（公顷·年）]；

SF——城市森林（及灌丛）面积（公顷）。

b. 草地固碳量：

由于草地植被每年都会枯落，其固定的碳又返回大气或进入土壤中，故不考虑草地植被的固碳量，只考虑草地的土壤固碳量。

$$GSCS = GSCSR \times SG \tag{6-73}$$

式中：$GSCSR$——草地土壤固碳速率[吨碳/（公顷·年）]；

SG——城市草地面积（公顷）。

模式Ⅳ，适用于海洋海岸带生态系统

$$Q_{tCO_2} = \sum_{i=1}^{n} M_{CO_2}/M_C \times OCSR_i \times SO_i \times 10^{-2} \tag{6-74}$$

式中： Q_{tCO_2}——生态系统固碳量（吨二氧化碳/年）；

$M_{CO_2}/M_c = 44/12$——C 转化为 CO_2 的系数；

$OCSR_i$——第 i 类海洋生态系统的固碳速率[克碳/（平方米·年）]；

SO_i——第 i 类海洋生态系统面积（公顷）；

i——海洋生态系统类型，$i = 1, 2, 3, \cdots, n$；

n——海洋生态系统类型数量。

方法3：净生态系统生产力法

$$Q_{tCO_2} = M_{CO_2}/M_C \times NEP \tag{6-75}$$

式中： Q_{tCO_2}——生态系统固碳量（吨二氧化碳/年）；

$M_{CO_2}/M_C = 44/12$——C 转化为 CO_2 的系数；

NEP——净生态系统生产力(吨碳/年)。

NEP 计算方法 1：

$$NEP = NPP - RS \tag{6-76}$$

式中：NEP——净生态系统生产力(吨碳/年)；

NPP——净初级生产力(吨碳/年)，指绿色植物在单位时间单位面积内积累的有机物质的总量，是由光合作用所产生的有机质总量中扣除植物用于维持性呼吸和生长性呼吸消耗后的剩余部分；

RS——土壤异养呼吸消耗碳量(吨碳/年)，指土壤释放二氧化碳的过程，包括三个生物学过程(土壤微生物呼吸、根系呼吸、土壤动物呼吸)和一个非生物学过程(含碳矿物质的化学氧化作用)。

NEP 计算方法 2：

$$NEP = \alpha \times NPP \tag{6-77}$$

式中：NEP——净生态系统生产力(吨碳/年)；

α——NEP 和 NPP 的转换系数；

NPP——净初级生产力(吨碳/年)。

核算参数及数据来源：净初级生产力、土壤异养呼吸消耗碳量、生物量、各类森林生态系统面积、各类城市生态系统面积等数据来自自然资源、住房城乡建设、气象、林草、农业农村、水利、统计等部门的遥感数据、统计数据、实地调查。生物量——碳转换系数、森林(及灌丛)植被固碳速率、森林(及灌丛)土壤固碳速率、森林(及灌丛)土壤和植被固碳比、NEP 和 NPP 的转换系数等参数来自实测数据或《规范》建议数据。

(2) 农田固碳实物量测算

由于农田植被每年都会被收获，其固定的碳又返回大气或进入土壤中，故不考虑农田植被的固碳量，只考虑农田土壤的固碳量。可结合农田管理措施，使用固碳速率法进行计算。一般而言，VEP 核算不考虑农田固碳量，只考虑农田林网的固碳量。

$$Q_{tCO_2} = \frac{M_{CO_2}}{M_C} \times (BSS \times SC + SCSR_N \times SC_N + SCSR_S \times SC_S) \tag{6-78}$$

式中：Q_{tCO_2}——农田生态系统固碳量(吨二氧化碳/年)；

$M_{CO_2}/M_C = 44/12$——C 转化为 CO_2 的系数；

BSS——无固碳措施条件下的农田土壤固碳速率[吨碳/(公顷·年)]；

$SCSR_N$——施用化学氮肥和复合肥的农田土壤固碳速率[吨碳/(公顷·年)]；

$SCSR_S$——秸秆全部还田的农田土壤固碳速率[吨碳/(公顷·年)]；

SC——无固碳措施的农田面积(公顷)；

SC_N——施用化学氮肥和复合肥的农田面积(公顷)；

SC_S——秸秆全部还田的农田面积(公顷)。

无固碳措施条件下的农田土壤固碳速率：

$$BSS = NSC \times BD \times H \times 0.1 \qquad (6-79)$$

式中：NSC——无化学肥料和有机肥料施用的情况下，我国农田土壤有机碳的变化[克碳/(千克·年)]；

BD——土壤容重(克/立方厘米)；

H——土壤厚度(农田耕作层厚度)(厘米)。

施用化学氮肥、复合肥的土壤固碳速率：

东北农区：$SCSR_N = 1.7385 \times TNF - 0.104$ (6-80)

华北农区：$SCSR_N = 0.5286 \times TNF + 0.002$ (6-81)

西北农区：$SCSR_N = 0.6352 \times TNF - 0.001$ (6-82)

南方农区：$SCSR_N = 1.5339 \times TNF - 0.267$ (6-83)

式中：TNF——单位面积耕地化学氮肥、复合肥总施用量[吨氮/(公顷·年)]，按下式计算：

$$TNT = (NF + CF \times 0.3)/S_p \qquad (6-84)$$

式中：NF——化学氮肥施用量(吨/年)；

CF——复合肥施用量(吨/年)；

S_p——耕地面积(公顷)。

秸秆还田的土壤固碳速率：

东北农区：$SCSR_s = 0.040 \times S + 0.340$ (6-85)

华北农区：$SCSR_s = 0.041 \times S + 0.182$ (6-86)

西北农区：$SCSR_s = 0.017 \times S + 0.031$ (6-87)

南方农区：$SCSR_s = 0.043 \times S + 0.375$ (6-88)

式中：S——单位耕地面积秸秆还田量(吨/(公顷·年))，按下式计算：

$$S = \sum_{j=1}^{n} CY_j \times SGR_j / S_p \qquad (6-89)$$

式中：CY_j——作物 j 在当年的产量(吨/年)；

S_p——耕地面积(公顷)；

SGR_j——作物 j 的草谷比；

j——作物类别，$j=1, 2, 3, \cdots, n$；

n——作物类别数量。

核算参数及数据来源：各类农田生态系统面积、秸秆还田情况和施肥情况、作物产量等数据来自自然资源、农业农村、统计等部门的遥感数据、统计数据、实地调查。作物谷草比、无化学肥料和有机肥料施用情况下农田土壤有机碳的变化、土壤容重等参数来自实测数据或《规范》建议数据。

(3)适用于海洋生态系统固碳实物量核算的其他方法

方法1：基于海气界面二氧化碳通量监测方法

该方法适用于有海气界面二氧化碳通量监测数据的大面积海域评估，固碳量由评价海域的水域面积与单位面积水域吸收二氧化碳量的乘积估算。

$$Q_{tCO_2} = q_{jCO_2} \times S \tag{6-90}$$

式中：Q_{tCO_2}——海洋生态系统固碳量(吨二氧化碳/年)；

q_{jCO_2}——j 海域单位时间单位面积海洋水域吸收固定二氧化碳的量[吨二氧化碳/(平方千米·年)]；

S——海洋生态系统的水域面积(平方千米)。

我国各海域每年吸收二氧化碳的量分别是：

渤海 36.88 t·CO_2/(平方千米/年)

北黄海 35.21 t·CO_2/(平方千米/年)

南黄海 20.94 t·CO_2/(平方千米/年)

东海 2.50 t·CO_2/(平方千米/年)

南海 4.76 t·CO_2/(平方千米/年)

方法2：基于海洋植物固定二氧化碳能力

该方法适用于小面积海域评估，固碳量由评价海域的水域面积与单位面积水域浮游植物和大型藻类固定二氧化碳的乘积估算。

$$Q_{tCO_2} = Q_{pCO_2} + Q_{aCO_2} \tag{6-91}$$

式中：Q_{tCO_2}——海洋生态系统固碳量(吨二氧化碳/年)；

Q_{pCO_2}——浮游植物固定的二氧化碳量(吨二氧化碳/年)；

Q_{aCO_2}——大型藻类固定的二氧化碳量(吨二氧化碳/年)。

a. 浮游植物固定二氧化碳量(Q_{pCO_2})的计算公式：

$$Q_{pCO_2} = M_{CO_2}/M_C \times Q_{pp} \times S \times 365 \times 10^{-3} \tag{6-92}$$

式中：$M_{CO_2}/M_C = 44/12$——C 转化为 CO_2 的系数；

S——海洋生态系统的水域面积(平方千米)；

Q_{pp}——浮游植物的净生态系统生产力[毫克碳/(平方米·天)]。

b. 大型藻类固定二氧化碳量(Q_{aCO_2})的计算公式：

$$Q_{aCO_2} = 1.63 \times Q_A \tag{6-93}$$

式中：Q_A——大型藻类的干重(吨/年)。

核算参数及数据来源：海洋生态系统面积来自自然资源部门或通过遥感数据分析并结合实地调查取得，浮游植物净生态系统生产力、大型藻类干重、海洋固碳速率来自实测数据。

6.4.3.8.2 价值核算

(1) 固碳当量收入

运用市场价值法，核算生态系统固碳价值。

$$V_{cf} = Q_{tCO_2} \times C_{CO_2} \tag{6-94}$$

式中：V_{cf}——生态系统固碳价值(元/年)；

Q_{tCO_2}——生态系统固碳量(吨二氧化碳/年)；

C_{CO_2}——二氧化碳价格(元/吨二氧化碳)。

价值评估参数与数据来源：固碳量参照实物量核算，二氧化碳价格来自全国碳排放交易市场数据。

生物量-碳转换系数 C：森林和灌丛的转化系数为 0.5，草地的转化系数为 0.45。森林及灌丛的固碳速率 $FCSR$ 由森林清查数据计算获得，可参考表 6-12。

表 6-12 各植被分区森林(及灌丛)生态系统固碳速率

植被分区	森林(及灌丛)植被固碳速率 [吨碳/(公顷·年)]	森林(及灌丛)土壤固碳速率 [吨碳/(公顷·年)]
南寒温带落叶针叶林地带	0.574	0.386
温带北部针阔混交林地带	0.551	0.586
温带南部针阔混交林地带	0.584	0.629
暖温带北部落叶栎林地带(华北)	0.758	0.448
暖温带南部落叶栎林地带	0.996	0.378
北亚热带落叶常绿阔叶混交林地带	0.870	0.384
东部中亚热带常绿落叶林地带	0.815	0.213
东部南亚热带常绿阔叶林地带	0.554	0.118
西部中亚热带常绿阔叶林地带	0.769	0.254
西部南亚热带常绿阔叶林地带	0.784	0.253
西部亚热带亚高山针叶林地带	0.657	0.226
东部北热带季节性雨林地带	0.573	0.114
西部北热带季节性雨林地带	0.717	0.235
温带北部草原地带(东部)	0.589	0.347
温带南部草原地带	0.687	0.507
温带北部草原地带(西部)	1.120	1.153
温带半灌木小乔木荒漠地带	1.120	1.153
温带灌木半灌木荒漠地带	0.734	0.640
暖温带灌木半灌木荒漠地带	1.119	1.145
高寒灌丛草甸地带	0.641	0.469
高寒草甸地带	0.645	0.541
高寒草原地带	0.676	0.353
温性草原地带	0.690	0.225
高寒荒漠地带	0.802	0.826
温性荒漠地带	0.690	0.225
暖温带北部落叶栎林地带(东北)	0.807	0.879

森林及灌丛土壤和植被固碳速率比值 β 取值参考表 6-13。

表 6-13　各植被分区森林(及灌丛)生态系统土壤和植被固碳速率比值

植被分区	森林(及灌丛)生态系统土壤和植被固碳速率比值
南寒温带落叶针叶林地带	0.672
温带北部针阔混交林地带	1.063
温带南部针阔混交林地带	1.087
暖温带北部落叶栎林地带(华北)	0.544
暖温带南部落叶栎林地带	0.323
北亚热带落叶常绿阔叶混交林地带	0.359
东部中亚热带常绿落叶林地带	0.258
东部南亚热带常绿阔叶林地带	0.210
西部中亚热带常绿阔叶林地带	0.323
西部南亚热带常绿阔叶林地带	0.322
西部亚热带亚高山针叶林地带	0.341
东部北热带季节性雨林地带	0.213
西部北热带季节性雨林地带	0.325
温带北部草原地带(东部)	0.594
温带南部草原地带	0.715
温带北部草原地带(西部)	1.030
温带半灌木小乔木荒漠地带	1.030
温带灌木半灌木荒漠地带	0.870
暖温带灌木半灌木荒漠地带	1.030
高寒灌丛草甸地带	0.731
高寒草甸地带	0.852
高寒草原地带	0.527
温性草原地带	0.326
高寒荒漠地带	0.860
温性荒漠地带	0.326
暖温带北部落叶栎林地带(东北)	1.087

全国草地(除青藏高原外)土壤的固碳速率为 0.02 吨碳/(公顷·年),青藏高原区域为 0.03 吨碳/(公顷·年)。草地土壤固碳速率 GSR 参考表 6-14。

表 6-14　各植被分区草地土壤固碳速率

植被分区	草地土壤固碳速率[吨碳/(公顷·年)]
南寒温带落叶针叶林地带	0.052
温带北部针阔混交林地带	0.030
温带南部针阔混交林地带	0.020
暖温带北部落叶栎林地带(华北)	0.020

(续)

植被分区	草地土壤固碳速率[吨碳/(公顷·年)]
暖温带南部落叶栎林地带	0.020
北亚热带落叶常绿阔叶混交林地带	0.022
东部中亚热带常绿落叶林地带	0.024
东部南亚热带常绿阔叶林地带	0.018
西部中亚热带常绿阔叶林地带	0.029
西部南亚热带常绿阔叶林地带	0.030
西部亚热带亚高山针叶林地带	0.030
东部北热带季节性雨林地带	0.020
西部北热带季节性雨林地带	0.030
温带北部草原地带(东部)	0.058
温带南部草原地带	0.040
温带北部草原地带(西部)	0.030
温带半灌木小乔木荒漠地带	0.030
温带灌木半灌木荒漠地带	0.036
暖温带灌木半灌木荒漠地带	0.030
高寒灌丛草甸地带	0.029
高寒草甸地带	0.030
高寒草原地带	0.030
寒性草原地带	0.030
高寒荒漠地带	0.0300
寒性荒漠地带	0.030
暖温带北部落叶栎林地带(东北)	0.020

湿地固碳速率 $SCSR_i$ 取值参考表 6-15。

表 6-15 湿地固碳速率

类型	固碳速率[克碳/(平方米·年)]
湖泊湿地类型	
东部平原地区湖泊湿地	56.67
蒙新高原地区湖泊湿地	30.26
云贵高原地区湖泊湿地	20.08
青藏高原地区湖泊湿地	12.57
东北平原与山区湖泊湿地	4.49
沼泽湿地类型	
苔藓与泥炭苔藓沼泽湿地	24.80
腐泥沼泽	32.48

(续)

类型	固碳速率[克碳/(平方米·年)]
内陆盐沼	67.11
沿海滩涂盐沼	235.62
红树林沼泽	444.27

无化学肥料和有机肥料施用的情况下,我国农田土壤有机碳的变化 NSC 取 -0.06 克碳/(千克·年),土壤厚度取20厘米,不同作物的草谷比 SGR 取值参考表6-16。

表6-16 不同作物的草谷比

作物	草谷比 SGR_j	作物	草谷比 SGR_j
水稻	0.623	油菜	2
小麦	1.366	向日葵	2
玉米	2	棉花	8.1
高粱	1	甘蔗	0.1
马铃薯	0.5		

各植被分区森林、灌丛、草地 $NEP-NPP$ 转换系数,取值参考表6-17。

表6-17 各植被分区森林、灌丛、草地 $NEP-NPP$ 转换系数

植被分区	$NEP-NPP$ 转换系数		
	森林	灌丛	草地
南寒温带落叶针叶林地带	0.3158	0.1826	0.1940
温带北部针阔混交林地带	0.2500	0.1804	0.1655
温带南部针阔混交林地带	0.1517	0.1088	0.1822
暖温带北部落叶栎林地带(华北)	0.3599	0.3731	0.2565
暖温带南部落叶栎林地带	0.2546	0.2435	0.1956
北亚热带落叶常绿阔叶混交林地带	0.2006	0.1695	0.2223
东部中亚热带常绿落叶林地带	0.1346	0.0936	0.1611
东部南亚热带常绿阔叶林地带	0.1349	0.0903	0.0820
西部中亚热带常绿阔叶林地带	0.2285	0.1522	0.1532
西部南亚热带常绿阔叶林地带	0.2153	0.1219	0.1062
西部亚热带亚高山针叶林地带	0.3422	0.2179	0.3069
东部北热带季节性雨林地带	0.1439	0.1379	0.0985
西部北热带季节性雨林地带	0.2002	0.0664	0.19%1

(续)

植被分区	NEP-NPP 转换系数		
	森林	灌丛	草地
温带北部草原地带(东部)	0.2909	0.1551	0.1920
温带南部草原地带	0.2554	0.1745	0.1565
温带北部草原地带(西部)	0.0775	0.0010	0.1574
温带半灌木小乔木荒漠地带	0.1612	0.0010	0.0574
温带灌木半灌木荒漠地带	0.1798	0.0010	0.0095
暖温带灌木半灌木荒漠地带	0.0363	0.0010	0.0265
高寒灌丛草甸地带	0.3155	0.2229	0.2730
高寒草甸地带	0.2489	0.2995	0.3308
高寒草原地带	0.2609	0.0214	0.3026
温性草原地带	0.1698	0.0127	0.2285
高寒荒漠地带	0.0268	0.0000	0.1576
温性荒漠地带	0.1530	0.0000	0.1375
暖温带北部落叶栎林地带(东北)	0.1390	0.1455	0.1313

(2) 生态系统固碳当量成本

$$C_{cf} = \sum_{i=1}^{n} Q_{i,co_2} \times C_{i,co_2} \tag{6-95}$$

式中：C_{cf}——生态系统固碳当量成本(元/年)；

Q_{i,co_2}——第 i 类生态系统年固碳量(吨二氧化碳)；

C_{i,co_2}——第 i 类生态系统每固定1吨二氧化碳需要的经营成本，包括管理、管护及计量、认证、交易等方面所有经营性开销(元/吨二氧化碳)。

(3) 净效益

$$\Delta V_{cf} = V_{cf} - C_{cf} \tag{6-96}$$

式中：ΔV_{cf}——生态系统固碳净收益(元/年)；

V_{cf}——生态系统固碳当量收入(元/年)；

C_{cf}——生态系统固碳经营成本(元/年)。

6.4.3.9 局部气候调节

溢出局部气候调节功能的生态系统主要有森林生态系统、草地生态系统、农田生态系统、湿地生态系统、荒漠生态系统、城市生态系统、海洋生态系统。

6.4.3.9.1 实物量核算

选用生态系统蒸散发过程中消耗的能量，作为生态系统局部气候调节服务实物量的评价指标，也可使用实际测量的生态系统内外温差转化为生态系统吸收的大气热量核算实物量,优先选择实际测量的方法,其次根据数据可得性,选取生态系统的总蒸散量方法。

方法1:

选用生态系统蒸散发消耗的总能量,作为生态系统气候调节服务实物量的评价指标。需要说明的是,为便于核算局部气候调节服务的价值量,生态系统蒸散发过程中消耗的能量以空调消耗等量的能量所需要的能量予以替代。

(1)适应于森林、草地生态系统、荒漠生态系统实物量核算

$$E_{pt} = \sum_{i=1}^{n} EPP_i \times S_i \times D \times 10^6 / (3600 \times r) \tag{6-97}$$

式中:E_{pt}——生态系统蒸散发消耗的能量(千瓦·时/年);

EPP_i——第 i 类生态系统单位面积蒸散发消耗能量[千焦/(平方米·天)];

S_i——第 i 类生态系统面积(平方千米);

r——空调能效比,无量纲;

D——开放空调降温的天数(天/年);

i——生态系统类型,$i=1, 2, 3, \cdots, n$;

n——生态系统类型数量。

(2)适应于农田生态系统、城市生态系统实物量核算

该方法是选用生态系统蒸腾蒸发消耗的总能量,作为农田生态系统气候调节服务实物量的评价指标。

$$E_u = E_{pt} + E_{we} \tag{6-98}$$

$$E_{pt} = \sum_{i=1}^{n} EPP_i \times S_i \times D \times 10^6 / (3600 \times r) \tag{6-99}$$

$$E_{we} = E_{wt} \times \rho_w \times q \times 10^3 / (3600 \times r) + E_{wh} \times y \tag{6-100}$$

式中:E_u——生态系统蒸腾蒸发消耗的总能量(千瓦·时/年);

E_{pt}——生态系统植被蒸腾消耗的能量(千瓦·时/年);

E_{we}——生态系统水面蒸发消耗的能量(千瓦·时/年);

EPP_i——第 i 类生态系统单位面积植被蒸腾消耗能量[千焦/(平方米·天)];

S_i——第 i 类生态系统面积(平方千米);

r——空调能效比,无量纲;

D——开放空调降温的天数(天/年);

i——生态系统类型,$i=1, 2, 3, \cdots, n$;

n——生态系统类型数量;

E_{wt}——开放空调降温期间农田或城市水面蒸发量(立方米/年);

E_{wh}——开放加湿器增湿期间水面蒸发量(立方米/年);

ρ_w——水的密度(克/立方厘米);

q——挥发潜热,即蒸发1克水所需要的能量(焦/克);

y——加湿器将 $1m^3$ 水转化为蒸汽的耗电量(千瓦·时/立方米)

(3)适应于湿地生态系统、海洋生态系统实物量核算

选用生态系统蒸散发消耗的总能量,作为湿地、海洋生态系统气候调节服务实物量的评价指标。

$$E_{we} = E_{wt} \times \rho_w \times q \times 10^3 / (3600 \times r) + E_{wh} \times y \qquad (6-101)$$

式中:E_{we}——湿地、海洋生态系统水面蒸发消耗的能量(千瓦·时/年);

r——空调能效比,无量纲;

E_{wt}——开放空调降温期间湿地水面蒸发量(立方米/年);

E_{wh}——开放加湿器增湿期间湿地水面蒸发量(立方米/年);

ρ_w——水的密度(克/立方厘米);

q——挥发潜热,即蒸发1克水所需要的热量(焦/克);

y——加湿器将 $1m^3$ 水转化为蒸汽的耗电量(千瓦·时/立方米)

方法2:适用于森林、草地、农田、湿地、荒漠、城市、海洋等生态系统。

选用实际测量的生态系统内外温差,转化为生态系统吸收的大气热量,作为生态系统气候调节服务实物量的评价指标。

$$Q = \sum_{i=1}^{n} \Delta T_i \times \rho_c \times V \qquad (6-102)$$

式中:Q——生态系统吸收的大气热量(焦/年);

ρ_c——空气的比热容[焦/立方米·摄氏度];

V——生态系统内空气的体积(立方米);

ΔT_i——开放空调降温的第 i 天生态系统内外实温差(摄氏度);

n——开放空调降温的总天数。

核算参数及数据来源:生态系统内外温差来自实测数据,各类生态系统面积、单位面积生态系统蒸散发耗热量、空气的比热容等数据来自自然资源、住房城乡建设、林草、农业农村、气象等部门,核算期内空调开放和增湿天数通过用电量序列数据分析得出。

6.4.3.9.2 价值核算

(1)气候调节当量收入

运用替代成本法,即人工调节温度和湿度所需要的用电费用,核算生态系统局部气候调节价值。

$$V_u = E_{pt} \times P_e \qquad (6-103)$$

式中:V_u——生态系统气候调节价值(元/年);

E_{pt}——生态系统调节温湿度消耗的总能量(千瓦·时/年);

P_e——当地生活消费电价(元/千瓦·时)。

价值评估参数与数据来源:生态系统调节温湿度。

(2)气候调节当量成本

$$C_{pt} = E_{pt} \times k_{pt} \qquad (6-104)$$

式中：C_{pt}——生态系统气候调节当量成本(元/年)；

E_{pt}——生态系统调节温湿度消耗的总能量(千瓦·时/年)；

k_{pt}——当地办公建筑集中空调系统日常维护管护费占空调电费的比例(%)。

（3）净效益

$$\Delta V_u = V_u - C_{pt} \tag{6-105}$$

式中：ΔV_u——生态系统气候调节净收益(元/年)；

V_u——生态系统气候调节当量收入(元/年)；

C_{pt}——生态系气候调节经营成本(元/年)。

局部气候调节实物量核算参数，参考表 6-18。

表 6-18 局部气候调节实物量核算参数

省份	水面蒸发折算系数	省份	水面蒸发折算系数
全国	0.618	河南	0.633
北京	0.577	湖北	0.649
天津	0.575	湖南	0.641
河北	0.610	广东	0.665
山西	0.631	广西	0.648
内蒙古	0.562	海南	0.685
辽宁	0.561	重庆	0.632
吉林	0.549	四川	0.641
黑龙江	0.552	贵州	0.671
上海	0.616	云南	0.624
江苏	0.631	西藏	0.618
浙江	0.633	陕西	0.627
安徽	0.611	甘肃	0.589
福建	0.676	青海	0.552
江西	0.655	宁夏	0.646
山东	0.636	新疆	0.586

注：折算系数是小型蒸发器观测的蒸发量与自然水体蒸发量的比值。加湿器将 1 立方米水转化为蒸汽的耗电量：120 千瓦时。

6.4.3.10 噪声消减

溢出噪声消减功能的生态系统主要有城市生态系统。

6.4.3.10.1 实物量核算

噪声消减是城市绿地通过植物体反射、吸收等降低道路交通噪声的作用。选用噪声消减量，作为城市生态系统噪声消减实物量的评价指标。

$$Q_{NA} = \sum_{i=1}^{n} R_i \times NA_i \tag{6-106}$$

式中：Q_{NA}——城市生态系统噪声消减量(分贝)；

NA_i——第 i 类道路两侧的平均降噪分贝(分贝/千米)，降噪分贝数由绿化带近路侧和远路侧噪声差值确定；

R_i——第 i 类道路的长度(千米)；

i——城市道路类型，$i=1,2,3,\cdots,n$；

n——城市道路类型数量。

核算参数及数据来源：道路平均降噪分贝、道路长度来自生态环境、住房和城乡建设、交通运输等部门或实测数据。

6.4.3.10.2 价值核实

(1)噪声消减当量收入

运用替代成本法，即隔音墙的建设和维护成本，核算城市生态系统噪声消减价值。

$$V_{NA} = Q_{NA} \times (C_{na} + P_{NA} \times D_{NA}) \tag{6-107}$$

式中：V_{NA}——城市生态系统噪声消减价值(元/年)；

Q_{NA}——城市生态系统噪声消减量(分贝)；

P_{NA}——隔音墙建设成本(元/分贝)；

C_{na}——隔音墙维护成本[元/(分贝·年)]；

D_{NA}——隔音墙年折旧率。

(2)噪声消减当量成本

$$C_{NA} = Q_{NA} \times C_{na} \tag{6-108}$$

式中：C_{NA}——生态系统噪声消减当量成本(元/年)；

Q_{NA}——城市生态系统噪声消减量(分贝)；

C_{na}——隔音墙维护成本[元/(分贝·年)]。

(3)净效益

$$\Delta V_{NA} = V_{NA} - C_{NA} \tag{9-109}$$

式中：ΔV_{NA}——城市生态系统噪声消减净收益(元/年)；

V_{NA}——生态系统噪声消减当量收入(元/年)；

C_{NA}——生态系统噪声消减经营成本(元/年)。

价值评估参数与数据来源：噪声消减量参照实物量核算，隔音墙建设和维护成本来自交通运输部门。

6.5 文化服务类生态产品价值核算方法

文化服务类生态产品是指生态系统为提高人类生活质量提供的非物惠益类，如精神享受、灵感激发、休闲娱乐和美学体验等。提供这类生态产品的特殊地域主要有森林公园、湿地公园、风景名胜区、自然保护区、林场、生态产业园区、生态露营地、户外体育基地、自然教育基地、温泉度假村，养生、养老、休闲、拓展、中医药旅游基地等等，以及古树名木等生物个体或群落。

文化服务类生态产品依托的是生态系统良好的环境、景观和历史文化，一般有区域特定性和资源稀缺性特点，为了实现保护与利用的平衡，同时遵循人流的集中性对安全的要求，在对公众开放前需要建设一些必要的设施，而具有生态资产的一方却往往没有资金投入实力和经营管理人才的支撑，因此，一般采取特许经营方式，通过使用者付费实现价值的变现。

文化服务类生态资产场景比较广泛，规模不一，其生态产品价值核算的方法应根据具体情况及区域特点、客源等情况综合确定。

这类生态产品价值核算的应用场景主要有两个层次：

一个层次是生态资产方确定特许经营权对价基准值。特许经营者获得经营权的对价的测算年限可为特许经营年限。像国家公园、自然保护地等具有动态监测基础的一些区域，可采用调节服务类生态产品价值核算模型计算，其生态服务功能价值核算参照本研究 6.2 节相关内容。像一些林场的规模比较小或管理能力较弱的特许经营权价值核算可采取静态核算模型，其收益或成本主要参考周边类似场景采用"有无"对比法核算。

另一个层次是经营者确定门票等二次使用者付费的依据。这一级的核算是在获得特许经营权之后，站在特许经营者的角度确定使用者付费标准，以及站在监管者角度审查门票价格等收费合理性而开展的核算，其核算应考虑特许经营费用、设施建设等固定资产折旧、经营成本及合理的利润。测算门票价格还需要核算游客数。此类生态产品价值核算以动态测算为主，其成本核算见公式(6-110)。

$$C_c = C_{c,1} + C_{c,2} + C_{c,3} + C_{c,4} \qquad (6-110)$$

式中：C_c——文化服务类生态产品的成本(元/年)；

$C_{c,1}$——文化服务类生态产品的特许经营权成本(元/年)；

$C_{c,2}$——文化服务类生态产品的固定成本，包括固定资产折旧和无形资产、递延资产摊销(元/年)；

$C_{c,3}$——文化服务类生态产品经营成本，包括管理、人工、财务、销售等费用成本(元/年)。

$C_{c,4}$——文化服务类生态产品税费成本(元/年)。

参考文献

[1] 中共中央关于党的百年奋斗重大成就和历史经验的决议[M]. 北京：人民出版社，2021.
[2] 生态文明体制改革总体方案[M]. 北京：人民出版社，2015.
[3] 习近平. 在深入推动长江经济带发展座谈会上的讲话[N]. 人民日报，2020-11-16.
[4] 习近平. 在黄河流域生态保护和高质量发展座谈会上的重要讲话[N]. 求是，2019-10-15.
[5] 傅光华. 生态文明建立的体制因素——区域生态治理理论与实践[M]. 北京：中国林业出版社，2021.
[6] 王健民，王如松. 中国生态资产概论[M]. 南京：江苏科技出版社，2001.
[7] 傅光华. 驱动生态异变机制及生态文明建立的体制因素[J]. 社会科学，2022，3：61-66.
[8] 李宏伟. 生态产品价值实现的机制与路径探讨[N]. 中国矿业报，2020-07-15.
[9] 罗竹凤，等. 汉语大词典[M]. 上海：上海辞书出版社，2000.
[10] 周利国，安秀梅. 公共产品的定价原则[J]. 价格月刊，1999(2)：13-14.
[11] 余俊. 生态保护区内世居民族的环境权与发展问题研究[M]. 北京：中国政法大学出版社，2016.
[12] 孔凡斌. 中国生态补偿机制：理论、实践与政策设计[M]. 北京：中国环境科学出版社，2010.
[13] 欧阳志云，朱春全. 生态系统生产总值核算：概念、核算方法与案例研究[J]. 生态学报，2013，33(21)：6747-6761.
[14] 程翔，陈玉新. 试论建立绿色政绩考评制度的必要性[J]. 法制与社会，2010(16)：174-175.
[15] 张林波，虞慧怡，等. 生态产品概念再定义及其内涵辨析[J]. 环境科学研究，2021，34(3)：655-660.
[16] 生态产品总值核算规范[M]. 北京：人民出版社，2022.
[17] 仇晓璐，赵荣，陈绍志. 生态产品价值实现研究综述[J]. 林产工业，2023：79-84.
[18] 聂炳成，张小珉. 平原农田林网建设的理论与实践[J]. 江西林业科技，2001(5)：33-35.
[19] 刘安钦. 人工生态系统的生态系统服务研究[D]. 杭州：浙江大学，2010.
[20] LEEMANS R，GROOT R S. Ecosystems and Human Well-being：A Framework for Assessment[M]. Washington：Island Press，2005.
[21] ODUM E P，ODUM H T，ANDREWS J. Fundamentals of Ecology[M]. Philadelphia：Saunders，1971.
[22] 程磊磊，郭浩，吴波，等. 荒漠生态系统功能及服务的评估体系与方法[J]. 绿洲农业科学与工程，2016，1(2)：12-17.
[23] 方家松，张利. 探索深部生物圈[J]. 地球科学. 2011，41(06)：750-759.
[24] 傅光华，傅崇煊. 退耕还林工程生态效益指标量化方法及效益评估[J]. 林产工业，2017，12(44)：28-32.
[25] 蒋剑春. 森林"四库"系列解读：森林是钱库[N]. 中国绿色时报，2022-04-20.
[26] 肖文发，朱建华. 森林"四库"系列解读：森林是碳库[N]. 中国绿色时报，2022-04-22.
[27] 中国农业百科全书总编辑委员会. 中国农业百科全书(生物学卷)[M]. 北京：农业出版社，1991.
[28] 傅光华. 干旱半干旱流域下垫面植被影响水循环机理及干预方式[J]. 绿色科技，2022，24(8)：1-6.
[29] 李新荣，张志山，王新平，等. 干旱区土壤植被系统恢复的生态水文学研究进展[J]. 中国沙漠，2009，29(5)：845-852.

[30] 程皓,李霞,侯平,等.塔里木河下游不同覆盖度灌木防风固沙功能野外观测研究[J].中国沙漠,2007,27(6):1022-1026.

[31] 刘冉,李彦,王勤学,等.盐生荒漠生态系统二氧化碳通量的年内、年际变异特征[J].中国沙漠,2011,31(1):108-114.

[32] 罗凤敏,高君亮,等.乌兰布和沙漠东北部不同下垫面的小气候变化特征[J].农业工程学报,2020,36(10):124-133.

[33] 程钢.石河子垦区农业开发与绿洲生态演变研究——基于生态系统服务功能的分析[D].石河子:石河子大学,2013.

[34] 毛齐正,黄甘霖,邬建国.城市生态系统服务研究综述[J].应用生态学报,2015,26(4):1023-1033.

[35] 杨士弘.珠江三角洲城市化对生态环境的影响及持续发展对策[J].华南师范大学学报,1999(3):74-81.

[36] BOLUND P, HUNHAMMAR S. Ecosystem services in urban areas[J]. Ecological Economics, 1999, 29:293-301.

[37] 陈培文,曹恒轩.三次产业划分理论评析[J].山西统计,2000(1):20-22.

[38] 王冠辉.有机农产品认证新制度的解析及对我国有机农产品的影响[D].咸阳:西北农林科技大学,2014.

[39] 冯云.国际环保型农产品认证标准和认证制度研究[D].南京:南京农业大学,2009.

[40] 曹海禄,焦炜,黄璟,等.国内外农产品质量安全追溯体系建设概述[J].中国现代中药,2013,15(3):233-237.

[41] 孟猛,梁伟红,宋启道,等.农产品流通码及追溯码的编码研究[J].热带农业科学,2010,30(1):82-85.

[42] 国家发展和改革委员会,国家统计局.生态产品总值核算规范[M].北京:人民出版社,2022.

[43] 曾贤刚,虞慧怡,谢芳.生态产品的概念、分类及市场化供给机制[J].中国人口资源与环境,2014(7):14-19.